新时代高校教师 职业素养 与教学技能

姜娜 秦琴 蒋冬清 魏长青◎著
秦洋 陈国庆 张媛军 陈沫

西南财经大学出版社

中国·成都

图书在版编目(CIP)数据

新时代高校教师职业素养与教学技能/姜娜等著.
成都:西南财经大学出版社,2025.4. --ISBN 978-7-5504-6678-4

Ⅰ. G645.12;G642.0

中国国家版本馆 CIP 数据核字第 20254D92J5 号

新时代高校教师职业素养与教学技能

XINSHIDAI GAOXIAO JIAOSHI ZHIYE SUYANG YU JIAOXUE JINENG

姜娜 秦琴 蒋冬清 魏长青 秦洋 陈国庆 张媛军 陈沫 著

策划编辑:余尧 乔雷
责任编辑:乔雷
责任校对:余尧
封面设计:墨创文化
责任印制:朱曼丽

出版发行	西南财经大学出版社(四川省成都市光华村街 55 号)
网 址	http://cbs.swufe.edu.cn
电子邮件	bookcj@swufe.edu.cn
邮政编码	610074
电 话	028-87353785
照 排	四川胜翔数码印务设计有限公司
印 刷	郫县犀浦印刷厂
成品尺寸	170 mm×240 mm
印 张	21
字 数	366 千字
版 次	2025 年 4 月第 1 版
印 次	2025 年 4 月第 1 次印刷
书 号	ISBN 978-7-5504-6678-4
定 价	68.00 元

序 一

　　教育是一项崇高的事业，教育兴则国家兴，教师强则教育强。对于教师之重要性，古今中外的有识之士有一致的认识。在我国古代，"天地君亲师"五者并列，可见老师何等尊崇；清华大学老校长梅贻琦先生说"所谓大学者，非谓有大楼之谓也，有大师之谓也"；哥伦比亚大学的拉比教授更是提出"教授即大学"。即便是在人工智能飞速发展的时代，教师也因其在价值引导、批判性思维培养以及人格塑造、非认知能力培育等方面的独特作用，始终不会被技术工具所取代……总之，教育的水平不可能超越教师的水平，强教必先强师。

　　对于教师来讲，打铁还需自身硬，育人还要本领强。成都锦城学院认为，所谓"师道尊严"，要先有道而后才有尊严，道是学术之道，亦是人品之道。教师的素养要求可分为政治素养、道德素养和业务素养。政治素养就是要坚定为党育人、为国育才的理想信念，自觉培养堪当民族复兴重任的时代新人；道德素养包括教师的仁爱之心、职业操守，这是教师作为人师的基本准则；业务素养则是教师在其专业领域所具备的知识、理论和必要的组织管理能力。成都锦城学院将这三项素养统一起来，提出了以"师德、师风、师才、师能"为核心的"四师"建设，激励教师立志成为社会主义的教育家，成为良师、导师和大师。

　　新时代教师应具备的技能有很多，例如教学、科研、为社会服务，以及与学生、家长沟通交流等，但核心是教学与科研。

　　德国教育家、现代教育学之父赫尔巴特在《普通教育学》一书中强调"人才培养是通过教学活动来实现的"。可以说，人才培养的主战场还是教学。教师作为教学的组织者，必须掌握教学设计、课堂管理、沟通互动、评估反馈、技术应用等多方面的能力，在教学内容、教学方法、教学评价等方面推陈出新，打造以高阶教学为导向的有浓度、有深度、有高度、有温度的课堂。

　　科研也是教师必备的核心能力之一。从明确选题及研究方向，到申请项目，再到设计科研方案，教师要具备的技能应该包括：提出假设及研究

1

方法；提取数据并进行分析，得出定性或定量结论；撰写论文、报告并发表；指导或参与竞赛、申请专利等。

成都锦城学院自建校伊始，就在教师素养与能力提升方面进行了持续不断的探索，强调培养老师的能力要从基础抓起，明确提出对教师"六基六力"（"六项基本功"和"六种能力"）的要求。其中，"六项基本功"分别是：语言表达基本功、情感表现基本功、板书和 PPT 基本功、引导互动基本功、利用新技术基本功、课堂管理基本功；"六种能力"分别是：能够激发学生学习欲望、动机、兴趣和热情的能力，能够以广博的视野、立体的思维组织跨学科教学的能力，能够实现"教学相长、教研相长、教赛相长、教技相长"的能力，能够设计和实施线上线下相结合的混合教学的能力，能够不仅传递知识而且传递思维的能力，能够做好课程与课堂设计（"两课设计"）的能力。成都锦城学院针对上述要求制定了相应的量化指标和监督反馈机制，真正做到了可操作、可执行、可考核，从而引导教师打牢基础，站稳讲台，发挥特长，不断精进，构筑新时代应用型大学教师的核心竞争力。

我们欣喜地看到，通过 20 年的教育实践和教师们自身的不懈努力，成都锦城学院教师的素养与技能不断提升，立德树人成效显著，涌现出了"全国优秀教师""四川省教书育人名师""省级科技进步奖获奖者""四川省高校辅导员年度人物"以及各类入库专家和学者，不少教师在各类教学竞赛中取得了不俗成绩。他们不仅在讲台上讲得好，也在实战中做得好，为成都锦城学院的人才培养打下了坚实的基础。

本书是由成都锦城学院组织部、人事处、教师教育发展中心的专家在广泛吸收国内外先进教育理念的基础上，结合成都锦城学院教育实践编写而成。本书系统展示了学校对教师素养与技能的基本要求和一些有亮点的经验做法，是"锦城教育学"的重要组成部分。

希望此书不仅可以为锦城教师的成长和发展提供指导，也能对国内兄弟高校在教师培养、管理以及"四师"建设等方面提供一些参考和启发。果能如此，则幸甚！

成都锦城学院创始人、终身校长

2025 年 2 月

序　二

　　教育，是人类文明传承的纽带，是社会进步的动力。在新时代的浪潮中，高等教育正经历着深刻的变革，教师的角色与使命也在不断被重新定义。2018 年发布的《中共中央　国务院关于全面深化新时代教师队伍建设改革的意见》和2024 年发布的《中共中央 国务院关于弘扬教育家精神加强新时代高素质专业化教师队伍建设的意见》明确指出，要建设一支高素质、专业化、创新型的教师队伍，这是新时代教育事业发展的关键所在。《新时代高校教师职业素养与教学技能》一书，正是对这一时代命题的深刻回应。本书不仅为高校教师的成长与发展提供了理论指导，更从实践层面为教学创新指明了方向。本书的诞生，凝聚了一群热爱教育、深耕教学的高校一线骨干教师和教育管理工作者的智慧与心血，是一部理论与实践深度融合的力作。我为此贺！

　　本书从高校教师的角色与定位出发，深入探讨了新时代党的教育方针与教育理念、高校教师的角色与定位，探讨了新时代背景下教师职业素养的内涵，尤其强调教师职业素养的情感素养、专业素养、教学素养和创新素养，并探讨了这些素养的发展路径。从实践教育学的角度探讨了"以学生为中心的启发式教学方法"和"以深度学习为导向的高阶教学设计"，不仅契合现代教育理念，更为教师提供了切实可行的具体教学策略。这些方法和策略不仅关注知识的传递，更注重学生能力尤其是思维能力的培养以及创新精神的激发，体现了教育立德树人根本任务的本质与价值。尤为难得的是，这些理论并非空中楼阁，而是经过一线教学实践的反复检验与优化，真正遵循了"教学相长"的教育规律。

　　在科学技术飞速发展的今天，教育的形式与手段也在不断革新。本书敏锐地捕捉到了这一趋势，系统探讨了新技术赋能的数智教学技术。如何将现代科技与教学深度融合，如何利用现代技术手段优化教学流程以提升学习体验，等等，在书中都得到了详尽的阐释。这不仅是对教育技术的前沿探索，更是对教学实践的深刻反思。作者团队中的许多成员本身就是教育技术应用的先行者，他们的实践经验为本书注入了鲜活的生命力。

尤为值得一提的是，本书还对教师的情感劳动进行了深入剖析。教学不仅是理性的活动，更是情感的投入。师生之间的情感共鸣与双向奔赴，是教育过程中不可或缺的一部分。培养学生良好的情感与价值观是教育立德树人根本任务的永恒主题之一。这不仅揭示了教育的深层内涵，也为教师教育教学提供了新的视角与思考。作者团队结合大量实际案例，为教师的情感劳动提供了切实可行的建议。这种理论与实践的结合，使得本书不仅具有学术高度，还有实践温度。

本书的写作团队是一支由高校一线骨干教师和教育管理工作者组成的精英队伍。他们中既有深耕课堂多年的教学名师，也有熟悉教育政策的管理专家；既有理论功底深厚的学者，也有教育教学经验丰富的实践者。正是这种多元化的专家学者，使得本书能够兼顾理论性与实践性，既站在学术前沿，又扎根教育教学一线。这种团队协作的精神，也与政策文件中倡导的"加强教师团队建设"和"促进教师专业发展"的理念高度契合。

在阅读本书的过程中，我深刻感受到作者团队对教育事业的热爱与执着。他们不仅将自己的教育教学经验与管理智慧倾注于书中，更通过团队协作，将个人的教育教学实践升华为系统的理论。这种"教学相长"的精神，正是教育工作者最宝贵的品质。我坚信，本书的出版，不仅对教育领域作出了重要贡献，更是送给广大教师的一份珍贵礼物。它既是一部理论著作，也是一本实践指南。无论是高校教师、教育研究者，还是教育管理者，都能从中获得启发与借鉴。

是为序！

四川师范大学二级教授、博士生导师
2025 年 2 月于四川师范大学嘤鸣园

前　言

进入 21 世纪以来，全球高等教育经历了以数字化、智能化和人本化为核心的深刻变革。在中国，随着《中国教育现代化 2035》的颁布和党的二十大"实施科教兴国战略"的部署，高校教师队伍建设已成为教育高质量发展的关键议题。根据教育部 2022 年统计数据，我国高等教育毛入学率已达 59.6%，但与此同时，师生比失衡、教学模式同质化、教师职业倦怠等问题日益凸显。在此背景下，重新审视高校教师的角色转型、能力重构与情感实践，具有迫切的现实意义。当前，教育生态面临三重挑战：其一，技术革命冲击传统课堂。人工智能、虚拟现实等技术正在改变知识传授方式，教师从"知识权威"转向"学习设计者"的需求愈发迫切。其二，学生认知模式迭代。"Z 世代"学习者对互动性、个性化和情感联结的诉求，倒逼教学从"单向灌输"转向"双向建构"。其三，教师职业内涵的扩展。新时代对教师的要求已超越传统的"传道授业解惑"，涵盖数字素养、情感劳动、跨学科整合等复合能力。然而，现有研究多聚焦单一维度，缺乏对教师发展系统性、跨学科的整合分析。

本书的写作，正是基于上述理论与实践的双重需求。作者团队以成都锦城学院为研究场域，结合教育学、管理学、心理学、社会学、民族学、材料科学等多学科视角，尝试构建"理念革新—方法创新—技术赋能—情感共生"的教师发展模型，旨在为破解高等教育转型中的核心矛盾提供新思路。本书的核心目标在于构建一套扎根中国本土、回应时代需求的高校教师发展理论体系，具体体现为：第一，突破传统教师能力研究的碎片化局限，提出"四维一体"素养框架（师德为魂、学术为基、技术为翼、情感为脉），并首次将"教师情感劳动"纳入系统性分析。第二，通过跨学科迁移（如材料研发的系统思维用于教学设计、金融风险管理模型用于情感劳动评估），开发具有普适性的教学策略工具箱。例如，采用机器人技术中的闭环控制原理来优化教学设计的动态反馈路径，将纳米材料研究中

1

"表面修饰增强功能"的理论类比为教师情感劳动的"表层扮演—深层共鸣"机制等。第三，基于大量课堂教学案例的实证分析，提炼出可复制的操作方案，这些操作方法的有效性均已在理工科与人文课程中得到验证。

本书共七章，遵循"理念引领—能力建构—实践落地"的逻辑脉络，系统地介绍了新时代党的教育方针与教育理念、新时代高校教师的角色与定位、新时代高校教师职业素养内涵与发展、以学生为中心的启发式教学方法、以深度学习为导向的高阶教学设计、新技术赋能的数字教学技术、双向奔赴的教师情感劳动。第1章由成都锦城学院魏长青编写，第2章、第3章由成都锦城学院姜娜编写，第4章由成都锦城学院秦洋编写，第5章由成都锦城学院蒋冬清、张媛军共同编写，第6章由成都锦城学院陈国庆、姜娜共同编写，第7章由成都锦城学院秦琴、陈沫共同编写。本书是成都锦城学院跨学科科研团队历时三年的研究成果，团队成员来自教育学、金融学、民族学、管理学、教育技术、语言学方向，这种"工科思维+人文关怀""定量模型+质性研究"的融合，使得本书既具有教育哲学的理论深度，又兼备工程技术的方法精度。

本书是研究高校教师教学素养与教学技能的著作，适合对高校教师教学能力、教学方法、情感劳动、教学技术提升和改革感兴趣的读者阅读，可作为高校教学管理者、专家学者、教职员工培训和其他教学研究机构的参考用书。由于作者水平有限，书中难免存在纰漏或者不足之处，敬请各位专家学者批评指正。

2024 年 11 月于成都锦城学院和平大楼

目　录

1 新时代党的教育方针与教育理念

当今国际局势纷繁复杂，经济全球化和世界多极化趋势愈发明显，在国与国的角力中，文化的发展直接影响综合国力的竞争，联合国教科文组织在《学会生存》中提出："多少世纪以来，特别在发动产业革命的欧洲国家，教育的发展一般是在经济增长之后发生的。现在，教育在全世界的发展正倾向先于经济的发展。"当代中国正处在全面建成小康社会的攻坚时期，习近平总书记支持联合国"教育第一"活动的举措，表明了教育在社会转型时期的重要作用。因此，"以马克思主义教育理念为理论基础，结合当前实际情况，强化教育理念、丰富教育内容、推动教育实践、巩固教育成果，具有非常重要的价值。"[1]

1.1 新时代党的教育方针

2022 年 10 月 16 日，中国共产党第二十次全国代表大会开幕，习近平总书记代表第十九届中央委员会向大会作报告时强调"加快建设高质量教育体系，发展素质教育，促进教育公平"，这对于加快推进教育现代化、建设教育强国、办好人民满意的教育具有重大战略意义。从 2017 年党的十九大报告首次提出"高质量发展"，到 2021 年十三届全国人大四次会议提出"建设高质量教育体系"，我们可以看到，国家教育政策已经由原来的"够不够"转向"好不好"，在此背景下，教育高质量的发展迫在眉睫，成为时代主题。

2023 年 5 月 29 日，习近平总书记在中共中央政治局第五次集体学习时强调："我们要建设的教育强国，是中国特色社会主义教育强国，必须

---

① 秦晓萌. 习近平教育观研究 [D]. 大理：大理大学，2017.

以坚持党对教育事业的全面领导为根本保证，以立德树人为根本任务，以为党育人、为国育才为根本目标，以服务中华民族伟大复兴为重要使命，以教育理念、体系、制度、内容、方法、治理现代化为基本路径，以支撑引领中国式现代化为核心功能，最终是办好人民满意的教育。"习近平总书记同时还指出："强教必先强师。要把加强教师队伍建设作为建设教育强国最重要的基础工作来抓，健全中国特色教师教育体系，大力培养造就一支师德高尚、业务精湛、结构合理、充满活力的高素质专业化教师队伍。"

可以说，教育兴则国家兴，教育强则国家强。建设教育强国，是全面建成社会主义现代化强国的战略先导，是实现高水平科技自立自强的重要支撑，是促进全体人民共同富裕的有效途径，是以中国式现代化全面推进中华民族伟大复兴的基础工程。

因此，广大高校教师非常有必要，也必须了解不同历史时期党的教育方针，并牢记新时代教师历史使命。

党的二十大报告提出，"全面贯彻党的教育方针，落实立德树人根本任务，培养德智体美劳全面发展的社会主义建设者和接班人"。因此，全面了解党的教育方针有着极其重要的理论意义和现实意义。就其价值来看，"党的教育方针对于党和国家教育事业的发展具有权威性、指引性、规约性作用，以其纲领性的政策表述指引和规定了党在一定时期内的教育发展目标和发展方向，以及教育发展所要遵循的政策导向、根本原则、行动指南与实践路径。"①

1.1.1 党的教育方针的基本内涵

教育方针是具有中国特色的学术话语语汇，党的教育方针在不同历史时期有着不同的内容表征和价值诉求，时代需要和形势发展赋予教育方针不同内涵。总体来说，教育方针就是党和国家就教育"培养什么人""怎样培养人""为谁培养人"制定的基本政策概况。就其定义来看，"党的教育方针是党在一定历史时期和历史阶段对教育事业发展提出的行动指南和发展纲领，决定着党和国家的教育性质、目标、政策的发展方向，也规约着党的教育改革方向。党的教育方针遵循人才培养的永恒主题，围绕着教

---

① 朱洪波，曾维华. 新时代党的教育方针的历史演进与价值意蕴 [J]. 马克思主义哲学，2023（2）：66-75.

育的发展导向、目标任务和路径方法作了总的政策概括，集中反映了不同历史时期和历史阶段党和人民对教育事业发展的总体性要求，是各个时期教育决策、管理和实践活动的总依据。"①

为了更好适应党的教育发展目标以及现实需求，2021 年修订的《中华人民共和国教育法》对党的教育方针有了最新的表述："教育必须为社会主义现代化建设服务、为人民服务，必须与生产劳动和社会实践相结合，培养德智体美劳全面发展的社会主义建设者和接班人。"这一表述把"为谁培养人"作为教育工作的出发点，把"怎样培养人"作为实践路径，把"培养什么人"作为教育工作的主旨回归。

1.1.2　党的教育方针的历史演变

一百多年来，党的教育方针不断发展，从初创期、探索期、完善期一直到定型期，分为四个阶段，虽然每个阶段的表述方式和重点有所不同，但从整体的逻辑上来说是共通的，那就是始终坚持党的教育方针不动摇，坚持人民至上是党的方针演变的根本动力，"培养什么人，为谁培养人，怎么培养人"始终是核心内涵。

1.1.2.1　初创期

新民主主义革命时期，中国共产党逐步对中国传统教育精神特别是清末民初及民国以来的教育理念进行批判继承，夯实新民主主义文化并将此时的教育由传统向现代进行艰难的转型。

中国共产党自成立之日起，就将教育作为革命实践的工具，用教育来推进社会主义和共产主义事业。如 1921 年召开的中共一大通过的《中国共产党第一个决议》明确指出，要成立工人学校，学校的基本方针是提高工人的觉悟，使工人认识到成立工会的必要。在这个教育方针的指引下，工人教育、农民教育、干部教育在中国大地迅猛发展，我党开创了新民主主义教育实践。1940 年 3 月，我党提出了新民主主义教育方针："以马列主义的理论与方法为出发点的关于民族民主革命的教育与科学的教育。""这个教育方针明确了教育是民族的、科学的、大众的，这是新民主主义教育实践的一次升华。新民主主义教育，突出了文化教育的政治思想训练

---

①　朱洪波，曾维华. 新时代党的教育方针的历史演进与价值意蕴 [J]. 马克思主义哲学，2023（6）：65-75.

与生产生活技能学习的实际功能，为社会主义教育奠定了理论和实践基础。"①

1.1.2.2 探索期

社会主义革命和建设时期，党根据社会发展形势对教育事业进行不断探索，党的教育方针进一步改进和完善。

1949 年 9 月的《中国人民政治协商会议共同纲领》确认了"中华人民共和国的文化教育为新民主主义的，即民族的、科学的、大众的文化教育"，提出了教育应以提高人民文化水平，培养国家建设人才，发展为人民服务的思想为主要任务。

1958 年，中共中央、国务院强调要培养社会主义新型劳动者或新人，提出"教育工作必须由党来领导。教育的目的，是培养有社会主义觉悟的有文化的劳动者"。这一提法明确了我国的教育事业必须由中国共产党来领导，也明确了教育的社会主义性质、目的和根本任务，标志着我国社会主义教育方针在此时得以正式确立。

1.1.2.3 完善期

改革开放和社会主义现代化建设新时期，党的教育方针围绕"提高全民族素质、培养高素质人才"的逻辑主线推进，努力培养德智体美全面发展的高素质人才。

1978 年颁布的《中华人民共和国宪法》明确："教育必须为无产阶级政治服务，同生产劳动相结合，使受教育者在德育、智育、体育几方面都得到发展，成为有社会主义觉悟的有文化的劳动者。"1983 年，邓小平指出："教育要面向现代化、面向世界、面向未来。"1985 年颁布的《中共中央关于教育体制改革的决定》提出"教育必须为社会主义建设服务，社会主义建设必须依靠教育"的指导思想，标志着教育完成了从"为无产阶级政治服务"到"为社会主义建设服务"的历史性飞跃，教育进入深化改革的新阶段，实质上这也是对教育方针内涵的新诠释。

此后，党的十五大报告中增加了素质教育这一重要内容，强调"重视受教育者素质的提高，培养德智体等方面全面发展的社会主义事业的建设者和接班人"。1999 年，全国教育工作会议召开，会议讨论审议将"美

---

① 顾明远. 马克思主义教育思想在中国：纪念马克思诞生 200 周年［J］. 北京师范大学学报（社会科学版），2018（3）：5-8.

育"纳入党的教育方针，教育培养目标由"德智体"延展到"德智体美"四个方面。党的十七大提出"坚持育人为本、德育为先"，强调了德育在育人工程中的重要地位。党的十八大将立德树人首次纳入教育方针，即"把立德树人作为教育的根本任务，培养德智体美全面发展的社会主义建设者和接班人"。教育方针的内涵进而得以更为丰富与完善。

1.1.2.4　定型期

党的十八大以后，党的教育方针逐步完善、规范并走向定型，这一时期党的教育朝着培养德智体美劳全面发展的人才培养目标迈进，党和国家围绕"为党育人、为国育才"的逻辑主线，着力于教育事业高质量发展，努力实现教育高质量发展和建设教育强国。

2017 年，习近平总书记在党的十九大报告中指出，要"发展素质教育，推进教育公平，培养德智体美全面发展的社会主义建设者和接班人"。2018 年 9 月召开的全国教育大会上，习近平总书记强调，要"培养德智体美劳全面发展的社会主义建设者和接班人，加快推进教育现代化、建设教育强国、办好人民满意的教育"。劳动教育被纳入了教育目标体系之中，同时提出了作为贯彻落实好党的教育方针根本遵循的"九个坚持"，至此，党的教育方针实现了又一次重大理论创新，进一步确立了"立德树人"这一至关重要的教育内容。2021 年颁布的《中华人民共和国教育法》明确规定，"教育必须为社会主义现代化服务、为人民服务，必须与生产劳动和社会实践相结合，培养德智体美劳全面发展的社会主义建设和接班人"，将党的教育方针落实为国家法律规范。2022 年 10 月，习近平总书记在党的二十大报告中再次强调："全面贯彻党的教育方针，落实立德树人根本任务，培养德智体美劳全面发展的社会主义建设者和接班人。"

党的教育方针在不同历史时期有不同的表述，具有深厚的价值指引和价值意蕴。总体来说，教育方针要始终坚持社会主义方向和教育的人民性，践行马克思主义"人的全面发展"理论，遵循教育同生产劳动和社会实践相结合的社会主义教育基本原则。

1.3.3　党的教育方针的实践路径

2022 年全国教育工作会议强调，"要建设高质量教育体系，培养全面发展的人"。这就要求我们必须以新时代党的教育方针为根本依据和基本遵循，提高政治站位、勇担育人使命、肩负育人职责，切实将党的教育方针落到实处。因此在实践环节，新时代高校教师必须做到以下几点：

（1）坚持党对教育事业的全面领导。

习近平总书记指出："加强党对教育工作的全面领导是办好教育的根本保证。"坚持党对教育事业的全面领导，是由我国教育的社会主义性质决定的，也是我国教育最本质的特征和最鲜明的底色。

从我党建立之日起，教育事业始终是头等大事，是伟大斗争、伟大工程、伟大事业、伟大梦想。党对教育事业的全面领导，是我国进一步全面深化改革的题中之义，也是人的全面发展的根本保证。

（2）认真贯彻落实"九个坚持"。

2018年全国教育大会上，习近平总书记全面系统阐述了我国教育事业改革发展所取得成绩的经验在于做到"九个坚持"。随后在2019年的全国大中小学思政课教师座谈会上，习近平总书记对"九个坚持"作了进一步阐释。"九个坚持"即坚持党对教育事业的全面领导，坚持把立德树人作为根本任务，坚持优先发展教育事业，坚持社会主义办学方向，坚持扎根中国大地办教育，坚持以人民为中心发展教育，坚持深化教育改革创新，坚持把服务中华民族伟大复兴作为教育的重要使命，坚持把教师队伍建设作为基础工作。

可以说，"九个坚持"具有丰富的实践内涵，它是对新时代党的教育理论的突破性创新，是一个系统完整的理论体系。"九个坚持"回答了我国教育事业"谁领导、做什么、怎么做和为谁做"的基本问题，确立了"培养什么人、怎样培养人、为谁培养人"的发展原则，形成了完整的教育理论逻辑体系[①]。

（3）扎根中国大地办教育。

在2016年的全国高校思想政治工作会上，习近平总书记首次提出高等教育领域的"四个服务"，即"我国高等教育发展方向要同我国发展的现实目标和未来方向紧密联系在一起，为人民服务，为中国共产党治国理政服务，为巩固和发展中国特色社会主义制度服务，为改革开放和社会主义现代化建设服务"[②]。"四个服务"丰富并发展了党的教育方针的内涵，有

---

① 杨文杰，张珏. 以教育现代化支撑与驱动国家现代化：兼论我国教育现代化的发展愿景[J]. 教育发展研究，2021，41（3）：1-11.

② 顾海良. 高校思想政治理论课"要坚持在改进中加强"[J]. 思想理论教育导刊，2017（1）：4-8.

助于我们深刻把握高等教育规律、深刻认识我国社会主义办学方向。

（4）为党育人为国育才。

党的十八大首次将立德树人作为教育的首要的根本性的任务进行了明确，并要求这一任务的落实要围绕"培养什么人、怎么样培养人、为谁培养人"这一人才培养主线展开。实现立德树人，一方面，要实现新时代教育高质量发展；另一方面，要将立德树人作为学校办学治校的根本目标，育人之本在于立德，学校除了对学生进行知识教育外，还要对学生进行思想道德、理想信念、家国情怀等思想教育，真正引领学生做到知行合一，引导学生培育和践行社会主义核心价值观，坚决认同和践行中国特色社会主义道路。

（5）推动教育高质量发展。

推动教育高质量发展，建设高质量教育体系，已纳入国家"十四五"发展规划。推动教育高质量发展的目的，就是让更多人有受教育的机会，通过教育实现个人发展和民生福祉，从而真正实现教育强国的战略目标。

教育的高质量发展，重点是构建高质量的教育体系。通过建设高质量的教育体系，提升各级各类教育治理水平，实现我国教育治理体系和治理能力的现代化。

总体来说，百余年来，党的教育方针不断丰富、完善、创新与发展。从历史演进来看，党的教育方针是一部在坚守中适时调整、在创新中不断发展的演进史。从蕴含的价值来看，党的教育方针是教育事业得以顺利发展的行动指南和发展纲领，具有理论引领、使命取向、目标导向和路径指向价值。新时代深入贯彻党的教育方针，必须把握政治方向，贯彻"九个坚持"，夯实"四个服务"，抓好立德树人，推动各级各类教育高质量发展。

1.2　关于教育理念的概念界定

《新现代汉语词典》将"理念"注解为"观念。如民主理念，人道理念，经营理念"；《语言大典》将"理念"作为"宇宙的心理本质或者精神本质，它与物质世界之间的关系，就像人的灵魂和肉体之间的关系一样"。学界在后期的研究中认为，"理念"是旧哲学之名词，柏拉图的哲学中的"观念"就是"理念"，康德、黑格尔等人的哲学中的"观念"也是"理念"。

教育理念即"关于教育的理念",但是查遍董纯才主编的《中国大百科全书》,李冀主编的《教育管理词典》,顾明远主编的《教育大辞典》,包括英文版《大不列颠百科全书》,均不见对于"教育理念"的概念解析,但人们仍然频繁使用该词,说明"教育理念"被教育界广泛认同。原因主要是,教育理念与教育理论、教育思想混淆使用或者滥用。

王冀生教授在《现代大学的教育理念》一文中认为,教育理念"是人们追求的教育思想,它是建立在教育规律之上的科学的教育理念,是一种远见卓识,它能正确反映教育的本质和时代特征,实现教育理念是一个长期奋斗的过程"[①]。王冀生教授把教育理念和教育思想、教育的远见卓识联系起来加以掌握。李萍教授认为"教育理念是关于教育发展的一种理想的、永恒的、精神的范型"[②],它反映教育的本质特点,从根本上回答了为什么办教育。陈奎生认为"在教学陈述中出现教育诸概念泛化现象,这种现象是'理念'和'概念'的混淆,教育理念是关于教育的应然状态,是渗透了人们对教育的价值取向或价值倾向的'好教育'观念"[③]。

通过以上观点,我们可以把握,教育理念一词具有如下特点:教育理念是教育主体对教育及其现象的观念形成物,是理性认识的结果;教育理念包含了教育主体关于教育应然的价值取向和倾向,属于"好教育"的范畴;教育理念不是教育现实,但源于对教育现实的思考,是教育主体对教育现实的自觉反映。因此,理论上教育理念是理念载体即理念持有者对教育的清醒认识和真知灼见。教育理念是外延比较宽泛并能反映教育思维一类活动诸概念共性的普遍概念或上位概念,比如教育思想、教育观念、教育主张、教育看法、教育理性、教育信条等都包含在教育理念之中,而理念本身也包含了上述诸概念的共性。

因此,我们可以将"教育理念"概括为:教育理念是教育主体在教学实践及教育思维活动中形成的教育应然的理性认识和主观要求。

长期以来,教育理念、教育理论、教育思想三个概念在学界有所混淆,三者之间虽然有紧密的联系,但也存在一些区别。

具体来说,"教育理念与教育理论两个概念非常贴近,教育理念属于

① 王冀生. 现代大学的教育理念 [J]. 辽宁高等教育研究, 1999 (1): 31-32.

② 李萍, 钟明华. 教育的迷茫在哪里: 教育理念的反省 [J]. 上海高教研究, 1998 (5): 22-25.

③ 陈奎生. "教育学视野" 辨析 [M]. 上海: 华东师范大学出版社, 1997: 12.

具体个人或具体团体的教育思想观念或观点，而教育理论却是在教育实践基础上抽象概括而成的，二者有不同的概念。从本质上讲，教育理念具有独特的理性特征。从特征上讲，教育理念具有个别性和特殊性，它是教育主体所特有的理性认识，而教育理论具有普遍性和一般性。从二者所属主体来讲，教育理念可以针对教育领域的单个个体或单个群体，而教育理论更倾向于整个教育领域，如学校可以拥有属于自己的教育理念，但它却不能拥有属于自己的教育理论。"①

在以下的论述中，本书涉及的教育理念，从某种程度上来说，既包括了教育理论，也包括了教育思想。

1.3　国内教育理念述评

在评述中国的教育理念时，我们从中国古代教育名人开始论述，原因是：第一，构成中国古代教育的全部历史事实中，只有教育名人的记载最为翔实，尚可构成连续的时间序列；第二，某一时间段教育名人的数量能够反映这一时段教育水平，因为其他教育事实都是人物活动的结果；第三，虽然历代教育名人作为反映教育发展态势的指标存在缺陷，但教育家和教育名人的质的规定性使得他们具有量的不可缩小性。参考王炳照、阎国华主编的《中国教育思想通识》，毛礼锐、沈灌群主编的《中国教育通史》，孙培青、李国钧主编的《中国教育思想史》，本书选取了孔子、孟子、朱熹、蔡元培、梁启超、陶行知、魏书生 7 位教育名家的教育理念，这些理念分别涵盖中国古代、中国近代、中国当代三个时期，下文简略呈现这些教育名家的教育理念。

1.3.1　孔子

孔子是儒家学派的创始人，他顺应当时"学术下移"的潮流，于春秋末年首创私学，宣传自己的"仁政"主张。孔子在长期的教学实践中，积累了丰富的教育思想，这些教育思想蕴含了深刻的哲学智慧，是我国优秀文化传统的精华，值得我们去不断探索和学习。

---

① 韩晓飞，侯怀银. "教育理论"解析 [J]. 教育理论与实践，2018，38（1）：14-18.

在多年的教育历程中，孔子阐述了很多有价值的观点，"真正把哲学道理运用到教育与教学中，提出了一系列基本的教育原则和方法，符合人类认识发展的辩证规律，闪耀着人类的智慧之光"①。

（1）关于有教无类。

孔子在办学中，实行"有教无类""自行束脩以上，吾未尝无悔焉。"孔子认为，虽然每个人出生的境遇不同，但都有内在的尊严，这也是人优越于动物的地方。所以，对人的价值的肯定，是孔子教育思想非常重要的一方面。孔子认为，每个人都可以开发出潜能来发现自身的价值，每个人都可以成为那个有价值的人，也可以成为人才，这种人才既有道德也有能力。孔子开辟了私学领域，对教育影响深远，也为中华民族素质的提高打下了坚实的基础。

（2）关于学习态度。

孔子认为，人的积极性是可以调动的，外因很重要，但内因才是第一位的。他极力主张"知之者不如好之者，好之者不如乐之者"。这就是说，学生的学习必须来自其内驱力，学习动机非常重要。孔子提出的学习的三个层次：知之、好之、乐之三阶递进的思想对后世中国教育发展影响深远，也非常符合人性的基本教育原则。清代文字学家王筠一针见血地指出："学生是人，不是猪狗……人皆寻乐，谁肯寻苦。"反观当前教育现状，仍是一味地重智轻情，尚苦学，学生负担过重，不重视课内外活动，学生的兴趣被极大压制，其教学效果可想而知。

（3）关于教学方法。

孔子认为要依据教育对象的不同特点灵活使用教学方法。孔子提倡"因材施教"，曰："夫子教人，各因其材。"② 这是在充分尊重受教主体个性差异的前提下进行的，只有准确掌握个体特殊性，才能对学生有深刻而全面的了解，才能根据学生的实际情况，有的放矢地进行差别教学，使每个学生扬长避短，获得最佳发展。

（4）对于教育目的。

孔子反对死读书，要求他的弟子们学以致用，知行合一。儒家讲"三纲八目"，就是将理论与实践相结合，孔子自己也能做到以身作则。他非

---

① 石华灵. 从现代教育的角度看孔子的教育思想 ［J］. 南昌教育学院学报，2011（26）：1-2.

② 金良年. 论语集著 ［M］. 上海：古籍出版社，1995：189.

常善于用自己的言行来感染学生，子曰："二三子以我为隐乎？吾无隐乎尔。吾无行而不与二三子者，是丘也。"就是说，自己对教学没有任何隐瞒，自己的所作所为都是在教学。

孔子非常看重人品，要求弟子言行一致，"听其言而观其行"，看一个人的品德，不能看他怎么说，关键是看他怎么做。

从今天的教育来看，孔子给我们留下了很多宝贵财富，我们当前很多高校的课程，都很难做到知行合一，理论与实践相统一，课程设置不是非常合理，所学不能所用，知识与能严重脱节，现代教育的弊端，古人早已说明。

孔子的教育思想广博，是我国优秀的传统文化教育思想。

1.3.2　孟子

孟子主张性善论，这也是他教育的起点，孟子的教育观主要体现在个人发展和社会发展两个方面。

孟子的核心思想是仁政，具体来说是五伦关系，目前已经有学者在进行专门研究，这些成果对我们全面了解孟子及其教育思想有很重要的意义。

（1）教育的基本前提：性善论。

儒家学说的创始人孔子虽然提出了"性相近""习相远"的名言，但并没有直接说明人性的善恶。孔子之后，孟子与荀子分别提出了性善论与性恶论两种相反的论点。孟子指出："人性之善也，犹水之就下也。人无有不善，水无有不下。"孟子提出的性善论为后世的儒家教育奠定了理论基础。所以宋儒程颐指出："孟子有大功于世，以其言性善也。"

孟子指出：人人天生都有作为仁义礼智四端的"恻隐之心""羞恶之心""辞让之心"与"是非之心"。仁义礼智四端是人人具有的"良知""良能"。

《大学》中虽然没有直接讨论人性问题，但《大学》提出，儒家大学教育的目标是开发人人具有的道德与智慧。"大学之道，在明明德，在亲民，在止于至善。"其中，"明德"就是指人人先天具有的道德与智慧。"明德者，人之得乎天，而虚灵不昧，以具众理而应万事者也。"可见"明德"就是孟子提出的善性，也即是孟子提出的仁义礼智四德①。

---

① 马跃如，王文胜. 孟子教育思想及其内在逻辑 [J]. 现代大学教育，2010（1）：81-86，113.

（2）教育的总原则：求放心。

孟子从性善论出发，指出每个人都有仁爱之心，但这种美好的品性应该从哪里寻找，孟子给出了答案，即从普通人的日常生活来寻求，然而大部分的人却向外寻找，忘记了反求于内心，这就是有些人无法仁爱的缘由。所以，学习都是向内寻找，恢复自己本身已经有的良善之心。孟子指出，圣人与普通人在性善方面并无不同。所谓圣贤，不过是先于普通人得到其本有的良善之心而已。

（3）教学的具体内容：五伦关系。

儒家的学校教育可分为小学教育与大学教育两个阶段。儒家小学教育属于养正教育，即培养学生正确的行为与正确的思想。"蒙以养正，圣功也。"在小学教育阶段，学生一方面学习为人、处世、待人接物的基本礼节及各种技能，养成正确的行为习惯；另一方面则是通过背诵各种经典著作达到培养清静心的效果。儒家大学教育则是在小学教育的基础上进一步学习穷理、致知、修身、治国等内容，其目的则是尽心知性。

儒家小学教育与大学教育教学的内容是基本一致的，这些内容可以概括为礼、乐、射、御、书、数六艺，或文、行、忠、信四教，也可以划分为德行、言语、政事、文学四个方面。儒家认为，教育的目的是扩充仁、义、礼、智、信五德。除学校教育外，儒家还十分重视社会教育与家庭教育。后两者教学的内容则相对简单，主要是父子、君臣、夫妇、长幼、朋友五伦关系，这五项教学内容虽然看似十分平常，但却体现了儒家教育的真实内涵。儒家的学校教育也必须落实在这五个方面。

孟子继承与发展了儒家的教育思想。与孔子一样，孟子一生积极推广儒家的教育事业。关于儒家教育的作用，孟子也从个人与社会两方面进行了论述：人若要成为圣贤，必须通过教育扩充其善性。就儒家教育的社会作用而言，孟子在他的仁政主张中指出，政府推行仁政，所要解决的问题不外乎经济与教育两大基本问题。这对我们今天的教育也非常有启示。

1.3.3 朱熹

朱熹是南宋时期著名的思想家、教育家，宋代理学之集大成者。同时他又是一位著名的教育家。"朱熹在继承孔子教育思想的基础上有所创新，在其一生的教育实践中形成了一套独特的教育理论，其中很多方面对我们今天的教育事业仍然具有非常重要的借鉴作用。"①

（1）关于教育目的。

古今中外有所建树的教育家无不明确地对教育目的进行阐释。在孔子提出"学而优则仕"教育目的的基础上，朱熹提出"明人伦"的教育目的，把做"仁人""圣贤"作为教育的任务和最终目的。朱熹认为教人为学首先就是要使学生明义理、会做人，而并非只是为学得杂博知识，用以沽名钓誉，争权夺利。

同时，由于人们每天都不能离开父子、君臣、夫妇、长幼、朋友这五伦关系，因此也不能离开亲、义、别、序、信。朱熹在《孟子集注》中进一步明确，并作为《白鹿洞书院学规》揭示出来，"父子有亲，君臣有义，夫妇有别，长幼有序，朋友有信，此人之大伦也"。朱熹认为，只有把"明五伦"作为全国各级各类学校共同的教育目的，才能使"天下国家所以治日常多，而乱日常少也"。这便是朱熹教育的根本目的。

（2）关于道德教育。

朱熹在其一生的教育实践活动中始终把德育放在首位，认为德育是育人之根本。"修德是本，为要修德，故去讲学。"他特别注重小学阶段的道德教育，强调德育必须从小抓起，从基础抓起，他形象地把小学阶段比作是"打坯模"的阶段。要培养出符合封建道德的圣贤之人，就是在已经完成的"坯模"上面再"加光饰"，倘若坯模打坏了，要补救就十分困难。小学阶段学习的主要内容是"教人以洒扫、应对、进退之节，爱亲、敬长、隆师、亲友之道，皆以修身、齐家、治国、平天下为本"。

（3）关于教育方法。

朱熹在长期的教育实践中形成了独有的教育体系，他擅长告诉学生"是什么"，更要告诉学生"为什么"。朱熹认为，"言教者，皆有不可易之法，不容自贬以殉学者之不能也。"朱熹强调不仅是授学生以"鱼"，更要授学生以"渔"。知识的习得是一个由浅入深、由易到难的过程，所以要循序渐进，进行由表及里的学习，朱熹强调在教育时既要"致知"又要"力行"，知行并重。

朱熹强调学生在学习知识时要处理好博学与专精的关系。一方面要重视"博学"，即要有扎实的基础，另一方面又要在"博学"的基础上有所

---

① 汪雁. 略论朱熹教育思想及其意义 [J]. 长春工业大学学报（高教研究版），2004（2）：29-31.

"专精"。

朱熹认为，在学习过程中，只有依靠学生自身的努力，发挥自身的主观能动性，才能真正获得知识，教师归根结底只是起"指引""引路底人""证明底人"的作用，只是在学习进程的开始阶段教给学生学习方法，在学习进程中当学生遇到疑难点时与之商榷，给予帮助，在学习结束时评价学习和研究成果。

1.3.4 蔡元培

蔡元培（1868—1940 年），浙江绍兴人，我国近代著名的教育家，为我国教育事业，尤其是高等教育事业的发展做出了贡献，其高等教育思想不仅对我国近代高等教育事业的发展起到了巨大的作用，也影响着当代人对新时代高等教育和大学的思考。

（1）关于办学理念。

"大学者，研究高深学问者也""诸君须抱定宗旨，为求学而来。入法科者，非为做官；入商科者，非为致富"，这是蔡元培就任北京大学校长时所讲的话。这段话对高校的定位非常明确，对北大产生了深远的影响，北大由此焕然一新。蔡元培办学的内核是"思想自由、兼容并包"，这一思想既包含了其对大学发展路径的理性探索，也在一定程度上融入了时代主题，即复兴民族学术文化的情感寄托。蔡元培坚持聘请"积学而热心的教员"，"不但要求有学问的，还要求于学问上有研究的兴趣，并能引起学生的研究兴趣"，指出"学术派别是相对的，言之有理，持之有故，即可"。蔡元培鼓励进行学术研讨，不同学术思想的碰撞，形成了"百家争鸣"的现象。近代我国的高等教育起步较晚，官僚风气弥漫，大学治学封闭，当时的北大被视为"养成资格之所""贩卖知识之所"。"这些因素导致了我国近代教育的落后，深受民主革命思想影响的蔡元培及一些先进思想家、教育家开始对中国传统的教育进行革新"①。蔡元培认为真正的大学就应该学术自由，任何学术性的建议和知识都应得到尊重和包容。同时，蔡元培也对大学的功能进行了定位。

（2）关于教授治校。

"蔡元培在学校治理方面实行民主管理，让教授决定教务，参与学校

---

① 冯建民，陈会玲. 蔡元培高等教育思想的内涵解读及当代价值［J］. 山东高等教育，2020，8（2）：65-70.

决策，这是对学校管理模式的重大改革。学校的各项事务都必须由教授组成的评议会投票决定，这在一定程度上杜绝了官僚行政权力的滥用，端正了北大办学治校的风气。教授在大学的决策和管理中起到决定作用，评议会起到立法作用，这为全国高校管理模提供了典范，也对新时代大学治理提供借鉴。"① 教授参与教学与管理工作，密切了师生之间的沟通，增强了教师的责任心，改变了过去教学分离的状态，整体提高了教学水平和管理能力。蔡元培提倡的这一管理模式主要是让研究真理和致力学术的人来管理学校，避免教育走向行政化，确保学校内部管理组织和机构的科学性。

（3）关于师资建设。

蔡元培认为大学应该是研究高深学问的地方，同时也是培养健全人格的地方，因此，教授的功能就是发挥这一作用，教师队伍建设就显得非常重要。蔡元培将教师定位为"积学而热心"②，教授不仅要有广博的学识，不断更新自己的知识和技能，同时也要学习先进的教学方法，以此培养学生做研究的能力，这一理念对新时代大学教师仍然具有重要指导意义。蔡元培不仅对学校教员要求严格，对北大的讲座教授也是"宁存缺额，不求充数"。蔡元培对新人培养非常看重，鼓励青年教师不断学习，发挥自身特长，聘请社会上有名望、有能力的人加入北大，为北大教师队伍注入活力，罗素、杜威等学者纷纷前往北大讲学，提升了北大的办学水平。

（4）关于"五育并举"。

辛亥革命胜利不久，中国的教育正处于百废待兴的重要时刻，缺少明确的教育思想作指导，缺乏正确的教育理念，蔡元培提出"五育并举"培养"新人"的教育思想③。蔡元培认为教育的目的就是培养健全人格，即德、智、体、美协调发展。"五育"即军国民教育、实利主义教育、公民道德教育、世界观教育和美感教育，蔡元培认为只有这五种教育协调发展，共同致力于人才培养的目标，才能变革我国传统的人才培养模式，才能培养出适应时代发展的新人。

人才培养作为高等教育职能之一，具有鲜明的时代特征，蔡元培要求学生以包容的心态学习全方位的知识，成为拥有专业知识，进而改造社会的中坚力量。他同样重视对学生人格的养成，认为完全人格是培养思想自

① 王玉生，蔡元培.大学教育思想新探［M］.成都：电子科技大学出版社，2014：215.

② 高平叔.蔡元培教育论著选［M］.北京：人民教育出版社，2011：251.

③ 金林祥.蔡元培教育思想研究［M］.沈阳：辽宁教育出版社，1994：158.

由、个性独立的基础，只有具备完全人格，才能为社会服务，才能为社会未来发展作出贡献。

1.3.5 梁启超

梁启超（1873—1929 年）是中国近代著名的文学家、思想家、教育家，其论著和思想涉及政治、法律、经济、文学、史学、教育等方面，是中国近代百科全书式的人物。就教育而言，梁启超先生也有系统而丰富的论述。戊戌变法之后，通过对维新主张的反思以及对西方启蒙思想的吸收，梁启超提出以"德育"为核心的教育思想，试图通过全体国民的道德革命缔造新国民，进而推动民族走上现代化。

（1）从"民智"教育到"民德"教育。

受严复影响，梁启超以开民智作为自己的教育目标，他认为"欲求一国自立，必使一国之人智慧足可治一国之事"。基于"开民智"的教育目标，梁启超提出变科举、兴学校、办报刊、建学会等一系列主张并为之奔走，以促进新思想的传播和民智的启蒙。学校教育作为国民教育最重要的一环，也是教育的基础。梁启超为此设计了一套包含师范教育、女子教育、儿童教育等在内的完整的教育方案。除学校教育外，梁启超还力图通过建学会和办报刊推动社会教育。

（2）从培育"人才"到缔造"新民"。

梁启超在总结洋务运动失败的经验教训基础上提出"变法之本在育人才"，他认为"有非常之才，则足以济非常之变"，并由此提出开学校、变科举等一系列教育主张。针对洋务派发展教育培养"艺才"的弊端，梁启超提出"当以政学为主义，以艺学为附庸"，将培养政治人才作为教育目标。梁启超希望通过教育培养出一批政治人才，由这些政治人才带领国家变法图强，这其实是一种精英教育理念。

戊戌变法失败后，梁启超在日本进行了深刻反思，他认为中国说新法说了数十年，但是却没能见效的原因就是"于新民之道未有留意焉者也"。梁启超认为中国近代落后于世界的原因是国民公德的缺乏，智慧不开，而"欲维新吾国，当先维新吾民"，因此无论于内政还是外交而言，"新民"都是"今日中国第一急务"。相比于"育人才"，"新民"所涵盖的目标群体更加广泛，"新民"是全体国民，这不是一人之"新"，而是"吾民之各自新"。

（3）从培养"公德"到培养"私德"。

梁启超的德育思想分为前期和后期，即以 1903 年"新大陆之游"为界限，具有不同的内涵。前期的新民思想，以培养公德为最迫切之目标，希望用西方的道德来重新塑造国民性，并且是针对全体国民的道德改造。

1903 年 10 月至 1904 年 2 月，梁启超在《新民丛报》连载《论私德》，这篇文章的发表标志着梁启超德育思想的转变。其新民思想由前期的侧重全体国民公德的培养转变为后期的侧重个人私德的养成，梁启超认为自己的论著如果针对大多数不读书不识字的人，那么就没有人理解他，如果是针对少数读书识字的人，那么却没有人听他的，因此他转向于少数国民中最小部分，很明显，这又回到了维新时期的精英教育层面。

从前期的强调公德为"诸德之源"是当前之急务，到后期的"公德者私德之推也""欲铸国民，必以培养个人之私德为第一义，欲从事于铸国民者，必以自培养其个人之私德为第一义"①，梁启超的德育思想明显发生了转变，从侧重国民转变为侧重士人，从吸收西方文化回归中国传统经典。无论是提倡公德还是私德，都是梁启超在不同阶段对于以德育新民的思考与探索。对于私德的论述固然有回归传统道德的保守性倾向，但是并不意味着对公德的否定。

1.3.6　陶行知

陶行知（1891—1946 年）是中国伟大的教育家与办学者。他开创了符合中国国情、赋予实践意义的教育学说，陶行知的教育学说以其生活教育思想为原理，以其民主教育、创造教育、科学教育、乡村教育、师范教育、终身教育等教育思想为具体主张，以其人格精神和教育精神为主线，构成了丰富完整的学说体系。

（1）关于全面发展。

陶行知主张教育要培育具有创新精神和创新本领的"真善美的活人"。他告诉我们："教育者所要创造的是真善美的活人。……先生之最大的快乐，是创造出值得自己崇拜的学生"。所以，教育者要创造出值得崇拜的"真善美的活人"，这种人须是"人中人"，即一个要有"健康的身体""独立的思想""独立的职业"，也必须能够"自主""自立""自动"的完

---

① 梁启超. 新民说［M］. 郑州：中州古籍出版社，1998：197.

整的人。对于这种"人中人"，陶行知要求他是全面发展的人，不只身体健康，而且精神富足。陶行知主张要培养"全部发育"的"真善美的活人"，不只要有健康的身体、科学的头脑、丰富的学识，还要有艺术的修养、高尚的品格、进取的精神，即全面发展的人。

（2）关于生活教育。

陶行知说："教育的根本意义是生活之变化。生活无时不变即生活无时不含有教育的意义。因此，我们可以说'生活即教育。'"陶行知指出通过"过什么生活便是受什么教育"。所以，要用生活去教育学生，让学生在生活中受教育[1]。

从教育的角度出发，教育以生活为中心。教育要根据生活去组织课程，编制教材，进行教学实践。陶行知说，"生活决定教育""教育就是生活的改造"。生活与教育是相互促进，共同发展的。生活决定教育，教育的目的、内容、方法、原则都是由生活决定的。同时，生活的全面性要求教育也是全面的。陶行知说："生活教育的要求是：整个生活要有整个教育。"[2] 并且，生活决定了教育的场所，"到处是生活，即到处是教育；整个社会是生活的场所，亦即教育的场所"[3]。生活的变化会引发教育的变化。教育要随着生活的变化不断前进、发展。陶行知主张生活即教育，要用教育的力量，达民情顺民意，起到改造社会生活的作用，从而促进社会经济的发展，通过教育科学研究传播与工农业生产结合，"创造富的社会"。

（3）关于民主教育。

陶行知大力倡导民主教育，他认为只有办民主的教育，教育才能真正属于老百姓，由百姓自己来办并且为了百姓的需求来办。

陶行知一直主张以民主的精神来实现"教育为公"。陶行知批判当时教育只掌握在少爷、小姐手中的小众教育，主张要打造"多数健全之公民"的民主大众教育。"大众是文化的创造者"，所以教育应面向工农大众，学校对大众要"来者不拒，不来者送上门去"[4]。"教育为公"主张无

---

① 陶行知. 陶行知全集（2）：生活教育［M］. 长沙：湖南教育出版社，1985：633.

② 陶行知. 陶行知全集（2）：晓庄三岁敬告同志书［M］. 长沙：湖南教育出版社，1985：210.

③ 陶行知. 陶行知全集（2）：教学合一下之教科书［M］. 长沙：湖南教育出版社，1985：300.

④ 胡晓风，陶行知. 陶行知教育文集：共和精义［M］. 成都：四川教育出版社，2005：12.

论男女老少、贫富都应该拥有受教育的机会，即"教育机会均等"。他说："真平等是要大家的立脚点平等"①，即大家在政治经济上平等了，才能在教育上实现平等。所以，陶行知主张将政治、经济、教育打成一片，实行"政富教合一"。陶行知认为大学的使命是要使民众觉悟，要联合、解放民众，从而达到使人民幸福的最终目标。而教育的最终目标是实现人民的解放和社会的改造。

陶行知的教育思想是针对近代中国半殖民地半封建社会的现状，教育亟须拯救人民、改造社会的大教育背景下提出来的，但是其教育思想是历久弥新的思想宝库，经历了时代的变迁仍然熠熠生辉。

1.3.7　魏书生

魏书生，中国当代著名教育家，全国教育科学规划领导小组教育改革实验攻关组成员。他坚持以人为本的办学思想，提出"学生是学习的主人"的教学理念，实施了一系列教学方法改革，取得了显著的教育成果。

魏书生曾获全国劳动模范、全国优秀班主任、全国中青年有突出贡献的专家等称号，被誉为"教育改革先锋"。虽然魏书生的教育几乎都是针对语文教学改革，但对高校教育也有一定启示作用。魏书生教育思想受当下时代背景和社会发展状况以及教育改革现状和魏书生本人的教育背景的影响，也是时代的产物。

（1）以育人为核心。

魏书生提出"自强就能育人，以育人为本，书就好教了"②，他在培养学生上所花的功夫远远超过了在具体教学过程中的付出，1995 年，魏书生在《教书必须育人》一文中，详细探讨了如何在教学过程中实现育人的目的。

魏书生认为"自强就能育人"，即想要"育人先得自强"，结合魏书生的教育教学思想、实践以及教学改革过程，可以体会到魏书生对学生的要求和引导基本都会经过他自己的亲身实践，要么是经过自己的实践和思考觉得有益于学生，要么是陪着学生一起满足要求，努力达成目标，并且这些要求基本都可以在他所阅读的书籍中找到理论依据。教书必须育人，源自宏观和微观两个层面的需要，从宏观层面来看，"教书必须育人"源于

---

① 胡晓风，陶行知. 陶行知教育文集：共和精义 [M]. 成都：四川教育出版社，2005：12.
② 魏书生. 教书必须育人 [J]. 语文教学通讯，1995（3）：10-12.

党和国家、人民的需要。从微观层面来看，"教书必须育人"源于个人心理、学生切身利益、改善学习成绩等需求层面。

魏书生以育人为核心的教育理念贯穿教育育人环节的始终。"魏书生认为，从精神品质的培养来看，教师应该培育学生以下几方面的精神。第一，从主观客观来看，要培养学生从自己做起的精神。第二，从空间层面来看，要培养学生从身边做起的精神。第三，从时间层面来看，要培养学生从眼前做起的精神。"①

（2）以民主为旋律。

在教育教学过程中，魏书生逐渐发现民主之于教育教学的重要性，魏书生表示民主不仅是教育的手段，也是教育的目的。关于民主的内涵，魏书生指出"所谓民主，就是增强师生的主人翁责任感"②。

首先，教师在教学过程中要树立服务意识。教师应当明确教师角色的定位以及明晰为学生服务的职责所在，进而摆正教师角色与学生角色的关系。教师应当从传统教育中发号施令的"长官"角色，向新型师生关系中为学生服务的"服务员"角色转变。其次，教育过程中，师生服务意识的树立为建立互助关系架设了情感基础。教师应做学生学习过程中的帮手，帮助学生提升自学、自育的能力。同时，师生之间处在民主、平等、互助的良性关系之中，学生从所谓的"对手"主动或被动地转化为在教学过程中帮助教师提高教育、教学能力的"助手"③。

（3）以管理为支撑。

魏书生汲取管理学理论中的精粹，将民主和科学管理的理念移用至教学管理中，使民主和科学融入教育教学实践的方方面面。民主和科学相辅相成，共同引领着魏书生的教育实践和教学改革，使之由"必然王国"通往"自由王国"。

首先，建立计划立法系统。班级通过教师的教学实践和教师与学生讨论等方式制定了班规班法，教师引导学生时刻遵守班规班法并及时修改完善，以达到自我约束、自我管理、自我教育的目的。其次，建立检查监督系统。每一位同学都是班规班法的制定者，在遵守和执行班规班法的同时，每一位同学也同样具有检查和监督他人的权利以及配合监督、检查的

---

① 牟仙芝. 魏书生语文教育思想的当代价值及教学启示［D］. 舟山：浙江海洋大学，2022.
② 魏书生. 培养民主科学治教的习惯［J］. 人民教育，2009（Z2）：2-3.
③ 牟芝仙. 魏书生语文教育思想的当代价值及教学启示［D］. 舟山：浙江海洋大学，2022.

义务。最后，建立反馈系统。"该反馈系统可分为三个层面，第一个层面是组织讨论反馈和个别谈话反馈相结合，通过召开主题班会、讨论会等集体讨论方式；第二个层面是班干部反馈，班干部作为教师教学管理的得力助手，对班级的情况较为了解，通过组织班委会，有利于集中了解班级管理过程中存在的问题和制度的不完善之处。第三个层面是通过通信和召开家长座谈会等方式，征求家长对班级的意见。"①

魏书生关于教书与育人的关系、科学与民主的理论对高等教育有着深远而持久的影响，并且能以其独特的超越性和先进性对当前教育实践产生作用和影响。

1.4 国外教育理念述评

20 世纪 30 年代，商务印书馆先后出版了瞿世英编写的《西洋教育思想史》（1931 年）和蒋径三的《西洋教育思想史》（1934 年），"但就国外教育理念的研究总体而言，我国学者对西方教育思想广泛和系统的研究却始于 20 世纪 80 年代初对杜威、赫尔巴特教育思想的重新认识和评价"②。此后 40 年来，关于西方教育家、西方教育思想或西方教育思想流派的研究成果相继面世，蔚为壮观。从 20 世纪 90 年代开始，一些系统研究西方教育思想历史变迁的著作先后出版，包括田本娜的《外国教学思想史》、王天一等人的《西方教育思想史》、张斌贤和褚宏启等人的《西方教育思想史》、单中惠主编的《西方教育思想史》、单中惠和朱镜人主编的《外国教育思想史》等。但同时我们也看到，"以上学者对国外教育理念的研究少有实质性的变化和发展，研究的对象仍主要限于不同历史时期重要的教育家及其教育思想，研究的视角和方法依然局限于对经典文本的解读和有限的比较研究"③。

苏格拉底和柏拉图可以称为西方教育萌芽阶段的代表人物，他们都以

---

① 牟仙芝. 魏书生语文教育思想的当代价值及教学启示 [D]. 舟山：浙江海洋大学，2022.

② 张斌贤. 西方教育思想史研究的视角与视野 [J]. 北京大学教育评论，2015，13（4）：2-16，184.

③ 张斌贤. 西方教育思想史研究的视角与视野 [J]. 北京大学教育评论，2015，13（4）：2-16，184.

对美好事物的追求作为自己教育的基本内容，这些内容基本都是回忆式的，凸显为对日常生活世界的超越。卢梭对儿童教育的研究，夸美纽斯认为教育本身就是艺术，斯宾赛认为教育是为未来生活而做准备，一直到杜威的生活教育，可以看到西方教育从儿童教育到成人教育的转变，同时也是顺应工业现代化转变的历程，教育普及开始转向教育的民主实现，以此为基础，后期教育家们已经不满足于早期苏格拉底式的回忆性记叙，而更加倾向于对一种现实经验的改造和获得。

本书探讨了苏格拉底、柏拉图、杜威、夸美纽斯、卢梭、皮亚杰、雅斯贝尔斯7位教育名家的教育理念，分别涵盖建构主义、全人教育、自然主义等多个教育流派。

1.4.1　苏格拉底

苏格拉底是古希腊著名的哲学家和教育家，也是古希腊的三杰之首，被西方学者尊为圣贤。苏格拉底的思想学说对西方文化教育的发展产生了深远的影响。

（1）"产婆术"——启发式教学。

苏格拉底认为，教育不是灌输，而是点燃火焰，这和孔子的"不愤不启，不悱不发"的启发式教学异曲同工。苏格拉底善于采用谈话的方式来教学，也就是通过问题的引导让人们进行深入的思考，后人将这种方法称为"产婆术"或者"精神助产术"。在整个欧洲文艺复兴时期，资产阶级一直倡导的启发式教学其实就是来自苏格拉底。

"产婆术"启发式教学的第一步是"讥讽"，苏格拉底和别人在讨论问题时，往往装出什么都不懂的样子，让人家自己回答，等到对方答错了，他也不立马纠正，而是进一步加以引导，让对方知道问题出在哪里，自己获得答案，这成为现代建构主义的开始。建构主义认为知识的习得来自自我经验，人们通过解构来建构自己的知识体系。目前国内大多数高校的教学，包括翻转课堂，采取的教学方法都是类似的建构主义教学模式。苏格拉底让人认识到自己的不足，同时对自己提出的问题产生新的疑问，这样，他自己其实就充当了"智慧的产婆"。目前，被广泛应用的问题导向式教学方法其实就来自苏格拉底。在启发对方发现自己认知的混乱时，人们才能够辨析真理，而教师的作用就是"帮助真理出世"，直到最后形成概念。

（2）道德修养是教育的最终目的。

德国哲学家文德尔班曾经说过："苏格拉底以其外在特征、独到的品格、哲学推理的新风格，开辟了哲学史上的新纪元。"① 苏格拉底认为，人的智慧贵在"自知其无知"，从认识自己开始，达到认识的最高境界——善和接近智慧。苏格拉底认为，他自己的智慧远远高于别人，就是因为他承认自己一无所知并孜孜不倦地探求真理。

从伦理哲学观点出发，苏格拉底把道德修养作为教育的终极目的，提出了维护奴隶主贵族利益的道德观念，他发展了智者派学者普罗塔哥拉的"人是万物的尺度"的观点，主张"有思考力的人是万物的尺度"。这一主张的含义，就是说人们只有通过认真深刻思考才有可能达到道德的完备。

（3）培养人才是为了国家。

雅典是古城邦式国家。苏格拉底认为自己的任务就是将有知识的人才培养成国家的栋梁，他这样做也是为了国家和未来。他虽然站在维护奴隶主贵族阶级的立场，但他认为教育的目的就是为国家输送人才、培养人才。

从阶级立场来看，苏格拉底认为普通的群众缺乏治国理政的能力，那么必须依靠精英教育来治理国家，他主张"站在专家一边，即站在能提出真理的权威一边""应敬畏有专门知识的人更甚于敬畏其他所有人"。苏格拉底认为，国家的领导者和行政管理人员必须具有广博的实用知识。

苏格拉底认为，世间所有的事情离不开知识，管理一个国家更是离不开知识，一个好的政治家的首要条件就是要具备广博的知识，不仅具有关于善、美德的知识，还要熟悉国家的情况。

1.4.2　柏拉图

柏拉图出生于雅典的上层贵族家庭，这使他享有最高的精神自由与舒适。柏拉图的教育理念，集中浓缩在其著作《理想国》中。

柏拉图的《理想国》可以被称为西方教育史上第一部全面而系统论述教育的著作，在这部著作里，"柏拉图对教育的作用、教育的理念、教育的目的、教育的意义、教育的本质进行了论述，尤其是对国家教育、终身

---

① 文德尔班.哲学史教程：上卷［M］.罗仁达，译.北京：商务印书馆，1987：101.

教育、和谐发展教育以及理性教育等阐述了自己的理解"①。这些论述也提到了知识传授与品德培养的关系，环境和家庭对一个人成长的影响。

（1）关于国家教育。

柏拉图认为，能否造就理想的国家统治者，对于能否建立理想的国家制度和政治生活起着"决定性的作用"。因此，柏拉图把教育提升到国家建设的高度，教育成为构建他理想国的最重要的一条通道。

柏拉图认为，一个国家必须由哲学家来执政，所有的教育事业也必须由哲学家来建设，一般个体不允许随意触碰教育，政治家们办教育和个体办教育会损坏国家的根本，会给国家带来不幸。

柏拉图的国家教育论，充分表现了柏拉图高度重视教育的作用。在西方教育史上，把教育作用看得如此重大，把教育当作建立和治理国家、改造社会和促进人类进步的重要途径的，应当首推柏拉图。后世的教育家们在谈到教育的作用时，无不受到柏拉图国家教育论的影响。

（2）关于和谐教育。

在《理想国》第三章，柏拉图说明了完备教育的含义和内容："一为修养心性，培养善德；二为操练身体，增进健康。两者相互调和、协调发展，就可以造就理想的卫国者。在柏拉图看来，身体和精神是互相影响的，教育的问题无非在于调整人的身体和精神。综合音乐教育和体育，就可以使人得到完美的发展，使人的心灵和谐一致，使人形成良好的品性。"② 从实施原则来说，音乐先于体育。柏拉图认为，音乐和体育都能对青少年的心灵进行训练，必须注意它们的过程和方法。关于品格训练的教育思想，在柏拉图的教育思想体系中具有重要的地位。品格训练不仅直接关系到培养理想的卫国者，也直接影响到培养理想的执政者——哲学家。

（3）关于理性教育。

理性教育是柏拉图教育理念的根本主题，在《理想国》后半部分，柏拉图主要阐述了他的这一理念。柏拉图认为，一定要注重个人心灵的启发和智慧的获得，构建理想社会，最主要的是将"公道"和"正义"这些人类社会最基本的道德贯穿教育的始终，社会要关注公平正义，人人要主持公道正义，社会才能有美好前途，这就是柏拉图的理想国。所以，柏拉图

---

① 王素芳.《理想国》的终身教育思想对高等教育发展的启示 [J]. 中国电力教育, 2009 (139)：187-189.

② 张法琨. 柏拉图《理想国》中的教育理论 [J]. 教育评论, 1995 (5)：45-47.

认为，教育从本质上来说，是培养和塑造美好的人类心灵，塑造卓越的灵魂，培养人的理性。

1.4.3 杜威

教育到底是什么，教育为什么会有存在的必要，它的价值又体现在哪里，真正好的教育应该如何实施，不管是东方还是西方的教育家们，在研究教育的时候，都无法回避这些问题。美国教育家约翰·杜威给出了他的答案，他认为，教育就是生活，教育就是经验，教育就是生命，这也成为杜威教育理念最精华的内容。

（1）教育即生活。

五四运动前夕，杜威来华讲学。1919 年 5 月，杜威取道日本，然后到达上海，1921 年离开北京，畅游中国 11 个省份。在北京、南京讲学过程中，《新教育》杂志对杜威的讲学内容进行报道，宣传杜威的实用主义哲学和教育理念，并刊发"杜威专号"。访华后的很多年里，杜威得到了当时一大批知识分子的追随，胡适、梁漱溟、陶行知等对杜威"教育即生活"的观念做出了不同的解读，有的解读为教育就是生活，有的解读为教育就是实验，有的解读为教育就是生命。这些解读各有特色，一方面说明了杜威思想的辐射性，另一方面也展示了中国知识分子活跃的创造力和想象力。

在杜威的"教育即生活"命题中，"教育"主要指学校教育。关于"生活"，有学者认为，杜威的"生活"分为社会生活和儿童生活两层含义。教育即生活强调教育与生活经验紧密结合，教育的过程就是生活的过程，要为未来生活而准备。比如在学校里，所有的教育应该围绕儿童自己的生活展开，并与学校外的社会生活相契合，这样才能激发儿童的潜力。

（2）教育即经验。

杜威指出，"教育即是继续不断地重新组织经验，要使经验的意义格外增加，要使个人组织后来经验的能力格外增加"[1]，生活的展开过程是经验的不断改造的过程，是教育意义不断凸显的过程。人们在生活中，逐步积累经验，以此作为指导未来活动的参考工具。每一次活动增加一点经验，学到新的知识，经验由此得到持续不断的积累，越来越富有教育意

---

[1] 杜威. 杜威教育名篇 [M]. 北京：教育科学出版社，2006：23.

义。经验意义的改造过程就是教育的过程。发现问题是在教育实践中运用实验方法的第一步，随后还有假设和求证等步骤。那些得到验证的假设，是解决问题的最佳方案，具有丰富的教育意义。

（3）教育即生命。

梁漱溟在解读杜威教育思想时的切入点是生命的角度，生命本来也是杜威教育思想非常核心的概念。杜威认为，教育就是好好把握人的整个生命，不能向两端倾斜，这有点类似中国的中庸之道。梁漱溟从国学角度入手，试图对杜威教育哲学进行儒家的解读，他认为杜威的思想最基本的概念就是"教育就是生命"。杜威信奉民本主义。民本主义就是去除一切人类的隔膜，人和人之间是互通的，只有这样，人类才能更容易进行改造，改造才能更新，改造才能进步，改造本身就是教育，这也是生命的真谛。

生物进化论、科学实验、民本主义，这几个概念的结合以及西方工业社会高度集中化的发展，孕育出了教育以及教育方式的变革，让杜威的思想呈现出崭新的面貌，这与以往的教育理念有本质的区别，可以说，杜威的思想某种程度上具有划时代的意义。

1.4.4　夸美纽斯

杨·阿姆司·夸美纽斯是捷克著名的教育家，西方近代教育理论的奠基者之一。夸美纽斯的教育理念对当时西方甚至对后来整个世界的教育发展都产生了重大的、积极的影响。夸美纽斯的教育思想和实践与他自身受到的教育密不可分。

（1）"泛智"教育理念。

"泛智"思想是夸美纽斯教育理论的核心，是他从事教育实践和研究教育理论的出发点和归宿点。所谓"泛智"，就是使所有的人通过教育而获得广泛、全面的认识，并使智慧得到普遍的发展。用夸美纽斯的话来说："我们希望有一种智慧的学校，而且是全面智慧的学校，即泛智学校，也就是泛智工厂。在那里，人人都可以接受教育，在那里可以学当前和将来生活上所需要的一切学科，并且学得十分完善。"[①]"把一切事物交给一切人类"是"泛智论"的集中体现。它包含着两个方面的内容：一是教育内容泛智化，二是教育对象普及化。

---

① 夸美纽斯. 大教学论［M］. 傅任敢，译. 北京：教育科学出版社，2006：31.

（2）要遵循教育规律。

追随自然是 17 世纪欧洲普遍的时代思潮，西方世界有注重自然科学的传统，上溯到古希腊三杰时期，这些思想已经萌芽，但是将追随自然并适应自然这个理念作为教育的根本性原则，却来自夸美纽斯。

夸美纽斯认为，历史的发展是有秩序的，秩序本身就是事物的灵魂，世界因为有秩序，才得以和谐发展。秩序就是普遍规律，普遍规律的运行才符合事物发展运行的规律，人类的认识要遵循自然的发展，但人类只能认识自然很小的一部分，人类必须遵从自然的领导，所以要遵循自然，服从自然的安排，这就是顺应自然的教育。

在这种条件的制约下，人们的教育必须要以自然为师，这样才能找到规律。夸美纽斯从人类运用机械原理入手，比如船只的航行、钟表的摆动、炮弹的发射以及印刷术的发明，来论证教育本身就是对自然规律的遵循和适应，这有点类似中国道家的"道法自然"思想。

所以，教师应该像园丁和画家一样，把所有的目光聚焦于自然，这也清晰地定义了教师的角色，教师必须进行积极有效的教学活动，同时遵循自然规律。

（3）终身教育理念。

夸美纽斯在其晚年著作《人类改进通论》一书中，对自己一生的教育经验和对整个人类的教育提出了高屋建瓴的见解，在此书的"泛教论"部分，夸美纽斯的终身教育思想得以完整体现。夸美纽斯声称教育应当从摇篮甚至更早的时候开始，直至进入坟墓方告结束，从而在教育领域中首次引进"胎儿教育""终身教育"和"公立学校"的概念，打破了从前传统学校教育体系的封闭性和终极性。

1.4.5　卢梭

作为 18 世纪一名伟大的哲学家、思想家、教育家，卢梭主张感觉是认识的来源，坚持"自然神论"。他强调人性本善，每个人都是有信仰的，信仰高于所有的理性。卢梭坚持社会契约论，要建立资产阶级的理性王国，反对私有制，主张自由和平等。在教育理念中，卢梭从儿童教育入手，认为教育必须顺应儿童的本性，让他们的身心自由发展，这顺应了资产阶级从封建专制制度中解放出来的趋势。卢梭对教育的论述主要在《爱弥儿》一书中得以体现，同时这也是他认为自己写得最好的一部作品，最重要的一部作品。《爱弥儿》是西方教育思想的典范，书中阐述了自然主义教育的概念，这一概念对西方具有划时代的意义。

（1）关于自然教育。

卢梭最基本的教育观点就是"归于自然"。自然的状态来源于人类的史前时代，但在教育中专门用来指人性中的原始倾向和天生的能力。卢梭认为文明的出现，特别是城市文明的出现，使得人性开始扭曲、变质，从而罪恶丛生，所以，只有归于自然的教育，远离城市的喧嚣，人的天性才能得以保存，人性之善才得以显现。

《爱弥儿》最突出的观点就是要让教育适合儿童的身心发展，自然教育的核心是教育必须遵循自然本身，"出自造物主之手的东西都是好的，而一到了人的手里，就全变坏了"[1]，"如果你想永远按照正确的方向前进，你就要始终遵循大自然的指引"。因此，"卢梭反对那种不顾儿童的特点，干涉并限制儿童自由发展，违背儿童天性的传统的古典教育，提出了教育要顺应自然的思想"[2]。

卢梭认为，自然教育的目的是培养"自然人"，即完全自由成长、身心协调发达、能自食其力、不受传统束缚、能够适应社会生活的一代新人。从"教育要培养自然人"的目的和教育要"顺应自然"的原则出发，卢梭强调，教育应该注意儿童的年龄特性。根据年龄阶段的特点，在不同时期所进行的教育内容是不同的。

（2）关于劳动教育。

卢梭对劳动教育非常重视。他指出，劳动教育的任务是使儿童通过劳动学会使用各种工具以及相关技术，锻炼身体，发展人的心灵。卢梭最推崇手工劳动，认为它最自由，最接近于自然状态，最独立，不受他人束缚。总之，卢梭希望儿童能够"像农民那样劳动，像哲学家那样思考"。

（3）关于道德教育。

卢梭对道德教育也非常看重。儿童的天性是自然的，是顺应这个世界的，但是到了青年时期，他们就变得激动和热情，这个阶段必须用教育加以约束，这种约束必须来自道德，用道德作为准绳对青年加以调节，只有这样他们才能处理好人与人、人与社会的关系。卢梭认为，好的道德教育

---

① 卢梭. 爱弥儿 [M]. 李平沤，译. 北京：商务印书馆，2016：6.
② 朱庆环，祝惠，何娟. 卢梭自然教育思想的现代意义：读《爱弥尔》有感 [J]. 高等函授学报（哲学社会科学版），2007（6）：31-32，37.

应该是培养人们善良的情感、坚强的意志和正确的思维方式，当然，这些都可以通过锻炼获得，通过道德的实践来培养儿童和青年，可以使他们变得更加坚强。

1.4.6　皮亚杰

皮亚杰的贡献主要在心理学领域，他被称为弗洛伊德之后的另一个伟大的巨人，他的心理学研究，对当代西方心理学的发展产生了重要影响。同时，皮亚杰还是一名著名的教育家。他出生于瑞士，父亲是大学历史教授，从小耳濡目染，他对历史和人类行为非常感兴趣。皮亚杰早期研究主要是儿童语言和思维发展，以此为抓手，他创立了发生认识论。皮亚杰一生著作颇丰，《发生认识论导论》《儿童的语言与思维》《智慧心理学》《教育科学与儿童心理学》《教育原则与心理学的论据》等是他的代表作。

（1）关于教育过程。

皮亚杰把人的智力发展分为四个阶段：感知运动阶段、前运算阶段、具体运算阶段、形式运算阶段。他强调教育过程必须与智力发展阶段相适应，即教育过程具有阶段性，认为这是由于各种发展因素之间的相互作用，使儿童思维发展具有阶段性的必然反映。各阶段，从低级到高级，有一定次序，不能逾越，也不能互换。教育过程必须遵循由低到高、由简到繁的次序，针对不同智力发育阶段的特征，施以相应的教育。在感知运动阶段，要注意早期教育，及时给婴儿提供多样化的、能吸引他们观察的物体，并实施促进儿童动作发展的训练。在前运算阶段，主要通过观察、测量、计算、讲故事等活动培养幼儿的初步科学观念。在具体运算阶段，主要通过教学活动，培养儿童的各种科学的基本逻辑概念和逻辑分类能力。在形式运算阶段，可以加入更高层次的抽象的教育内容。在具体教学中应遵循直观—记忆—理解—操作的顺序进行教育①。

（2）关于教育原则。

首先，皮亚杰强调教育要优先发展学生的智力和推理能力。他认为，儿童的智力形成过程是一种思维的连续形成和改造过程，是思维能力、改造能力由低级到高级的发展过程，而不是先天遗传的官能或后天形成的联想和记忆。教育的目的应当是培养儿童的智力，而不是贮备记忆，是开发

---

① 张建兴. 皮亚杰的教育心理学思想综述 [J]. 当代教育论坛，2007 (7)：69-71.

智力，也就是智力优先原则。

其次，皮亚杰认为教育过程是一个逐级上升、有严格次序的过程。在进行正规教育之前必须按次序进行必要的教育准备，不可越级。只有经过准备才能收到良好的教育与学习效果，这就是准备性原则。

最后，皮亚杰强调，在儿童教育中应特别重视兴趣的诱发。他从认知心理学角度解释了这一原则，因为认识是一种主动积极的、不间断的建构活动，发展就是一个建构活动，儿童要通过其自己的活动，不断构建自己的智力与思维能力。教育的目标之一是使儿童能够去主动自发地学习，因此，必须创设情境和条件，诱发儿童的学习兴趣，激发其求知欲与好奇心。皮亚杰认为，一个人从来不想学习不感兴趣的东西。因此，在选择教育内容时要挑选一些有代表性的、新颖的材料去教育儿童，这就是兴趣诱发原则①。

1.4.7　雅斯贝尔斯

卡尔·西奥多·雅斯贝尔斯是德国存在主义哲学家、神学家、教育学家。雅斯贝尔斯自幼体弱多病，青少年时期就患有心脏病和支气管扩张症，终其一生未能治愈，身体的病痛让他更多地思考人生和世界，他把哲学的任务规定为描述人活着的意义、人存在的意义，认为人的存在有四种形式，即"此在"、一般意识或意识本身、精神、生存，所以生存是人真正存在的方式，一个人能达到生存的途径就是如何显示生存，即发现人的各种可能性。雅斯贝尔斯是西方公认的"存在主义"大师。他认为每个人是独特的，且充满自由的，这个世界是一个无所不包的大全世界，人需要仔细体验，以领悟自身，一个真正的"全人"需要通过人的实体，进入一般意识和精神领域，通过生存本身来发展，所以教育不只是培养一个人的技能，而是要培养全人。

（1）关于个体教育。

雅斯贝尔斯认为，"教育是全人类的希望，所以这不是一小部分人的教育，人的个体构成社会，全体人的发展必须以个人的发展作为基点。教育的意义在于，如果一个人能以充实且明朗地与世界合为一体，他就可以成为他自己。教育也因此成为大众的教育，全人的教育，整体的教育，每

---

① 史降云. 皮亚杰教育思想述论 [J]. 雁北师范学院学报，2001（5）：15-17.

个人都应该也会与周遭的世界发生关联，个人与社会互相反作用，从而达到受教育的目的。"①

（2）关于教育功能。

1977年出版的《什么是教育》一书中，雅斯贝尔斯从年轻人和成年人两个维度探讨了教育的功能。他认为年轻人的角色是最具特色的，假如教育具有整体精神，那么年轻人是不成熟的，正因为它们年轻没有地位，要为将来的职业做准备，所以必须尊重、屈从和信赖成年人。"成年人可以用自己的经验来教育年轻人，使一辈辈的年轻人将学习贯穿自己的一生，从而成长为有学识的成年人。"②

（3）关于全人教育。

雅斯贝尔斯认为杜威的教育实用论模式不能培养"全人"，即使他们拥有丰富的专业知识，也不能拥有自由发展的灵魂和能力，不能按照原初的已知构建自我、实现自我。雅斯贝尔斯认为，我们拥有最好的数学、语法、自然科学方面的教科书，但是历史方面的教材却有问题，尤其是缺乏现代哲学教材，即有关整体的精神与道德教育方面的书籍。为培养学生的整体意识而使之成为"全人"，雅斯贝尔斯提出"学习过程必须有一定的学科内容。对知识的探索无所不包，凡是世界上的知识，都应纳入大学的范围。"

对照雅斯贝尔斯的教育理念，我们反观国内教育，也会得到很多启发，我们目前的教育更多是关注外在的、理性知识的获得，或者突出对于技能的训练，学生的成绩和学生的就业率、考研率、升学率成为教育的指挥棒，然而个人的发展和训练以及内心精神的提高往往被忽视，个人道德，人格精神，品性培育的欠缺，导致最终的应试教育只能把人塑造成工具，一个只会学习、模仿、复制的没有精神，没有灵魂的工具。

---

① 黄丽玲，胡小桃. 论雅思贝尔斯的"全人"教育思想及启示 [J]. 当代教育实践与教学研究，2018（6）：212-213.

② 黄丽玲，胡小桃. 论雅思贝尔斯的"全人"教育思想及启示 [J]. 当代教育实践与教学研究，2018（6）：212-213.

2 新时代高校教师的角色与定位

2023 年 9 月，习近平总书记致信全国优秀教师代表时，强调全国广大教师要"以教育家为榜样，大力弘扬教育家精神，牢记为党育人、为国育才的初心使命，树立'躬耕教坛、强国有我'的志向和抱负"[1]。什么才是教育家精神，总书记从六个方面予以说明，分别是"具有心有大我、至诚报国的理想信念，言为士则、行为世范的道德情操，启智润心、因材施教的育人智慧，勤学笃行、求是创新的躬耕态度，乐教爱生、甘于奉献的仁爱之心，胸怀天下、以文化人的弘道追求"[2]。可以说，这六个方面也为新时代高校教师找准自己的角色和定位指明了方向。

角色是指一个人在特定的社会环境中具有的社会地位以及身份，在符合社会期望的同时，个人应该履行相应的社会职责。教师角色指的是在学校教育中，教师为实现其身份地位，履行一定的权利和义务，同时展现出符合社会期望的态度和行为模式。高校教师承担的社会职能是多种多样的，相应的社会角色也是多样化的。因此，分析高校教师的角色，明确教师的定位，对教师充分地扮演好教师角色有积极的意义。

在传统的教学中，教师的角色是某门专业知识的传授者，一个专家型或者学者型的教师，往往被局限为给学生传授高精尖知识的人。同时，教师的角色又被简化为简单的知识传授，忽视了学生的个体差异，造成同质化倾向严重。

进入新时代，科技迅猛发展，人工智能势不可挡，正深刻改变着人类社会的每个角落，高校教育也不能避免。一方面，人工智能为高校教育带来了平台教学智能化、学习体验个性化、操作模拟实战化等优势；另一方

---

[1] 习近平. 大力弘扬教育家精神 为强国建设民族复兴伟业作出新的更大贡献 [N]. 人民日报，2023-09-10 (01).

[2] 习近平. 大力弘扬教育家精神 为强国建设民族复兴伟业作出新的更大贡献 [N]. 人民日报，2023-09-10 (01).

面，人工智能也为高校专业教师带来巨大的压力和挑战，迫使他们不断提升自身信息素养、技术融合能力和教研教改创新能力，以应对整个教育形式的深刻变革。

教育是无比严肃的伟大事业，"教学课堂大于天"应该成为师生共同的价值观。教师要为学生创设有情感温度、有知识浓度、有发展梯度的课堂，师生带着问题走进课堂，就要一起成为课堂的设计者、参与者、创造者和评价者。

从教师层面来讲，教师不应为了传道授业解惑而与学生产生距离感，教育是情感劳动，是爱的付出，"爱是教育的原动力，真正的爱不是盲目的，它使人的眼睛明亮，柏拉图眼中的苏格拉底才是真正的苏格拉底，升华、实现潜能、成为你自己是爱的三个维度，教育中对年轻一代的爱护并非降低格调——除非你被统治欲迷住或是以图利的目的去教育——而是达到自我升华。"① 在仁爱之心的付出下，教师对待课堂和学生要像贵宾一样尊重，像做祭祀一样敬畏，像初恋一样有激情，像约会一样有期待，像演员上台一样有表现欲，像探险家一样有好奇心。可见，教师的角色和定位不是一成不变，一板一眼的，而是全身心地付出，多种角色的综合。

从学生层面来讲，学生在高校里不仅学习知识，更要学习教师的研究态度，以期培养自己独到的科学思维方式。这种思维方式必须是批判式的，要来自实践。

康德说"学生应该学的是思考的活动，而不是思考的结果"②。好的教学应该分为三个层次：第一层次是学习知识，即上课，学习教材、知识以及可以参阅的资料；第二个层次是参加老师组织的思考活动，参加研究和论证的工作；第三个层次是间接传达，即对引导个人精神前行的东西的阐述，即使学习思考转化为日常的生活③。所以，高校教育的第一个原则是研究和教学的统一，第二个原则是教育培养过程的统一。大学生总是潜心地寻觅这种理想并时刻准备接受它，但当他们从教师那里得不到任何有益的启示时，他们便感到理想的缥缈和希望的破灭而无所适从，学生必须经

---

① 唐松林，冯誉萱. "互联网+"时代的教师伦理：从他者型塑转向自由审美 [J]. 中国电化教育，2017（367）：19-24.

② 雅思贝尔斯. 什么是教育 [M]. 邹进，译. 北京：生活·读书·新知三联书店，1991：159.

③ 乔媛. 对雅斯贝尔斯大学教育自由理念的解读 [J]. 科教文汇（下旬刊），2017（375）：133-144.

历人生追求真理的痛苦磨难去寻求理想的亮光。

雅思贝尔斯认为对终极价值和绝对真理的追寻是一切教育的本质，这一观点虽然失之偏颇，但他也特别强调，教育不能没有虔敬之心，否则最多只是一种劝学的态度，这种态度很容易让教育变得形式化，教师往往让学生来敬畏他，导致的结果是，学生本来应该用训练有素的方法来获取资料，最终却没有考取一个比较理想的成绩而不能获得最佳的发展机会。我们的教育变得破碎且没有目标，学生学到的都是碎片化的知识，而非包罗万象的整体教育，正因为教育决定未来的人的存在，所以"培养什么人""为谁培养人""怎么培养人"才成为教育的根本问题。

进入新时代，习近平总书记对教育事业非常关注，提倡尊师重教的风尚，总书记先后用"筑梦人""系扣人""引路人""大先生"等形象贴切的词语来表达教师对国家发展和学生培养的表率与引领作用，号召广大教师既做学问之师，又做品行之师，总书记对新时代高校教师师德师风建设形成了完整的师德治理观，同时也成为高校教师行为处事的根本准则。

2.1 新时代教师的使命担当

党的二十大报告中指出，全面贯彻党的教育方针，落实立德树人根本任务，培养德智体美劳全面发展的社会主义建设者和接班人。而教师在立德树人的过程中发挥了极其重要的作用，同时，党中央专门把"加强师德师风建设，培养高素质教师队伍，弘扬尊师重教社会风尚"写进了党的二十大报告。

习近平总书记强调：强教必先强师。要把加强教师队伍建设作为建设教育强国最重要的基础工作来抓，健全中国特色教师教育体系，大力培养造就一支师德高尚、业务精湛、结构合理、充满活力的高素质专业化教师队伍。弘扬尊师重教社会风尚，提高教师政治地位、社会地位、职业地位，使教师成为最受社会尊重的职业之一，支持和吸引优秀人才热心从教、精心从教、长期从教、终身从教。加强师德师风建设，引导广大教师坚定理想信念、陶冶道德情操、涵养扎实学识、勤修仁爱之心，树立"躬耕教坛、强国有我"的志向和抱负，坚守三尺讲台，潜心教书育人。

"使命"一词最早出自《左传·昭公十六年》："会朝之不敬，使命之不听，取陵于大国，罢民而无功，罪及而弗知，侨之耻也。"这里的"使命"包含和体现了一种"任务"和"责任"。对于新时代的教师个人而言，教师的初心和使命就是找准自己的定位，只要找准了一个"教师"的定位，教师的职业属性必然崇高，必然光荣，必然重要。在此基础上，习近平总书记对教师创造性地提出了"四个引路人""四有好老师""四个相统一"等重要要求，使得教师能够安心、热心、静心、舒心从教。

2.1.1　"四个引路人"的职业使命担当

2016年9月，习近平总书记在北京市八一学校考察时指出，广大教师要做学生锤炼品格的引路人，做学生学习知识的引路人，做学生创新思维的引路人，做学生奉献祖国的引路人。"四个引路人"的重要要求直接指明了教师"立德树人、教书育人"的职业使命。一方面，教师要有职业良知，引导学生走向真善美，另一方面，教师自己也要不停学习，提升自身修养，通过不断学习，才能做学生的"经师"和"人师"。"四个引路人"是教师的基本职业操守，同时也成为新时代教师职业活动的根本原则。

2.1.2　"四有好老师"的责任使命担当

2014年9月9日，习近平总书记视察北京师范大学时提出："广大教师要做有理想信念、有道德情操、有扎实知识、有仁爱之心的好老师，为发展具有中国特色、世界水平的现代教育，培养社会主义事业建设者和接班人作出更大贡献。"

（1）师德师风之魂——有理想信念。

习近平总书记把理想信念比作人生的"第一粒扣子"，教师首先必须有坚定的信念，这样才能有坚定的政治立场和政治方向，教师不但要"传道授业解惑"，同时必须把人民、民族、国家装在心里，自觉践行社会主义核心价值观，抵制错误思想，只有这样，才能正确引导学生树立远大的共产主义理想信念。一个自己不"明道"，讲不清"为什么""是什么""怎么做"的老师如何"传道"？如何"解惑"？

（2）师德师风之根——有道德情操。

一个合格的教师首先是道德上的合格者，优秀的教师必须是道德的楷模，教师必须恪守职业道德标准，才能捍卫教师尊严。"经师易得""人师难求"，教师只有恪守职业道德，才能既做让人们敬仰的"学问之师"，又做令人爱戴的"品行之师"。

（3）师德师风之基——有扎实知识。

教师要掌握大量知识，必须树立终身学习理念。一方面，要向书本学。"教师要主动学习人类文明成果和实践经验，博览群书，积极站在时代前沿，与时俱进地更新专业理念，升华专业知识，而不能安于现状，不思进取。我国教育家陶行知先生说："做先生的，应该一面教一面学，并不是贩卖些知识来，就可以终身卖不尽的。"① 另一方面，要向实践学。"教师要学会在具体的教育情境和社会实践之中创造性地应用知识、解决问题，把职业实践作为新理论、新知识、新技能的源头活水，同时要积极适应信息时代的需要，不断运用信息技术解决重大教育理论和现实问题，通过创新教育思想理念、改进教学方法，破解育人瓶颈，进而提高教育教学实效和人才培养质量，实现教学相长。"②

（4）师德师风之本——有仁爱之心。

《孟子·离娄章句下》提到，"君子所以异于人者，以其存心也。君子以仁存心，以礼存心。仁者爱人，有礼者敬人。"③ 可见，教育职业本身就是一门"仁而爱人"的事业，"有仁爱之心"自然成为教师基本的职业品行标准。教师职业既是一种传播知识、思想和真理的工作，又是一项塑造灵魂、塑造生命、塑造人的工作，具有与生俱来的道德责任和榜样作用。具体来说，教师的仁爱是一种非凡的气度，是一种对己对人、对事对物的接纳和包容。

2.1.3 "四个统一"的时代使命担当

2016 年 12 月，习近平总书记在全国高校思想政治工作会议上强调："要加强师德师风建设，坚持教书和育人相统一，坚持言传和身教相统一，坚持潜心问道和关注社会相统一，坚持学术自由和学术规范相统一，引导广大教师以德立身、以德立学、以德施教。"④ "四个统一"是习近平总书记对高校教师责任和使命提出的重要要求，这不仅仅针对高校教师，也是

① 周洪宇. 陶行知教育名论精要教师读本 [M]. 福州：福建教育出版社，2016：65.
② 韩喜平，李斯. 习近平关于新时代教师职业重要论述的价值意蕴 [J]. 福建师范大学学报（哲学社会科学版），2020（1）：9-16.
③ 杨伯峻. 孟子译注 [M]. 北京：中华书局，1960：159.
④ 习近平. 把思想政治工作贯穿教育教学全过程 开创我国高等教育事业发展新局面 [N]. 人民日报，2016-12-09（01）.

全体教师的职业初心、时代使命和责任担当。

（1）职业使命——坚持教书和育人相统一。

"古之学者必有师。师者，所以传道受业解惑也。"教书和育人是有机统一的整体，不可分割，不能分割。教书是途径，育人是目的，如果说教书是让学生成为有知识、有发展潜力的个体属性的人，那么育人则是让学生成为有坚定信念、崇高思想的社会属性的人，二者共同构成了教师的职业使命。习近平总书记强调："教育是民族振兴、社会进步的重要基石，是功在当代、利在千秋的德政工程，对提高人民综合素质、促进人的全面发展、增强中华民族创新创造活力、实现中华民族伟大复兴具有决定性意义。"①

（2）人格使命——坚持言传和身教相统一。

"桃李不言，下自成蹊"，言传身教体现的是教师职业属性中思想和行动相统一的方面，即心口相一，心行相一，知行合一。习近平总书记指出："教师是人类灵魂的工程师，是人类文明的传承者，承载着传播知识、传播思想、传播真理，塑造灵魂、塑造生命、塑造新人的时代重任。"

（3）社会使命——坚持潜心问道和关注社会相统一。

教师必须要有人民立场，要关注社会，将个人价值和社会使命相统一。教师的社会使命就是追求真理，服务和改造社会。"教师做学问要有甘于孤寂的情怀、追求无悔的执着、改变社会的志向，才能获得学问的大道理、改变社会的大思想。"②

（4）学术使命——坚持学术自由和学术规范相统一。

学术自由是活跃思想、创新创造、获得新知的重要原则，也是充分发挥教师个体积极性、主动性的重要推动力，更是教育教学发展、文化繁荣创新的重要途径。但是，坚持学术自由不是没有规矩的自由、没有规范的自由，学术自由是在规矩和规范的保障下的自由。学术自由和学术规范二者辩证统一，共同保护和推动教育发展、教师发展、理论创新、社会发展。

---

①　习近平. 坚持中国特色社会主义教育发展道路 培养德智体美劳全面发展的社会主义建设者和接班人 [N]. 人民日报, 2018-09-11 (01).

②　李正亭. 加强师德师风建设要坚持"四个统一" [J]. 社会主义论坛, 2017 (3): 15.

2.1.4 "六种素养"——对思政课程及课程思政的要求

2016 年，习近平总书记在全国高校思想政治工作会议上指出，要坚持把立德树人作为中心环节，把思想政治工作贯穿教育教学全过程，实现全程育人、全方位育人。如何将思政课程和课程思政同向同行，关键在发挥教师的积极性、主动性、创造性。思政课教师，要给学生心灵埋下真善美的种子，引导学生扣好人生第一粒扣子，习近平总书记对思政课教师提出了政治要强、情怀要深、思维要新、视野要广、自律要严、人格要正的"六种素养"要求。这"六种素养"从政治、能力、人格等方面对新时代思政课教师提出了新的要求，为我们培养优秀的思政课教师指明了方向，同时也为专业课教师进行课程思政教学指明了方向。

专业课教师和思政课教师必须增强"四个意识"、坚定"四个自信"、做到"两个维护"，对马克思主义和习近平新时代中国特色社会主义思想能够真学、真懂、真用。专业课教师和思政课教师要能够从政治上看问题，在大是大非面前保持政治清醒。

专业课教师和思政课教师要坚定马克思主义的立场、观点、方法，能够运用辩证唯物主义和历史唯物主义分析问题，引导青年学生树立正确的理想信念。专业课教师和思政课教师要有历史思维、世界视野，有广博的知识，并能够将其运用课堂中去，做到以理服人、以理育人，让广大学生能够明白和理解党和国家的大政方针，成为担负民族复兴大业的时代新人。

专业课教师和思政课教师要自律要严、人格要正。思政课教师的职责就在于做人的思想工作，引领和塑造学生的灵魂，肩负着宣传党的路线方针政策、培养时代新人的历史使命和政治重任。因此，作为引路人和铸魂者的思政课教师必须有好的人格、好的品行。

总之，"教师作为教育人、培养人、塑造人的主体和骨干，必须从党和国家事业发展的大局、从社会主义事业后继有人的政治高度去认识和理解自身职业的伟大、职责的崇高、初心和使命的光荣。全体教师要按照习近平总书记关于教师队伍建设、立德树人和思想政治工作的重要论述和重要指示要求，不断提升道德修养、提高职业本领、增强育人实效，才能为实现中华民族伟大复兴的中国梦做出自身应有的贡献。"①

2.2 关于师德师风建设的政策解读

党的十八大以来，中共中央、国务院、教育部出台了一系列有关师德师风建设的文件，其中涉及高校领域比较重要的有：《国家教育事业发展"十三五"规划》《全面深化新时代教师队伍建设改革的意见》《深化新时代教育评价改革总体方案》《中共中央 国务院关于弘扬教育家精神加强新时代高素质专业化教师队伍建设的意见》《教育部关于建立健全高校师德建设长效机制的意见》《新时代高校教师职业行为十项准则》《教育部关于高校教师师德失范行为处理的指导意见》《关于加强和改进新时代师德师风建设的意见》等政策文件。

2017 年 1 月，国务院印发《国家教育事业发展"十三五"规划》，要求"着力加强教师队伍建设"，突出加强师德师风建设。该规划指出：落实大中小学师德师风建设长效机制。坚持教书和育人相统一、言传和身教相统一、潜心问道和关注社会相统一、学术自由和学术规范相统一，引导广大教师以德立身、以德立学、以德施教。开展多种形式的师德教育，把教师职业理想、职业道德、法治、心理健康等教育融入培养、培训和管理的全过程，推动各地各校出台具体的实施细则和办法，构筑覆盖各级各类学校的师德建设制度网络，推动学校针对师德建设突出问题开展自查自纠，学校领导干部带头，全面加强教师队伍学风、教风、作风建设，努力建设一支有理想信念、有道德情操、有扎实学识、有仁爱之心的教师队伍。

完善师德师风考评监督机制。将师德师风建设作为学校工作考核和教育质量督导评估的重要内容，把师德师风表现作为教师考评的首要内容，建立个人自评、学生测评、同事互评、单位考评等多种形式相结合的考核机制，构建学校、教师、学生、家长和社会多方参与的师德师风监督体系。完善师德表彰奖励制度，将师德表现作为评奖评优的首要条件。依法依规加大对各类违反师德和学术不端行为的查处力度，对考核不合格的教

---

① 韩喜平，李帅. 习近平关于新时代教师职业重要论述的价值意蕴［J］. 福建师范大学学报（哲学社会科学版），2020（1）：9-16.

师在职称评审、岗位聘用、评优奖励等环节实行一票否决制，将表现恶劣的清除出教师队伍。建立师德事件及舆情快速反应机制，及时掌握师德师风信息动态，及时纠正不良倾向和问题。

2018 年 1 月，中共中央、国务院发布《全面深化新时代教师队伍建设改革的意见》，明确提出"着力提升思想政治素质，全面加强师德师风建设"。该意见从三个方面来进行强调：

一是加强教师党支部和党员队伍建设。将全面从严治党要求落实到每个教师党支部和教师党员，把党的政治建设摆在首位，用习近平新时代中国特色社会主义思想武装头脑，充分发挥教师党支部教育管理监督党员和宣传引导凝聚师生的战斗堡垒作用，充分发挥党员教师的先锋模范作用。配齐建强高等学校思想政治工作队伍和党务工作队伍，完善选拔、培养、激励机制，形成一支专职为主、专兼结合、数量充足、素质优良的工作力量。把从事学生思想政治教育计入高等学校思想政治工作兼职教师的工作量，作为职称评审的重要依据，进一步增强开展思想政治工作的积极性和主动性。

二是提高思想政治素质，加强理想信念教育，深入学习领会习近平新时代中国特色社会主义思想，引导教师树立正确的历史观、民族观、国家观、文化观，坚定中国特色社会主义道路自信、理论自信、制度自信、文化自信。引导广大教师充分认识中国教育辉煌成就，扎根中国大地，办好中国教育。加强中华优秀传统文化和革命文化、社会主义先进文化教育，弘扬爱国主义精神，引导广大教师热爱祖国、奉献祖国。

三是弘扬高尚师德。健全师德建设长效机制，推动师德建设常态化长效化，创新师德教育，完善师德规范，引导广大教师以德立身、以德立学、以德施教、以德育德，坚持教书与育人相统一、言传与身教相统一、潜心问道与关注社会相统一、学术自由与学术规范相统一，争做"四有"好教师，全心全意做学生锤炼品格、学习知识、创新思维、奉献祖国的引路人。注重加强对教师思想政治素质、师德师风等的监察监督，强化师德考评，体现奖优罚劣，推行师德考核负面清单制度，建立教师个人信用记录，完善诚信承诺和失信惩戒机制，着力解决师德失范、学术不端等问题。

2020 年 10 月，中共中央、国务院印发《深化新时代教育评价改革总体方案》，要求各地区部门结合实际认真贯彻落实。该方案第一次提出

"坚持把师德师风作为第一标准"来改革教师评价，推进践行教书育人使命。该方案强调：坚决克服重科研轻教学、重教书轻育人等现象，把师德表现作为教师资格定期注册、业绩考核、职称评聘、评优奖励首要要求，强化教师思想政治素质考察，推动师德师风建设常态化、长效化。健全教师荣誉制度，发挥典型示范引领作用。全面落实新时代幼儿园、中小学、高校教师职业行为准则，建立师德失范行为通报警示制度。对出现严重师德师风问题的教师，探索实施教育全行业禁入制度。

2024 年 8 月，中共中央、国务院印发《关于弘扬教育家精神加强新时代高素质专业化教师队伍建设的意见》，要求把加强教师队伍建设作为建设教育强国最重要的基础工作来抓，强化教育家精神引领，提升教师教书育人能力，健全师德师风建设长效机制。

坚持师德师风第一标准。将思想政治和师德要求纳入教师聘用合同，在教师聘用工作中严格考察把关。将师德表现作为教师资格准入、招聘引进、职称评聘、导师遴选、评优奖励、项目申报等的首要要求。各级组织人事和教育部门将师德师风建设纳入学校基层党建述职评议考核、领导班子和领导人员考核及全面从严治党任务清单，与教育督导、重大人才工程评选、教育教学评估、学位授权审核、学位授权点评估等挂钩。学校主要负责人要认真履行师德师风建设第一责任人职责，压实高校院（系）主要负责人责任。坚持师德违规"零容忍"。依规依纪依法查处师德违规行为，对群众反映强烈、社会影响恶劣的严重师德违规行为，从严从重给予处理处分。落实教职员工准入查询和从业禁止制度。各地各高校要将师德师风建设作为教育系统巡视巡察和督查检查的重要内容。坚持失责必问、问责必严，对相关单位和责任人落实师德师风建设责任不到位、造成严重后果或恶劣影响的，予以严肃问责。

此外，教育部也多次发文，强调师德师风的重要性。

2014 年 9 月，教育部印发《关于建立健全高校师德建设长效机制的意见》，从新时期建立健全高校师德建设长效机制的重要性和紧迫性提出了师德师风的具体原则、工作要求和主要举措。该意见特别强调高校教师不得有下列情形：

损害国家利益，损害学生和学校合法权益的行为；

在教育教学活动中有违背党的路线方针政策的言行；

在科研工作中弄虚作假、抄袭剽窃、篡改侵吞他人学术成果、违规使

41

用科研经费以及滥用学术资源和学术影响；

影响正常教育教学工作的兼职兼薪行为；

在招生、考试、学生推优、保研等工作中徇私舞弊；

索要或收受学生及家长的礼品、礼金、有价证券、支付凭证等财物；

对学生实施性骚扰或与学生发生不正当关系；

其他违反高校教师职业道德的行为。

有上述情形的，依法依规分别给予警告、记过、降低专业技术职务等级、撤销专业技术职务或者行政职务、解除聘用合同或者开除。对严重违法违纪的要及时移交相关部门。建立问责机制，对教师严重违反师德行为监管不力、拒不处分、拖延处分或推诿隐瞒，造成不良影响或严重后果的，要追究高校主要负责人的责任。

2018 年 11 月，教育部印发《新时代高校教师职业行为十项准则》，规定了教师职业行为的基本规范，要求落实到教师管理具体工作中，同时以有力措施坚决查处师德违规行为。该准则在规定教师严格遵守十项内容的同时，也强调了"十不准"，分别是：

不得在教育教学活动中及其他场合有损害党中央权威、违背党的路线方针政策的言行；

不得损害国家利益、社会公共利益，或违背社会公序良俗；

不得通过课堂、论坛、讲座、信息网络及其他渠道发表、转发错误观点，或编造散布虚假信息、不良信息；

不得违反教学纪律，敷衍教学，或擅自从事影响教育教学本职工作的兼职兼薪行为；

不得要求学生从事与教学、科研、社会服务无关的事宜；

不得与学生发生任何不正当关系，严禁任何形式的猥亵、性骚扰行为；

不得抄袭剽窃、篡改侵吞他人学术成果，或滥用学术资源和学术影响；

不得在招生、考试、推优、保研、就业及绩效考核、岗位聘用、职称评聘、评优评奖等工作中徇私舞弊、弄虚作假；

不得参加由学生及家长付费的宴请、旅游、娱乐休闲等活动，或利用家长资源谋取私利；

不得假公济私，擅自利用学校名义或校名、校徽、专利、场所等资源谋取个人利益。

　　值得注意的是，《新时代高校教师职业行为十项准则》是首次由教育部直接单独印发的法规性文件。教育部再三强调"新时代"，说明师德师风建设在新时代受到了新的挑战，同时也被赋予新的内涵。除了"新时代"，该准则也突出了"新要求""新形势""新举措""新机制""新问题"。该准则对高校师德师风建设提供了衡量尺度与法律依据，具有十分重要的指导意义。但我们也要清醒地认识到，该准则是"针对主要问题、突出问题划定基本底线"，其中罗列的负面清单只是社会面上部分师德失范现象而非全部，学校主管部门要擦亮双眼，提高警惕，加强教师管理，建立科学化、多样性、立体化的教师管理机制，重点关注校内师德师风走向，加强师德师风建设，树立优秀师德典型；教师本人要端正态度，潜心向学，对标准则中的每一项，严格要求自己，与准则中的高线追求对齐，坚决不能触碰师德底线。此外，该准则划定的十项负面清单之外的方方面面，教师也应时刻保持育人为本的初心使命，不断涵养高尚师德，以德施教、以德育德，做党和人民满意的"四有"好老师。

　　2018年11月，教育部印发《教育部关于高校教师师德失范行为处理的指导意见》，强调对教师违反《高等学校教师职业道德规范》《教育部关于建立健全高校师德建设长效机制的意见》和《新时代高校教师职业行为十项准则》等规定，发生师德失范行为的教师要实行"一票否决"。高校教师出现违反师德行为的，根据情节轻重，给予相应处理或处分。情节较轻的，给予批评教育、诫勉谈话、责令检查、通报批评，以及取消其在评奖评优、职务晋升、职称评定、岗位聘用、工资晋级、干部选任、申报人才计划、申报科研项目等方面的资格。担任研究生导师的，还应采取限制招生名额、停止招生资格直至取消导师资格的处理。以上取消相关资格处理的执行期限不得少于24个月。情节较重应当给予处分的，还应根据《事业单位工作人员处分暂行规定》给予行政处分，包括警告、记过、降低岗位等级或撤职、开除，需要解除聘用合同的，按照《事业单位人事管理条例》相关规定进行处理。情节严重、影响恶劣的，应当依据《教师资格条例》报请主管教育部门撤销其教师资格。是中共党员的，同时给予党纪处分。涉嫌违法犯罪的，及时移送司法机关依法处理。该意见还指出，民办高校在遵照本指导意见的同时，也要严格执行《中华人民共和国劳动合同法》。

2019 年 11 月，教育部联合中组部、中宣部、国家发展改革委、财政部等七部门印发《关于加强和改进新时代师德师风建设的意见》，从四个方面论述师德师风建设贯穿教师管理全过程：严格招聘引进，把好教师队伍入口；严格考核评价，落实师德第一标准；严格师德督导，建立多元监督体系；严格违规惩处，治理师德突出问题。要求把师德师风建设任务落到实处。

总之，加强和改进高校师德师风建设绝非一朝一夕就能完成，这需要学校、家庭、学生、教师本人以及全社会方方面面的共同努力。2024 年全国教育工作会议指出，要坚持教育服务高质量发展这个硬道理，以习近平新时代中国特色社会主义思想为指导，构建中国特色、世界水平、与中国式现代化相匹配的高质量教育体系，扎实推动教育强国建设重点任务落地见效。

2.3 师德师风建设的锦城实践

"人不只是经由生物遗传，更主要是通过历史的传承而成其为人，人的教育重复出现在每一个人身上；在个人赖以生长的世界里，通过父母和学校的有计划的教育，自由利用的学习机构，最后将其一生的所见所闻与个人内心活动相适结合，至此为止，人的教育才能成为人的第二天性。教育正是借助于个人的存在将个体带入全体之中，个人进入世界而不是固守自己的一隅之地，因此他狭小的存在被万物注入了新的生气。如果人与一个更明朗、更充实的世界合为一体的话，人就能够真正成为他自己。"①

一个民族的将来如何，取决于父母教育、社会教育、学校教育和自我教育，一个民族如何培养教师、尊重教师，以及在何种氛围下按照何种价值标准生活，这些都决定了一个民族的命运。教育是千秋伟业，教师对教育的全情投入不仅仅影响学生个体，也影响一个民族、一个国家。

2010 年 10 月，成都锦城学院终身校长邹广严在全院教职工大会上，第一次明确提出"全身心投入锦城教育事业是锦城教师的第一师德"。邹校长强调："这是涉及我们学院生死攸关的问题、学院生存发展的问题和

---

① 余小茅. 试论多维视野中的本真教育：基于雅斯贝尔斯教育思想的视角 [J]. 北京社会科学，2015（2）：105-111.

竞争力的问题。"关于"怎么样"全身心投入到教育事业,邹校长讲到了五个方面:学而不厌,聚精会神做学问;丰富课堂,创造性教学育英才;专注锦城,参与学生课外活动;关心学生,走访宿舍、教室和雇主;创造条件,为学生成长服务。

邹校长引用美国国家专业教学标准委员会的说法——最为有效的教师评估过程,是能够敦促教师全身心地投入教学的活动。因此,我们要创建一流的大学,也必须有全体教师的全身心投入。我们就是要把大家的经历都集中到学校的建设发展和我们教育水平的提高上来,全身心投入到锦城教育事业是锦城教师的第一师德。

2019年9月,成都锦城学院印发《关于印发<尊师重道与师德师风学习材料>的通知》,其中谈到四个方面的问题:一论"师道尊严";二论"锦城"教师的责任;三论"尊师重道";四论"锦城"教师的地位。该通知强调,我校一直坚持"传统与现代相结合"的办学之道,长期以来弘扬尊师重道的优秀文化传统。邹校长多次就师道尊严、尊师重道、教师地位、教师责任、师德师风、师才师能、师生关系等问题提出建议,这对我校大兴尊师重道之风,建设一流师资队伍,营造良好师生关系,不断提高教学质量提供了明确指导,对振兴锦城教育具有重要的理论和现实意义。

2024年1月,成都锦城学院印发《教师教学工作基本要求》,要求所有教师深入贯彻党的教育方针,落实立德树人根本任务,传承发扬"锦城教育学",规范教师的教学行为,全面提高学院教学质量和教学运行管理效率。其中,第二章"教师职业道德与修养"强调,矢志践行习近平总书记关于教育家精神的重要阐述,要严格遵守教育部关于《新时代高校教师职业行为十项准则》,全身心投入锦城教育事业。教师应尽职尽责、敬业奉献、全力以赴,把精力集中到学校的建设发展和教育水平的提高上。牢固树立"锦城课堂大于天"的理念,具有示范意识、平等意识、责任意识。该要求也特别强调:教师严禁以谋取利益为目的,向学生推销商品或组织经营性活动;不得擅自在校内以任何形式举办培训班并以培训名义收费;严禁在校内以任何形式为其他培训机构拉生源,不得引进校外的培训机构;严禁教师以任何形式发布违反国家方针政策及教师职业道德的言论、文字、图片、音视频等信息。

"亲其师信其道,爱其校乐其学",这已经成为锦城教育教学的一道亮丽的风景线。教师们全身心投入锦城教育事业,潜心教书,用心育人,得到了同学们的敬佩与爱戴。

下面是"全身心投入锦城教育"的教师典范：

（1）智能制造学院蒋老师——高阶教学的引领者。

蒋老师在智能制造学院主要教授现代机械制图、计算机绘图、机电系统设计等专业课程，这些课程都具有显著的特点，就是对动手能力、实践操作能力有着较高的要求，但传统的课堂讲授和教学模式不足以全方位调动学生的相关能力，所以，蒋老师从走进锦城课堂的那一刻就决心要牢牢抓住工科课堂的"痛点"，探索一条教学的有效途径，将学生专业知识学习、技能水平与实践能力整体推进。这一路探索就是十多年，一开始的"以赛促学"模式，即通过学科专业竞赛促使学生动手操练、实践、创新；再增加到"项目驱动"模式，即以具体的项目为线索，串联起相关教学内容，将项目研究、开发与课程学习、技能训练、岗位实习等结合；再到现在的"竞赛嵌入式"高阶教学模式，将学科竞赛与专业教学相互融合，将知识、专业技能、思维能力培养相整合，将认知能力与非认知能力培养相整合……蒋老师一直在与自己较劲，在"工科教学模式"创新之路这条赛道上，她用孜孜不倦的求索精神与精益求精的教学态度为学生们树立了榜样。

现在，蒋老师已经总结出一套适用于锦城学子的"竞赛嵌入式"高阶教学模式。首先，她会对学生进行学情分析，随后做好"两课设计"（课程设计、课堂设计）；其次，她会筛选1~2个同期专业赛事项目作为"嵌入"内容；再次，在吃透比赛内容、比赛要求、赛事难度的基础上以及根据学校"一基两轴三阶递进"的教学目标要求，她将制定具体"赛事项目"的授课计划和教学大纲；最后，将一个完整的竞赛项目分解成若干"小项目、小任务"清单，使课程模块与竞赛大赛的内容相对应，将竞赛内容更加科学、合理、有序地在安排在整个教学活动组织中。在具体的教学中，她还有精心设计教学过程，设置了分组指导、项目评比、总结反思等环节，让整个"赛事"的公平性、竞技性、趣味性都有所体现，充满挑战却又精彩不断。

（2）工商管理学院杨老师——学生在哪里，老师就在哪里。

工商管理学院杨老师提出"学生在哪里，老师就在哪里"。他把学生当成自己的"娃儿"，每周五天基本都在学校，还常常利用休息时间进行学生辅导、评阅作业和教学准备。

杨老师首创师生互动第六平台—"QQ空间",他的空间发表说说6 000多余条,总浏览近49万人次。杨老师每节课要进行小翻转课堂,每节课有100次以上的直播互动(文字或发言),其中推销与谈判课程导入的单次点赞量就有15 000个,互动消息396个。

杨老师利用"锦城在线"平台调动学生深度思考、在线讨论,学生参与积极,帖子质量非常高,深度不亚于专业论坛的讨论。对于质量高的帖子,杨老师每个都会回复。为了巩固直播教学的效果,他也会引导学生做笔记,消化知识,做知识创新。

除此之外,杨老师还结合直播教学,准备了丰富的线上内容。他讲授的市场营销、推销与谈判、网络营销三门课程教学资源丰富,网络营销课程全部重新开发,开设市场营销课程的两个教学班课程流量超过10万。

(3)电子信息学院周老师——情感劳动打造不一样的"高深"课堂。

"高深"课堂是锦城学院高阶教学、深度学习的课堂展示。学校创造性地提出并实施了"一基两轴,三阶递进"的"高阶教学"框架和"一点两面,三抓五评"的"深度学习"框架,坚持一手抓"高阶教学",一手抓"深度学习",实现师生之间的同频共振共鸣。

电子信息学院周老师担任C语言程序设计、JAVA程序设计、人工智能原理等多门课程的教学工作。在她的课堂上,你会改变对传统的沉闷而枯燥的理工科课堂的偏见。她一站到讲台上,就充满了电。周老师积极创新,精心设计高阶课堂。在课堂上,她善于利用生活化的实例将抽象的概念具体化、形象化,并设计丰富的课堂活动,激发学生对课堂的兴趣;她也善于对学生进行层层递进式的阶梯化引导,由低阶到中阶再到高阶,在丰富的课堂活动中逐步呈现理论知识,引导学生深度学习,知行合一,灵活运用,渐入佳境。

学生的学情是学生学习的起点,摸清学生的学习起点,才能抓住教学的切入点。因此每个课程,周老师都认真设计学情调查问卷,包括学前调查、学中调查和学后调查,对学生已具备的认知水平、能力基础、情感基础做统计、分析和评估,研究学生的学业水平、学习能力、情绪表达,以此为指导,设计教学体系,做到及时反馈、调整,使教学更有针对性和有效性。

周老师会把教学内容和学科发展的新理论、新技术以及自己的科研成果、研究方法潜移默化地贯穿课堂教学,并以社会的热点问题、现实问题，例如"羊了个羊"游戏设计、"核酸检测信息化平台"等为案例，引导学生讨论、分析、设计、实践，并反思，这样学生的兴趣度和投入度自然很高，达到了培养学生批判性思维和复杂推理能力的目的。

周老师对学生有关心、爱心、热心、耐心和信心，以无私的情感劳动行育人之道，实现"亲其师，信其道，爱其校，乐其学"。

3 新时代高校教师
职业素养的内涵与发展

职业素养，是指从事某种职业应当具备的素质和要求。职业素养是一个人在职业行为过程中表现出来的内化于心、外化于行的综合品质。教师是一个特殊的职业，他所从事的是教书育人的专门化工作。教师劳动的对象为成长中的年轻一代，他们的成长过程有着自身身心发展的规律。学生个体发展的复杂性决定了教师劳动要比其他劳动复杂得多。同时，教师这个职业是极具创造性的，需要因人、因事、因地制宜地进行培育人才的创造性劳动。教师劳动具有示范性，教师要用自己的知识和言行去影响学生，教师必须做出示范和表率。因此，教师的职业素养必然要比一般性的职业素养内涵更加丰富，要求更加多样化。从提倡素质教育到注重学生核心素养的培育，我国新时代的教育改革对教师的职业素养提出了新的要求。

3.1 高校教师职业素养内涵概述

高校教师职业素养是指高校教师在职业活动中应具备的道德品质、专业能力和行为规范的总和。高素质的高校教师不仅是知识的传递者，更是道德的引导者，思想的启迪者，心灵世界的开启者，情感、意志、信念的塑造者。高校教师不仅知道传授什么而且知道怎样传授，不仅是学科的专家，而且是教育的专家，具有像医生、律师一样的专业不可替代性①。

教师职业素养是教师专业发展的核心，直接影响教学效果和人才培养

---

① 胡德海. 人生与教师修养［M］. 上海：上海教育出版社，1996：3.

质量。良好的教师职业素养能够引导学生形成正确的世界观和价值观，激发学生的学习兴趣、探索欲望和创新能力，为培养高素质人才奠定坚实的基础。因此，教师的职业素养不仅是提升教学质量的关键，也是培养高素质人才的核心要素。作为人类灵魂的工程师与文明的传播者，教师职业素养的提升已经成为当前师资队伍建设与发展的重要组成部分。

随着社会的发展和教育改革的深入，高校教师职业素养的内涵和外延也在不断扩展和深化。具体来说，新时代对高校教师职业素养的要求主要包括以下四个方面：情感素养、专业素养、教学素养和创新素养。

3.2　高校教师的情感素养

情感素养是高校教师赖以生存和发展的核心素养，是教师对待职业、学生和自身的积极心理观念与体验，是一种高层次的人文情怀。具体而言，拥有丰富教育情感的教师，对待职业始终表现出崇高的教育理想信念和道德情操，对待学生始终表现出促进其全面发展的宗旨和关爱尊重的情感关照，对待自身始终表现出积极的情感认同和较高的情感智慧。

3.2.1　教书育人的家国情怀

家国情怀是心怀国家、爱国报国、勇于担当历史使命和国家大任的精神气质和情感底蕴，以国家认同感、民族自豪感和历史使命感为核心，表达了历代知识分子"修身齐家治国平天下"的精神追求以及"先天下之忧而忧，后天下之乐而乐"的责任担当①。

高校教师的家国情怀首先体现在其理想信念与国家命运的紧密结合上。高校教师应心怀"国之大者"，把握大势，敢于担当，善于作为，为服务国家富强、民族复兴、人民幸福贡献力量。人无精神不立，高等教育要践行"国之大者"，高校教师是主力，每位教师都应该在教学科研中站在关乎党和国家前途、民族命运的大使命、大方向、大格局、大利益、大战略的角度去思考问题，去履职尽责，做一名有理想有情怀的中华民族伟大复兴的践行者。这种情怀要求教师不仅在个人层面追求专业成长和学术

---

① 肖凤翔，张明雪. 教育情怀：现代教师的核心素养 [J]. 河北师范大学学报：教育科学版，2018，20（5）：97-102.

成就，而且要在更广阔的国家和民族利益中寻找自身工作的定位和价值。

高校教师的家国情怀还体现在对教育强国和民族复兴使命的承担上。教书育人是教师的教育责任和社会职责，是教师区别于其他职业群体奉献社会的独特表现。教书育人是"教书"和"育人"的统一，其中，"教书"是教育的信息化和知识的表征化过程，要求教师具备扎实的科学文化素养，做到"博学于文"与"授业解惑"；"育人"是教育的情感化和思想的伦理化过程，要求教师具备高尚的思想道德素养，坚持"德育为先、立德树人"，重视"约之以礼"与"传道"。教书育人充分彰显了新时代教师的情感诉求，集中体现了富有教育情怀的教师对国家和民族的奉献之心和深情大爱。教育者只有拥有了使命感和责任感，才能推动自己投身教育事业，不倦工作。孟子说君子有三乐，其中一乐就是"得天下英才而教育之"，立德树人、哺育群英、名师出高徒、桃李满天下，这些都会带给教育者很高的成就感，让人乐在其中、乐此不疲。

3.2.2　教育志业的崇高理想

与志业相对应的英文单词是"vocation"，其源自拉丁语的"vocation"，本意为"召唤或职业使命"。在汉语中，志业通常可以理解为志向与职业，表达了为道德理想或追求献身，在志业中获得生命的意义与价值。

教育作为承载社会使命的职业，是"一种按照专业原则来经营的'志业'"[1]。教育的坚定性和终身性，体现在教师内化于教育事业之中的敬业意识、负责态度、乐业精神与理想追求。德国社会学家马克斯·韦伯（Max Weber）认为，只有发自内心地完全献身于自己的工作，才有个性、有人格，艺术家如此，学者亦然[2]。以教育为志业是教师的自觉选择，他们领悟到在教育中才能实现生命的意义和目的，献身教育才能完成使命。梁启超说："盖凡为教育家者，必终身以教育为职志，教育之外，无论何事均非所计。"志业作为教师的自觉选择，既是一种价值选择，又是一种理想选择。教师当以赤诚的心、无限的真诚和热情投身教育，对教育满怀敬畏。教师奉献教育的热情与力量，也是追求教育志趣与使命的情感寄托，体现为教师"爱岗敬业，敢为人先"的投入与献身，崇高的教育志向、坚定的教育信仰和深厚的教育德行。

① 崔文峰.核心素养怎么看怎么办［M］.天津：天津教育出版社，2019：86.
② 崔文峰.核心素养怎么看怎么办［M］.天津：天津教育出版社，2019：86.

教师应发自内心地把教育当作志业而非仅仅谋生的职业,当作一种积极的生活态度和正确的价值观念而非仅仅安身立命维持生计的工具。教师应发自内心地保持对教育的敬重、忠诚与陶醉,以及对社会意义的思考、追寻与创造。同时,教师应全心全意投入教育事业,坚持教育的育人性和发展性,坚持热情、奉献和担当,以一名师者的形象、素质和修养去传递影响、培养人才,以一名师者的道德、良知和使命去建设社会、促进发展。

3.2.3 全身心投入的职业操守

教育是一项需要时间、精力,需要全心全意的事业。"传道、授业、解惑"需要时间,"教学、科研、服务"也需要教师投入大量的时间和精力,教师要为学生服务,要教会学生为社会服务。无论是古代教师的三大任务还是现代大学的三大任务,都需要忘我的投入。

鲁迅先生说他不是天才,只是把别人喝咖啡的时间都用在工作上。爱因斯坦曾说:"一个人只有以他全部的力量和精神致力于某一事业时才能成为一个真正的大师。因此,只有全力以赴才能精通。"[①] 乔布斯也说:"成就一番事业,唯一的途径就是,热爱自己的事业。拥有使命感和目标感,才能给生命带来意义、价值和充实。"[②] 可见,只有专注投入,挤出比别人多的时间,才能把一件事做好,做到出类拔萃。

苏联教育家克鲁普斯卡娅曾说:"教师的工作是责任重大的工作,实际上,未来的青年一代都在教师手里。"做老师要教书育人,要花时间备课、授课、辅导和答疑,花时间批改作业,花时间与学生沟通,做教育就是做投入。这里的投入不只是金钱的投入,更重要的是教育工作者精力、时间和智慧的投入。教育的本质不在于去挑选高质量的学生,而是把普通的学生培养成高质量的人才。要想做到这一点,仅靠教师的学术水平是不够的,更要靠教师的责任意识。一个负责任的教师既要教书,也要育人,要把育人和教书结合起来,课内和课外结合起来。中国传统观念认为"勤能补拙",勤就是投入,只有全身心投入,深入学生生活和学习,才能建立亲密的师生友谊,才能有效帮助学生解决成长过程中的问题;只有深入教学科研第一线,才能了解学生的特长、疑惑和要求,才能有效地进行教

---

① 赵春香. 爱因斯坦 [M]. 北京:中国画报出版社,2009:171.
② 杨东平. 教育的重建 [M]. 上海:上海社会科学院出版社,2016:164.

学改革，才能做到师生共鸣、教学相长。

新时代高校教师的全身心投入体现在以下五个方面。

（1）学而不厌，聚精会神做学问。蔡元培说："大学是'研究学问之机关'。"① 哈佛大学校长詹姆斯·布莱恩特·科南特说："我们的教师必须是学者。"马寅初说："学习和钻研，要注意两个不良，一是'营养不良'，没有一定的文史基础，没有科学理论上的准备，没有第一手资料的收集，搞出来的东西，不是面黄肌瘦，就是畸形发展；二是'消化不良'，对于书本知识，无论古人今人或某个权威的学说，要深入钻研，仔细咀嚼，独立思考，切忌囫囵吞枣，人云亦云，随波逐流，粗枝大叶，浅尝辄止。"② 因此，新时代合格的高校教师要认真教书、诲人不倦，把教学做"实"；要严谨治学、潜心研究，把学问做"真"；要服务国家、社会、公民，乃至社区，把服务做"活"。

（2）尊重课堂，丰富课堂，创造性教学育英才。教学有法，教无定法，实事求是，因地制宜。教师教学的三要素是教学内容、教学方法、教学评价。教学内容确定之后，教学方法即是关键。美国高质量高等教育研究小组的报告指出："积极的教学方法要求学生不但要成为知识的接受者，还要成为知识的探索者、创造者。"③ 要使学生成为接受者、探索者、创造者，就要用好的教学方法。教师不能搞一"坐"到底、一"念"到底、一"放"到底的"放羊式"教学。课堂教学不能干瘪，不能是"骨感美"，教学内容要丰富，教学方法要灵活，教学情感要充沛。课堂教学的丰富性和创造性对学生学习的兴趣和关注度有直接的影响。育人要充满激情，乐此不疲；对待课堂，要有尊重和敬畏之心，要有"教学课堂大于天"的意识，要有以下六种情感表现："像见贵宾一样尊重，像做祭祀一样敬畏，像初恋一样有激情，像约会一样有期待，像演员上台一样有表现欲，像探险家一样有好奇心。"上课之前，面必净，发必理，衣必整，扣必结；授课时保持站立，全神贯注，声音抑扬顿挫并配合恰到好处的肢体动作，这样的课堂才富有感染力，才能让学生听得津津有味。

（3）专注学校发展，参与学生课外活动。高校教师的角色不仅仅是学

---

① 高平叔. 蔡元培全集：第三卷［M］. 北京：中华书局，1984：6.

② 彭华. 马寅初全传［M］. 北京：当代中国出版社，2008：215.

③ 国家教育发展研究中心. 发达国家教育改革的动向和趋势［M］. 北京：人民教育出版社，1986：52.

科教育者和促进学生发展者，还应该是学校发展的积极参与者和推动者。他们需要在学校发展中发挥积极作用，包括参与学校政策的制定、教学改革和学术研究等，做到"敬业、勤业、爱业、乐业"，要"自主、自觉、自发、自律"，更要"全职、全力、全心、全意"。高校教师参与学生课外活动，有助于学生在课堂学习之外获得更全面的发展，有助于培养学生的团队合作能力、领导力、社交技能等非认知能力，这些都是未来职场中不可或缺的素质。

（4）关爱学生，走访宿舍、教室和就业单位。陶行知说："教育是心心相印的活动。唯有从心里发出来的，才能达到心的深处。"[1] 心理学研究的"罗森塔尔效应"或"皮格马利翁效应"充分证明，教师对待学生的态度是影响教育效果的关键变量。"教育绝非单纯的文化传递，教育之为教育，正在于它是一种人格心灵的'唤醒'，这是教育的核心所在"[2]。爱是教育的基础，亲其师而信其道。教师的关爱能够帮助建立良好的师生信任关系，为学生提供一个安全、良好的学习环境，帮助学生实现情感、社交、学业和心理方面的健康发展，形成积极的人生观、价值观、同理心和社会责任感。新时代的高校教师应关心学生的学习、生活和就业，倾听学生的需求，理解并尊重学生的情绪和感受，为学生提供兴趣培养、专业选择、职业规划等方面的指导和支持。

（5）创造条件，为学生成长服务。高校教师的工作核心是以学生的成长成才为中心。教育事业本质上是公益性事业，是服务业，学校提供给学生的是教育服务。因此，教师的工作职责之一，就是全心全意为学生服务。为学生的学习、生活、思想、心理健康服务，包括提供高质量的教学内容、营造积极的学习环境、强化科研和实践能力培养、构建完善的支持体系，为学生的实习、实践、创业、劳动提供条件和指导。教学活动是一切的中心，学生的成长是教育活动的中心。

3.2.4　持续的自我关怀

自我关怀（self-compassion）是美国心理学家克里斯汀·聂夫（Kristin Neff）在积极心理学的发展背景下提出的关于自我的新概念，是一种能够保护个体远离自我批评、反刍思维的积极的自我认知态度。教师情感素养

---

① 胡晓风. 陶行知教育文集［M］. 成都：四川教育出版社，2007：238.
② 胡晓风. 陶行知教育文集［M］. 成都：四川教育出版社，2007：156.

中的自我关怀是指教师在职业活动中对自己的情感状态、心理健康和生活质量的关注和维护。自我关怀涉及教师的内需性成长，即如何认识、理解和调节自己的情感，以及如何在面对工作压力和挑战时保持积极的情感状态和职业动力。

教师自我关怀是涵盖关怀性、主体性和自主性三个核心层面的系统概念。首先，作为一种关怀性活动，教师自我关怀要求教师关注并照顾自身的身心健康、情感需求和职业发展，通过提高自我认知与反思能力来明确个人的关注点，并据此做出合理决策，以全面提升生命质量和职业素养。其次，从主体性的角度来看，教师不仅是教育实践活动的主体，也是构建人际关系及处理自身关系的核心主体。教师承担着关心自我、改善自我的根本任务，在日常生活和职业生涯中主导着自我关怀的思维过程、决策制定和行动执行。最后，教师自我关怀体现出鲜明的自主性特征，即教师能根据自身意愿自由表达意志、独立决策，并积极推动相关行动进程。这种自主性驱使教师追求身心健康与幸福感，积极主动地改善个人状况。教师在自我关怀过程中，能够理性地采取自主行动，深入认识和善待自己，并自主选择提升知识和方法的途径，规划自我关怀活动，以及自主践行对生命的领悟和对真理的理解，从而不断成长为更好的自己①。

持续的自我关怀可以有效培养教师的积极情感。教育是一项需要全身心投入的事业，在长时间付出复杂的情绪劳动后，教师也会疲劳甚至陷入情感衰竭。这时，积极的自我关怀如正念练习、冥想、休息、锻炼等，能帮助其稳定情绪，促进积极情感的发展，增强心理韧性，提升职业幸福感。适时正确的自我关怀还可以帮助教师正确认识自己、增强专业意识、收获积极的生活体验，从而逐步实现由内而外的自主发展。通过自我关怀，教师不仅提升了自我价值和社会价值，还能激发其内在动力，形成坚定的职业信念，更加深切地感受和认同教育工作的价值，更加热爱教育事业。最后，情绪稳定、心态积极的教师能更加理解他人的情感需求，建立更加和谐的师生和同事关系，助力学生的成长成才。

综上所述，教育是一项需要投入丰富情感的劳动，情感素养是高校教师职业素养的基础。教师职业素养的提升离不开职业情怀的引领，只有秉持至诚报国的理想信念，才能迸发出更强的责任感和使命感，全身心地投

---

① 裴指挥，杨丽媛. 教师自我关怀：概念诠释、价值意蕴与内容框架 [J]. 教师教育研究，2024，36（3）：20-25.

入教育事业，全心全意为学生服务，积极乐观地应对教育事业中可能出现的困难与挑战。

3.3 高校教师的专业素养

新时代对高校教师的素质要求不仅体现在情怀、理想、职业操守和自我关怀等内在精神领域，同样体现在其专业层面的卓越性和引领力。正如庄子所言，"水之积也不厚，则其负大舟也无力"，扎实的知识功底、过硬的教学能力、勤勉的教学态度、科学的教学方法是教师的基本素质。因此，新时代高校教师的职业素养应从师德拓展到专业，它既是师德师风的具象表达，是显性的教师知识和专业能力，也是教师专业能力的卓越象征。要培养学生适应终身发展和社会发展的必备品格和关键能力，教师首先要具备相应的品格和能力。教师的专业素养是教师素质和教养的融合，是教师天性和习性的融合，也是教师内在秉性和外在行为的融合，决定了教师专业发展的高度和取向。

3.3.1 专业知识素养

教师要具备丰富的专业知识，包括学科知识、教育理论知识和与学生相关的知识。教师作为专业人员的主要特质之一就是教师的劳动具有专业性，这种专业性的劳动是以专业知识为载体开展和实施的，专业知识是专业劳动开展的前提。没有专业知识的获取，教师的专业能力就无法形成，教师劳动的专业性就无从保障。教师的专业知识不仅包括任教学科的专业知识，还包括教育活动中的专业知识，即教师只有同时具备教什么和怎么教的知识，并且在实践中根据学生的发展特点和学习风格较好地运用专业知识，形成自己的专业素养，才能真正提升自己教育教学活动的专业性。

（1）学科知识。

扎实的学科知识是教师开展教学的基础。这里的学科知识是教师对该学科的深刻认知，包括学科专业知识（教师对学科的原理、概念、结构等事实性的认识）、学科方法知识（教师以恰当的方式呈现学科内容，在学习的过程中能够培养学生用学科的视角去看待周围事物）、态度价值观知识（教师对学科的思想认识，持有的学科态度和价值观念），以及跨学科知识（学科之间的联系）①。

我国自古以来就有"学高为师"的古训，指的是教师应在学识上高人一筹，而"学为人师、行为世范"的话语，也鲜明体现了深厚学识是好老师的必备素质之一。掌握精深的学科知识，是教师"传道"的基本前提。教师只有对所教学科有着系统的、深刻的、准确的理解，才能教给学生正确的知识。知识是课堂教学的载体，也是学生核心素养发展之源。学生在学习过程中不断丰富知识的深度和广度、提高认知思维的层次，并逐步发展相应的能力、情感态度和价值取向，这些都与教师的专业知识密切相关。

正如蔡元培先生曾经指出的那样："大学者，研究高深学问者也。"没有高深的学问，就不能称其为大学；没有渊博的学识和精深的专业素养，就很难成为一名优秀的大学教师。能够赢得学生尊重的大学老师一定是学识渊博、视野开阔的人，他的思想闪耀着智慧的光芒，即便是只言片语，也能给人以智慧的启迪。同时，大学教师也要做到专业精深，在自己的专业领域有足够的知识积累，有深入的研究，有一席之地。只有这样的教师，才能让学生肃然起敬。

（2）教育理论知识。

教育理论，包括教育基本原理、教学方法、教育心理学等，是教育教学活动的思想基础和行动指南。它指导和支撑着教学实践，为教师理解教育意义、认识和分析教育现象、了解学生，以及设计、组织和实施教学活动提供了理论基础。丰富的教育理论知识有助于教师开阔视野、提高洞察力，为思考和解决实践问题提供参考性的方案，增强行动的理性和反思的批判性。

例如，著名的建构主义教学理论认为教育应以学生为中心，"情景""协作""会话"和"意义建构"是学习环境中的四大要素。它强调学生对知识的主动探索、主动发现和对所学知识的主动建构。建构主义理论源自儿童认知发展理论，因此它可以较好地说明人类学习过程的认知规律，包括学习如何发生、意义如何建构、概念如何形成，以及理想的学习环境应包含哪些主要因素等，从而帮助教师为学生构建较为理想的学习环境。目前，建构主义教学理论已经成为国内外众多高校深化教学改革的指导思想。

---

① 李桂英. 教师的教育知识增长方式研究 [D]. 武汉：华中师范大学，2022.

在教育教学活动中，学科专业知识为教师进行课堂教学活动奠定了基础，而教育理论知识的出现改善了教学实践的效果，为教师开展教学提供了更多艺术性和创造性[①]。教师的专业发展不仅是让教师接触新的教育理论、掌握新的知识、运用新的工具、把握新的社会需求，还应该包括让教师发现新的教育知识、储备新的教学技能、研究新的教学工具与策略，以及进行教育教学实践中的理论创新。因此，在教师迈向专业化的发展过程中，教育理论知识是教师专业成长的知识基础，它有助于教师教育智慧的形成，引领着教师专业发展的自觉方向[②]。

（3）学生知识。

学生是学习的主体，也是教师直接面对的教育对象。学生知识是教师作为认知主体，把学生当作认知客体而在头脑中形成的有关学生的认知。这种认知是教师基于学生的角度，在日常的交往活动中产生的。学生知识的具体内容包括学生身体发展特征和心理变化规律、学生的认知特点和发展水平，学生掌握的基本知识和能力，学习兴趣和习惯，学生的个体特征，群体特征和个体差异，以及学生所处的环境等。

学生知识是教师自我观察、自我总结和自我反思的智力结果，需要教师深入学生当中，通过与学生在情感和心灵上的沟通实现对学生的全面认识。学生是发展变化的，因此，教师对于学生的认识也是持续发展的，教师应在反复认识的过程中更新对学生的认识。

3.3.2 专业能力素养

专业能力素养是高校教师专业知识素养在教学中的直接体现，它是指教师在教育教学中，能够运用多种教学策略、方法和技能，有效地实现教学目标的能力。专业能力素养包括教学设计、教学实施，以及教学评价和反思三个方面，专业能力素养强调教师在实际教学场景中的综合能力。

（1）教学设计能力。

教学设计能力是教师在教学准备阶段所呈现的专业素养，其直接影响着课堂教学的效果。它要求教师能够根据教学目标和学生的实际情况，通过分析学情和教材，选择合适的教学方法和课堂组织形式，制订合理的教

---

① 袁宝菊. 教师专业发展的知识基础研究［J］. 平原大学学报，2005（1）：92-94.

② 张民选，夏惠贤，孔令帅. 让教师成为教育知识的发现者和建构者：来自上海的经验［J］. 全球教育展望，2015（7）：77-88.

学计划，为即将到来的课堂教学做好充分的准备。

教学设计包括课程设计和课堂设计（"两课设计"）两个阶段。其中，"课程"一词来自拉丁语"Currere"，意思是"跑道"或"奔跑"。也就是说，课程体系的设计，不仅涉及课程和课堂，而且涉及整个人才培养过程。因此，课程设计属于顶层设计，是育人的核心和载体，决定了学生走什么路（课程内容），去什么地方（课程目标），用什么交通工具（课程技术环境），一路上都有什么风景，会有什么样的体验（课程教学方法）。课程设计多以教学大纲的形式呈现，课堂设计更为微观，多以教案的形式呈现。

具体来说，"两课设计"应至少包括以下八条内容：①教学目标设计；②教学内容设计；③教学方法设计；④课堂互动设计；⑤课堂管理设计；⑥评价方式设计；⑦作业设计；⑧推荐课外读物的设计。

除以上"八条"外，"两课设计"还应实现"四化"，即科学化、信息化、规范化、高效化。"科学化"，就是要求课程设计与课堂设计要符合教育学、心理学、管理学的要求。"信息化"，就是要把"互联网+"、大数据和"两课设计"结合起来，要对学生进行分析，手段是大数据，落脚点是个性化教育。"规范化"，就是要有底线。教师有充分的教学自主性和创造性，但必须建立在规范性的基础上，必须建立在教育部教学指导委员会对每门课程的具体要求上。"高效化"，就是要在有限的时间内，高质量地完成教学任务。

（2）教学实施能力。

教学实施能力是教师专业能力素养的核心组成部分，其是指教师在实际教学过程中，将教学设计转化为有效教学活动的本领。它不仅涵盖了教师对教学内容的深刻理解与灵活处理，还包括课堂管理的有效实施，现代教育技术的充分利用，以及良好的沟通和表达能力。

①课堂组织管理能力。

课堂组织管理能力是指教师在教学过程中对教学活动进行组织、协调和控制的能力，包括学生（秩序）管理、时间管理、资源管理等方面。

首先，教师需要能够有效地管理课堂秩序，创造一个有利于学习的环境，包括制定和执行课堂规则，处理学生行为问题，以及通过建立正面激励机制提高学生的参与度和兴趣。其次，教师应合理分配和利用课堂教学时间，确保教学内容的完整性和深度，同时给学生留出足够的时间进行思考和实践。最后，教师需要有效地利用和整合教学资源，包括教材、多媒体资源、在线资源、学习环境资源（教室、实验室、图书馆）等，以提高教学效率和效果。

②数智力。

"数智力"是指个体适应数字化、智能化时代工作、学习和生活所需的能力，包括合理、有效及批判性地处理、分析和应用多模态数据的能力以及科学、创新且符合伦理地融合使用人工智能（AI）技术的能力。在数字化、智能化时代背景下，高校教师应适应并有效运用信息技术、数据分析和人工智能等现代技术手段进行教学设计、实施、评估与反思。

首先，教师应能够熟练运用各种数字工具和平台，如在线教学系统、多媒体教学软件、教育 App 等，进行课程资源的整合、教学内容的数字化呈现以及教学过程的信息化管理。其次，教师应具备收集、整理、分析学生学习数据的能力，通过数据洞察学生的学习进展、兴趣点及困难所在，从而精准施教，调整教学策略。最后，教师应能够了解并适当应用人工智能技术于教学中，如利用智能教学系统辅助教学、使用 AI 工具进行学情分析、借助虚拟助手进行个性化辅导等，实现人机协同教学。

③沟通和表达能力。

在教学过程中，教师的沟通和表达能力是连接知识与学生心灵的桥梁，是教学效果的重要保障。良好的沟通和表达不仅关乎信息的传递效果，而且影响着学生的情感发展、学习态度以及价值观的塑造。

首先，教师应具备较好的语言素养，注重教学语言的准确性、丰富性和清晰度，避免使用模糊的表述，以确保学生能够准确理解教师的意图。其次，教师应注重非言语的表达形式，合理运用肢体语言，如手势、面部表情等，增强教学的动力和感染力。教师还应通过语速、音量、语调的变化来调节课堂氛围，吸引学生的注意力。再次，教师应具备倾听的能力，耐心听取学生的意见和想法，理解学生的需求和困惑，为有效沟通奠定基础。最后，教师还应根据学生的性格、兴趣和学习风格等特点，采用不同的沟通方式，实现个性化教学。

（3）教学评价和反思能力。

教学评价和反思能力是指教师在教学过程中对学生的学习成果进行评估和反馈，并对自己的教学实践进行深入思考和批判性分析的能力。

教师应从学习态度、学习行为和学习结果三个维度全面评估学生的学习全过程。第一，对学生学习态度的评估，即学生是否主动学习，是否形成了内在的学习动机，其学习行为是否积极，是否认真，是否有计划或有目标，是否能坚持。第二，评估学生的学习投入程度，包括投入时间、精力和专注度。第三，评估学生的学习方法是否科学，学习行为是否实现了以下"八个转变"，即由被动学习向主动学习转变，由浅度学习向深度学习转变，由先教后学向先学后教转变，由单渠道学习向多渠道、多方式学习转变，由单科学习向拓展性学习转变，由知识的机械接受向内化转变，由"拼时间"向"拼脑力"转变，由个体学习向团队式学习转变。第四，评估学生是否实现了"三阶递进"，测试命题要有梯度、有层次，要从主要测试记忆、理解，转变为在此基础上更多地测试学生的应用、分析、评价等高阶思维和解决实际问题的能力。第五，评估学生是否实现了创新这一深度学习的最终效果。

教学反思是指教师通过教学实践，并听取各方面的意见或反馈，进行总结和反思，以做出改进和创新。教师们既要反思"所得"（设计和教学的成功之处），便于继续发扬；又要反思"所失"（设计和教学的不足之处），便于日后改进；还要反思"所惑"（教学过程存在的疑惑），便于一门课程结束后与同事们交流探讨，以加深研究，解决问题；更要着力"创新"（通过反思形成教学创新），摸索出具有自身特色的教学创新之道。

3.3.3 专业发展素养

教师在教育教学活动中为了保障自身劳动的专业性，需要在专业劳动的过程中拥有专业的知识和能力，开展独立的专业判断和专业自主等。所有上述专业人员资质的取得，都是以教师自身不断地持续学习和发展为前提的。在当今知识爆炸的时代，仅仅依靠职前教育阶段所获取的知识已经很难胜任不断变化和发展的社会需求，知识的折旧和淘汰速度在不断提升，这就要求作为专业人员的教师持续不断地更新自己的专业知识和能力，才能胜任教师事业发展的需要，在教育劳动中真正表现出作为专业人员的劳动特征。

（1）成长力。

杜威提出："生长的首要条件是未成熟状态。"成长就是个体从未成熟状态走向成熟状态的变化过程，即"成长是事物对自身存在缺陷的扬弃，是对'旧我'的遗忘，是向理想生存方式的迈进"①。教师的专业成长是教师个体不断提升专业素养、实现专业的更迭发展、渐进和摆脱专业"未成熟状态"的变化过程，也是教师不断丰富职业生命、发挥社会价值的过程，是教师实践终身学习、实现自我价值的必经之路。对教师个体而言，专业成长贯穿其职业生涯和教育实践的始终，教师源于自我专业发展的愿景和期待，生发出的"成长动力"，能有效驱动教师基于个体内外条件和积极因素孵化上述各种能力，最终形成成长的合力，促进自我专业实践和自我专业发展。

因此，教师专业成长力是在教师专业实践中驱动教师专业发展的人、行为和环境等各类有效因素和有利条件的总和，是教师专业发展的诸多能量在教师自我专业期待基础上凝聚而成的正向潜能。教师成长力具有以下五个主要特征：①主体性。不同的教师个体由于主体意识、认知、专业基础和发展方向不同，其专业发展形态和速度也会有较大差别。②综合性。教师的专业发展是贯穿其职业生涯的一个长期而复杂的过程，受到各种因素和条件的影响，因此，它是多层次、多维度的。③内隐性。教师的专业成长是教师个体在专业领域内以自我发展为核心，以教师个体的经验反思为媒介，逐步提高自身从教素质，从而成为良好的教育专业工作者的成长过程②。专业成长力是"一种思考状态和创造状态以及它们的持续习惯所共同建构起来的潜在力量"③。潜在力量的生发、力量的强弱大小只有在教师具体的专业实践改进以及效果取得中得以彰显或表征。④实践性。教师专业发展是指教师个体通过自身的教育教学实践与不同形式的实践反思实现"内在的专业素质的提高和专业实践的改进"④。专业实践会促进专业成长，专业成长的提升也会反过来优化专业实践。⑤动态发展性。受学校、家庭、社会环境及教师自身发展情况等影响，处于不同发展阶段的教师，其专业成长力的大小、增速也会相应发生变化⑤。

教师实现自我专业成长的根本动因是自我效能感，它会直接影响教师的内驱力和行动力。所以，引导教师专业愿景，构筑教师的专业期待，提

① 杜威. 民主主义与教育 [M]. 王承绪，译. 北京：人民教育出版社，2001：49-50.
② 吕康清，龙宝新. 论教育生态学视域下的教师成长力 [J]. 教育理论与实践，2013（4）：33-35.
③ 胡明珍. 教师成长力源于研究态势 [J]. 教书育人，2009（10）：27.
④ 叶澜. 教师角色与教师专业发展新探 [M]. 北京：教育科学出版社，2001：209.
⑤ 龙宝新. 论教师专业成长力 [J]. 教育发展研究，2011（8）：39-46.

升教师专业成长自我效能信念，是提升教师专业成长力的重要内容。教师应做好自我发展规划，定位专业发展目标，强化成长行动意志，才能激发自我发展的动力，实现积极的持续性专业成长。

（2）科研力。

随着教育改革的深入和科学技术的迅猛发展，教师的角色已从传统的知识传授者转变为教育教学的研究者和创新者。因此，科研力已经成为高校教师专业发展素养的另一个重要组成部分，是提振教师专业精神，丰富教师专业知识，提升教师教学能力，形成自我专业发展特色的内动力。

高校教师的科研力是指教师基于深厚的学科专业知识和广泛的相关领域知识，运用科学的研究方法和技能，独立或合作开展科学研究活动，探索新知识、新技术、新理论或新方法的能力。这种能力不仅体现在对科研问题的敏锐洞察和深入分析上，还体现在创新思维的发挥、科研方案的制定与实施、实验数据的收集与处理、科研成果的总结与发表，以及学术交流与合作等多个环节。

第一，教师应具备勤于钻研的精神和严谨的科研态度。科研的本质在于探索未知，这就要求教师具备强烈的好奇心和探索欲，勇于挑战现有理论，提出新观点、新理论或新方法，面对困难和挫折不轻言放弃。同时，科研活动必须建立在真实、准确的数据和事实的基础上，坚持实事求是的原则，对待研究数据一丝不苟，避免伪造或篡改数据，确保研究结果的真实性和可靠性。

第二，教师应积极参与科研项目，并致力于高质量研究成果的产出。教师参与科研项目的能力是科研能力素养的重要体现。科研项目的研究成果不仅可以推动学科发展，也能为社会经济发展提供技术支持。高校教师在科研项目管理中展现出的组织协调能力和团队合作精神，能够有效地推进项目的实施和成果转化。科研成果的质量包括论文的撰写水平、研究方法的合理性、创新性和学术影响力等方面，它反映了教师在其专业领域研究的深度和广度，以及其对学术界的贡献。科研成果的数量不仅可以体现教师科研的积极性和投入程度，也可以反映其科研能力的强弱。

第三，重视对外学术交流与合作。学术交流能力是指教师是否能够清晰、准确地表达研究成果，参与学术会议、报告和论坛，与他人进行有效的学术交流。合作能力体现在教师是否能够与同行、专家或企业合作，共同解决问题，提高研究质量。经常参与学术交流和合作有利于拓宽教师的学术视野，提升其专业知识素养。

第四，教师还应具备高度的伦理责任意识，在进行科研活动时遵守学术道德和伦理规范，尊重他人的知识产权，避免抄袭、剽窃等不端行为。同时，教师还应在科研过程中关注研究对象的权益和安全，确保科研活动的合法性和正当性。

综上所述，教师的专业素养是一个多维度、综合性的概念，它涵盖了教师的专业知识素养、能力素养以及发展素养这三大核心要素。其中，专业知识素养是教师专业素养的基石，它确保了教学内容的科学性和有效性；能力素养是教师专业素养的重要支撑，是专业知识素养在教学中的直接体现；发展素养强调了教师的持续成长与自我提升，包括终身学习意识、教育研究能力等。这三者相互依存，相互影响，都是教师专业素养中不可或缺的组成部分。

3.4　高校教师的教学素养

教学素养是教师进行教学活动必备的一系列基本能力和素质，是教师进行有效教学的基础。新时代的高校教师教学素养主要包括教师的语言表达能力、板书和 PPT 制作能力、引导互动能力、课堂管理能力，以及情感表现能力。

3.4.1　语言表达能力

作为与学生沟通思想、交流感情的重要工具，语言在教学中发挥着重要的作用。良好的语言表达既有利于教师在理论层面传递知识，促进学生对知识的理解，也有利于在实践层面唤醒学生的求知欲望，引起学生的情感共鸣。

语言表达是教师的基本功。语言艺术，就是表达者在运用语言进行交际时，为了提高语言的表达效果、达到交际目的，在语句合乎逻辑、语法规范、修辞妥帖的基础上，根据交际对象和交际场合选择使用的富有创造性的语言手段和独特、灵活、恰当的语言方式[①]。教师要将语言艺术融入

---

① 刘玉瑛. 思想政治工作语言艺术 [M]. 北京：中央文献出版社，2000：3.

课堂话语表达，说有"根"的话、有"情"的话、有"趣"的话，避免"照本宣科""曲高和寡""事与愿违"。教师不能为了完成课程任务，忽略学生在教学话语中的主体地位，在课堂教学中只注重自己讲解阐述，"填鸭式"地向学生灌输理论知识，缺乏与学生之间的沟通对话，缺少引导学生发现、分析和思考问题的互动环节，导致学生上课注意力不集中，打瞌睡、玩手机，浪费了宝贵的学习时间；教师的课堂话语也不能只是浅层化、表象化地说教，学生听后味同嚼蜡，而是要强调话语的延展性，需要结合专业知识对书本知识进行丰富和完善，添加具有创新性、时代性、前沿性的话题[①]，将理论与实践联系，使课堂更加生动、鲜活。

要做到"言之有物、言之有度、言之有理、言之有文、言之有据"，教师就应不断强化自己的语言表达能力。

首先，充分的知识储备是语言表达的基础，决定了教师话语的深度。高校教师不仅应掌握精深的本学科知识，还应与时俱进，及时更新自己的专业相关知识素养。知识体系储备充足，才能把问题讲清楚、讲透彻，才能引导学生真学、真懂、真信、真用。知识体系储备不充分，教师自己都疑惑重重，自然无法成竹在胸地去答疑解惑，讲出来的东西也很难让人信服，就会出现"失语""缺位"等情况。

以高校思政课为例。要做到语言空间的全方位、多层次，就要求思政课教师充分掌握思想政治教育理论知识，培养系统意识；要对马克思主义哲学、政治经济学、科学社会主义进行充分学习，学会辩证地看待问题；还要学习历史知识，增强自身的历史思维，学会密切联系过去、现在和将来，发现和运用历史规律[②]。高校思政课教师只有同时具备全方位的理论知识，加上系统、辩证、创新、历史等思维的运用，才能为思政课话语表达提供广阔的空间，增强高校思政课的话语内容深度，用真理的力量感召学生，以深厚的理论功底赢得学生[③]。

其次，丰富的表达方式是语言的载体。教师的语言表达方式多种多样，既有口头语言，也有书面语言，还有肢体语言。

---

① 汪玉. 习近平语言艺术对高校思政课教师话语表达的引领研究［D］. 合肥：安徽医科大学，2023.

② 汪玉. 习近平语言艺术对高校思政课教师话语表达的引领研究［D］. 合肥：安徽医科大学，2023.

③ 顾明远. 马克思主义教育思想在中国：纪念马克思诞生200周年［J］. 北京师范大学学报（社会科学版），2018（3）：5-8.

口头语言是教师教学中使用最频繁的语言形式。说话有五法，也叫五个同步——情绪同步、呼吸同步、语调同步、语速同步、音阶同步。教师的课堂教学语言也应做到以下"五步"，涵盖"四要素"。

"五步"是指：①声音洪亮、吐字清晰，便于学生准确无误地接收信息；②声情并茂，抑扬顿挫，激发学生的学习兴趣；③语气坚定自信，对重点难点详细阐述，对非核心部分则简明扼要，做到详略有别；④语速快慢得当、适度停顿，给予学生思考与消化的时间；⑤逻辑思路清晰、内容组织纲举目张、各部分过渡自然、讲解言之有理，保证学生能够跟随教师思路，逐步深入理解教学内容。

"四要素"是指"启""承""展""合"。"启"，即启发引导，是课堂教学的开端。教师应以富有启发性的问题或情景开启新课，吸引学生的注意力，激发学生的学习兴趣和求知欲，调动其听课积极性。开场后，教师还应对整堂课的教学目标、内容要点进行概述，让学生对课堂内容有一个整体认识，带动学生在思考中进入学习状态。"承"，即承接过渡，是课堂教学的桥梁。教师应巧妙地运用教学语言，将新旧知识、不同的教学环节连接起来，确保教学流程的连贯性与逻辑性。如："刚才我们学习了……，接下来让我们继续探讨……""同学们，你们认为……的原因是什么？接下来我们一起来分析……""假设我们处于……的情景中，你会如何……现在让我们来看以下案例……"等，以及采用"第一、第二、第三……"这样的条理叙述方式。"展"，即进入正题，是课堂的核心。教学中易于启发思考、引导讨论、加深理解的论述方式是：先案例，再讲解，后总结。论述的过程中，应注意以下技巧：①例证法，给予事实或例子来证明观点，胜过千言万语；②引证法，引用数据、图表或权威的话来加以证明；③类比法，用比喻、拟人等使说明更加形象。"合"，指回顾总结，是课堂教学的收尾。教师应对本节课的内容进行精练的总结，帮助学生梳理思路、归纳重点、巩固所学。

教师的书面语言表达能力，是指教师在教育教学过程中，通过文字形式有效、准确、清晰地传达教学内容、教学思想、教学指令及反馈信息的能力，主要体现在教案的编写、教学材料的准备、学生作业的批改与反馈等方面。它要求教师能够运用恰当的语法、词汇和句式，使信息传达既具有专业性，又易于理解，用词精确、规范，文字精练，重点突出，条理清晰，结构完整流畅。

教师的肢体语言包括教师的表情、动作、姿态等，它可以帮助教师表达情感、强调重点、提升教学效果。表情自然真诚、面带微笑，眼神自信友好、照顾全场，动作手势自然大方、运用得当，位置移动合理适度、掌控全场，这些良好的肢体语言可以增强教师的个人魅力，提高学生对教师的信任感和亲近感，营造良好的课堂教学氛围。

最后，生动的语言风格是表达的灵魂。成功的表达是健康的思想内容和完美的艺术风格的融合统一。教师应结合教学内容，把抽象的道理进行形象化表达，使之变得通俗易懂，有画面感，才能达到见人见事见理论的效果；要善于使用平实亲切的语言，运用富有时代特色、易于学生接受的话语来讲，带着感情讲，努力做到以理服人与以情动人的有机融合，实现理论高度与生活温度的有机融合，使授课语言更有吸引力和感染力，有突出的独特性和代表性。

同样以高校思政课为例。思政课教师可以充分利用中国古代典籍、经典话语等优秀资源，将其转化为课堂话语，同时，恰当使用当下年轻人喜欢的网络热词、热梗，用风趣幽默的语言活跃课堂氛围、拉近师生之间的距离。比喻、排比等修辞手法的运用，也可以提高语言的表达效果，让思政教育话语更加生活化、趣味化，引发学生的情感共鸣。

3.4.2 板书和 PPT 制作能力

随着信息技术的高速发展，多媒体教学工具如 PPT 已广泛应用于课堂教学。从教育心理学角度看，教学内容通过多媒体课件（PPT），以音像、图形、文字、动画等形式形象直观地展示出来，能使教学对象的多种感官受到刺激，有利于教学对象对课程内容的理解，最大限度地汲取信息与知识；从教学手段角度看，通过预先制作课件，可以节省课堂时间，增大教学信息量，极大地提高教学效率。PPT 作为现代多媒体教学的主要工具，其视觉呈现、信息整合及动态展示功能极大丰富了教学手段。它能够有效吸引学生的注意力，提高教学效率，同时便于教师展示复杂图表、动画及视频资料[①]。因此，PPT 的制作能力已成为新时代高校教师必备的教学基本功之一。

然而，传统的板书教学仍然占据着不可替代的地位。板书是教师上课时在黑板上书写文字、符号以传递教学信息、教书育人的一种言语活动方

---

① BROWN T. PowerPoint in the classroom: benefits and challenges [J]. Tech Trends, 2012, 56 (5): 25-31.

式，也是教师在教学过程中为帮助学生理解掌握知识而利用凝练、简洁的文字、符号、图表等在黑板上呈现的教学信息的总称。它是课堂教学中师生语言与思维互动的重要载体，是最传统的教学辅助手段。

板书的优点主要体现在：①板书具有制作与呈现同步的特点，内容在呈现过程中具有时间线性，符合教学对象从文字符号中获取有效信息的心理规律，特别是在逻辑推导、公式推演等过程中，更能体现逻辑性和连贯性，也可以帮助教师较好地控制课堂节奏；②板书的灵活性强，随写随看，也可以方便地增加和删除内容，它具有与实物不同的直观伴随想象思维的优势；③板书还具有书写示范和审美的作用。板书是一门科学，更是一门艺术。良好的板书不仅体现知识的美，汉字的美，更是艺术的美。板书的直观性、即时性和灵活性使其在教学过程中发挥着重要作用。它不仅能够帮助学生更好地理解和记忆知识点，还能开拓学生思路，激发学习兴趣[①]。板书教学强调教师的即时反馈和学生的参与，有助于构建积极的师生互动氛围[②]。

教师的板书能力体现在以下五个方面：①板书内容简洁明了，字迹清晰，确保每一位学生都能轻松辨认并准确记录，从而避免学生因辨认困难而分心；②板书结构条理清晰，层次分明，反映教学内容的内在逻辑，同时，合理安排内容的位置和大小，使整个黑板既不过于拥挤也不显得空旷，信息一目了然，便于学生系统回顾；③教师能够巧妙运用色彩与标记，如通过不同颜色的粉笔来突出关键词、难点和重点，这种视觉上的强调帮助学生迅速锁定核心内容，加深记忆；④教师还应善于结合图表、流程图、符号等多种表达手段，将抽象复杂的理论知识转化为直观易懂的形式，降低学生的理解难度，提高学习效率；⑤板书过程中教师可鼓励学生参与，如通过提问、讨论等方式，增强教学的互动性。

综上所述，多媒体课件（PPT）和板书都是需要教师精心构思的艺术化教学展示形式，教师可根据课程的不同性质、特点和内容，以及学生的个体差异选择不同的模式。通常情况下教师的最佳选择是多媒体课件与板书的整合使用，以达到优势互补、相得益彰的效果。板书在解释复杂概

① SMITH J. The Importance of blackboard teaching in the digital age [J]. Journal of Education Technology, 2005, 12 (3): 45-56.

② JONES L. Interactive blackboard use in higher education: enhancing student engagement [J]. Teaching & Learning Inquiry, 2008, 6 (1): 1-15.

念、推导公式及进行即时反馈方面表现更佳，它更有利于展示教师思维过程和知识的形成过程，有利于教学对象感受教师鲜活灵动的思想、智慧和丰富的情感，使教学对象不会产生思维的惰性；多媒体课件则更适用于教学内容多或过于抽象需要形象化，或表现动态变化、以培养教学对象形象思维为主的课程。二者的搭配使用，能够显著提升教学效果，促进知识的深度理解和长期记忆，是教育现代化的重要体现。

3.4.3　引导互动能力

互动教学是指在课堂教学过程中，教师和学生通过语言沟通、情感表达、行为反应和文字传递等方式引起师生行为和心理朝着知识探究的积极方面转化的教学模式。它强调师生之间的相互了解和平等对话，将教学资源作为沟通的桥梁，通过相互作用促进教学相长①。互动式教学法的理论基础是建构主义学习理论，该理论认为，教学必须充分考虑学生已有的知识基础和生活经验，要让学生在课堂上拥有更多的话语权。学习不再是被动地接受知识，而是一个有意义的、主动的建构过程②。

研究表明，有效的师生互动能够显著提升学生的学习参与度③。当教师在课堂上积极引导学生参与讨论、提问和分享时，学生能够更加主动地投入到学习中，从而加深对知识的理解和记忆④。不仅如此，引导互动还能培养学生的批判性思维和创新能力⑤。通过教师的引导，学生能够在互动中学会质疑、提出新见解，并尝试解决问题，从而锻炼其创新思维和问题解决能力。良好的师生互动还是构建和谐师生关系、营造积极课堂氛围的重要途径⑥。当教师以平等、尊重的态度与学生进行互动时，学生能够感受到教师的关爱和支持，从而更加信任教师，愿意参与课堂活动，形成良性循环。

---

① 郑金洲，刘家访. 互动教学 [M]. 福州：福建教育出版社，2005：1.

② 张亚娟. 建构主义教学理论综述 [J]. 教育现代化，2018（12）：171-172.

③ SMITH K, JONES S M. The impact of teacher-student interactions on student learning [J]. Journal of Educational Psychology, 2015, 107（2）：465-478.

④ JOHNSON D W, LAVOY B. The importance of student engagement [J]. Psi Chi Journal of Psychological Research, 2018, 23（1）：12-19.

⑤ WANG X, ZHANG Y. Fostering critical thinking through teacher-student interaction in higher education [J]. Journal of Critical Thinking and Creativity, 2020, 8（1）：34-52.

⑥ LI H, SUN J. Teacher-student relationship and student engagement in classroom interactions [J]. Journal of Educational Psychology, 2018, 111（4）：567-580.

教学中的互动类型主要包括两种：人与人的互动（教师与学生、学生与学生）和人与环境的互动（人与资源、人与技术）。在教学过程中，教师和学生作为教学活动的两大主体，二者间的互动是最频繁也是最核心的，主要表现为言语互动和行为互动。例如：教师提问、学生回答，教师对学生的回答进行总结归纳，并给予表扬鼓励等。学生与学生的互动也分为言语和行为两种形式，如小组活动时组员间的对话、交流、讨论，以及学生间的项目合作。人与资源的互动主要体现在智慧课堂教学环境下，教师从互联网上即时获取当前课堂所需的网页、视频等辅助教学资源并将其呈现，也可将学生提出的具有典型意义的问题（答案）保存在学生终端，以供后续教学使用。同时，在信息技术支持下，教师可将提前准备好的多媒体课件和教学资源上传至在线平台，也可在课堂教学中利用平台的随机选人、学生抢答、倒计时等功能设计课堂互动环节，利用手机终端与智慧黑板终端协同操作，进行文件传输、作品投屏、在线投票、课堂录制等操作，以丰富课堂活动，还可以利用游戏挑战等功能检验学习效果。学生也可利用投影、投屏等互动功能展示自己的学习成果或进行小组汇报，通过手机终端上传作业、完成在线测试等，实现人与技术的互动。

新时代高校教师的引导互动能力主要体现在教师能够基于互动式教学设计原则，精心策划并设置高效且多样化的互动任务，达到引导学生深度学习的教学目标。互动式教学设计遵循以下三个原则：首先，学生是课堂互动的主体，以学生为中心是进行课堂互动式教学设计的基础。教师应对所教授课程的教学情况和学生现状进行充分调研，了解学生的学习特点和需求，紧密围绕学生进行有意义的知识建构，引导学生全身心地投入课堂互动活动，完成知识的学习和师生间的情感交流。其次，激发学生学习兴趣是进行互动式教学设计的前提。教师应从学生感兴趣的互动活动入手，通过创设互动情景、设计互动活动等方式来营造良好的课堂教学氛围，提升学习效果。最后，实现有效教学是互动式教学的设计目的。有效教学是指促进学生高质量地达成学习目标，以及让学生愿意参与课堂互动。

提升教师的课堂引导互动能力可以从以下三个方面入手。

（1）增强互动意识。教师应通过系统的理论基础学习，如维果斯基的"最近发展区"理论、建构主义学习理论等，了解设计互动活动、引导学生深度学习的科学依据，建立以学生为中心的教学理念，意识到在教学上要以学生学习需求和帮助学生解决问题为主，清楚自己的使命是为了所有学生的学习、发展和幸福。

（2）提升提问技巧。提问是课堂互动的最基本表现形式，课堂教学中的提问有传递信息、反馈信息和调控教学的作用。首先，提问内容要有针对性、启发性和趣味性，并且难易适中。问题应围绕教学目的、教学的重难点展开，有助于启发学生思维和实现教学目标。维果斯基的"最近发展区"理论对于提问有重要的指导意义。问题既不能太简单（处在学生的"现实发展区"），也不能太难，会挫伤学生学习的积极性，"跳一跳，够得着"的水平就刚刚好。不同类型的问题对学生有不同的启发效果。封闭性问题可以用来检查学生对概念和知识点的掌握程度，而开放性问题则能够促进学生的思考和创造力。课堂互动的问题要真实，这里的真实并不是指所有问题都要在生活中找到与之对应的原型，而是问题要指向学生的原有经验，要与学生的内部经验有联系，这样才有利于学生内部经验的扩展和延伸。其次，把握提问的时机。教师必须善于察言观色，注意学生的表情和反馈信息，及时抓住提问的最佳时刻，如学生的疑惑处、新旧知识的联系处、教学的重难点处，以及思维的转折处等。最后，灵活运用提问方法。教育家陶行知先生曾说过："发明千千万，起点是一'问'。智者问得巧，愚者问得笨"①。提问有六法，分别是直接诱导法（教师在提问中不拐弯抹角，联系现实生活或学生的学习实际，提出一个看似简单实则暗含学问的问题，让学生参与探究）、追根溯源法（从正反两面刨根问底，求其"所以然"）、无中生有法（于看似无疑中设疑，引导学生深层次思考，正如宋代朱熹所说："读书无疑者，须教有疑。有疑者却要无疑，到这里方为长进"）、反弹琵琶法（对现成的结论进行反向思考提问，引发学生的逆向思维）、曲径通幽法（问在此意在彼）、由此及彼法（从学生的已知出发，类比出新的问题，达到知识的迁移）。最后，有效处理提问结果，有问必有答。教师应认真倾听学生的观点，及时回应学生的回答，以表扬为主，时刻给予学生鼓励，又要及时纠正其认识缺陷，确保学生的积极情感参与和认知投入。

（3）多样化互动任务。课堂互动的任务应多种多样，不同的互动任务可达到不同的教学效果。例如：小组讨论和合作学习能够提高学生的团队协作和沟通能力；角色扮演、情景模拟和游戏能够加深学生对知识的理解

---

① 华中师范学院教育科学研究所. 陶行知全集［M］. 长沙：湖南教育出版社，1985：22.

和记忆，激发他们的学习兴趣和参与度；案例研究能让学生在分析问题和解决问题中深入思考更广阔范围问题的解决。教师可根据具体的教学内容和学生特点，根据学生的学习进度和反馈，个性化地设计教学互动，灵活调整互动任务的难度和形式，构建一个充满活力、高效且多样化的学习环境，确保每位学生都能在适合自己的节奏下，通过互动学习获得成长。

3.4.4　课堂管理能力

课堂管理是指教师为实现预定的教学目标而对课堂中的各种教学因素进行协调管理的过程。有效、科学的课堂管理不仅能够建立和维持良好的教学秩序、营造良好的教学氛围，还能激发学生的学习潜能、提高学习效率、培养学生良好的学习习惯，是保证教学活动顺利进行的关键。具体而言，教师的课堂管理能力包括教学中教师的学生管理能力、时间管理能力和资源管理能力三要素。

（1）学生管理能力。

学生是教学活动的对象，在课堂中对学生进行管理是教师的基本工作之一。教师的学生管理能力包括课堂行为规则的研究与制定能力，识别并处理学生问题行为的能力，以及激发学生参与课堂兴趣的能力。

问题行为，是指学生在课堂中发生的、违反课堂规则、程度不等地妨碍及干扰课堂活动的正常进行或影响教学效率的行为，如：使用手机、走神、随意交谈、嘲笑他人、不参与合作任务、不服从教师管理等。因此，课堂行为规则的制定是必要且必需的。课堂规则的制定应兼顾公平性、确定性和可执行性的基本原则。规则应当对所有学生一视同仁，避免任何形式的偏见和歧视，不因学生的成绩、性别或背景而有所区别，才能得到学生的认可和尊重。同时，课堂行为规则必须具体、明确，易于理解和执行。教师需详细列出哪些行为是被鼓励的，哪些行为是被禁止的，以及违反规则的具体后果。可执行性原则强调规则不仅要明确，还要切实可行，便于后续执行和监督。

课堂行为规则的内容应包括学生行为规范和相应的违规处理机制。其中，学生行为规范是课堂行为规则的核心内容，它涵盖了学生在课堂上应遵守的基本行为准则，如出勤要求（按时到课，不迟到、不早退、不旷课）、课堂纪律（保持安静，不随意交谈或走动，不使用手机等电子设备）、学习态度（认真听讲、做好笔记、积极参与课堂讨论）、尊重他人

（不进行人身攻击或歧视性言论）等。此外，规则的执行应伴随适当的奖惩机制，以增强规则的约束力。

当识别到课堂上学生的问题行为时，教师应及时采取有效措施，如：主动接触和提示、课后沟通了解、适时提供帮助，或进行说服教育和惩罚等，视具体情况灵活处理。

德国教育家第斯多惠曾说过："教学的艺术不在于传授的本领，而在于激励、唤醒和鼓舞。"① 课堂上教师对学生的有效管理还体现在能激发学生的课堂学习意识和参与积极性。首先，教师可运用目标激励法，在教学实践中，通过帮助学生建立明确的学习目标，以目标为导向，激发学生完成目标的动力和愿望，从而调动学生的学习积极性。其次，赏识激励法也有助于增强学生的学习自信。教师通过认可和赞扬学生的学习表现，引导学生发现自身优点，从而认可自己，相信自己。自信心回归后，学习的原动力也会提升，学习兴趣也更浓厚。当然，对学生的赞美应该是实事求是的，教师应注重挖掘学生的潜能，为学生创造能充分展示自己才华和智慧的舞台，使学生体验到成功后的成就感，从而实现自我赏识。最后，著名的"罗森塔尔效应"指出，教师对学生的期望也有助于强化学生的情感体验，让学生更主动地学习。教师的期望分为隐性和显性两种。隐性期望是指教师通过暗示，包括语言、动作、神态暗示等，起到对学生的激励作用；显性期望指教师为学生树立榜样，运用榜样的力量来激励学生成长。如教师以自己为榜样，通过严于律己、以身作则、言传身教、身体力行成为让学生信服、敬佩和学习的榜样。

（2）时间管理能力。

课堂教学时间是学校学习的一个中心变量，与学生的学习活动和学习成绩有着极为密切的联系。经济学家把课堂时间视为课堂教学的一种资源，心理学家认为课堂时间是学习成功的一个重要因素②。因此，教师的时间管理能力是有效课堂管理的先决条件。

当前，教师在课堂时间管理上存在着两极分化的现象：部分教师将时间过多用于知识讲授、设备操作，自始至终控制着课堂教学，而忽视了人的体验，留给学生自主学习的时间太少；另一部分教师将学生的"自流"当作自主，片面追求教学活动效果和课堂教学的热闹、活泼等肤浅效应，

---

① 金珺. 中外格言（珍藏版）[M]. 天津：百花文艺出版社，2012：219.
② 傅道春. 教师技术行为 [M]. 哈尔滨：黑龙江教育出版社，1993：123-124.

而忽视教学的目的性，导致课堂呈现出无组织、无纪律的状态。

教师对课堂时间的管理要做到收放自如，就是要在教学时间和学习时间之间找到一定的平衡。首先，教师应给予学生足够的准备学习的时间。研究表明，在课堂45分钟教学时间内，学生的心理呈现出波谷（5分钟）到波峰（15分钟），回到波谷（5分钟），再到波峰（15分钟），最后回到波谷（5分钟）的认知思维规律。因此，心理学家将课堂教学划分为"起始时区、兴奋时区、调节时区、回归时区和终极时区"五个时区。学生脑力在上课后的5~20分钟内处在最紧张的劳动阶段，这一阶段是学生情绪高昂和智力振奋的阶段，也是教师的最佳教学时间。教师应高效利用学生专注学习的时间，完成主要知识内容的教学。其次，教师应给学生留下适当的自主学习时间，如独立思考的时间和合作交流的时间。知识向思维的转变离不开人的思考。苏联教育家苏霍姆林斯基认为思考包含三层含义：一是学生对所感知的东西要想一想；二是检查自己理解的东西是否正确；三是尝试把获得的知识应用于实践。因此，独立思考和合作交流是学生接收信息的有效途径。只有在内力和外力的"共振"作用下，才能实现对课堂时间的优化管理，才能使课堂动静结合、张弛有度，最终创出和谐的课堂生态环境。

（3）资源管理能力。

资源管理能力是指在教学过程中，教师需要具备的一种高效利用与有机整合各类教学资源的能力。这些教学资源涵盖了传统意义上的教材（如课本、教辅资料等），日益丰富的多媒体资源（如教学课件、视频音频素材、动画演示等），以及广泛可及的在线资源（如网络课程、开放教育资源库、学术论坛等）。教师应根据教学目标和学生需求，选择最合适的教学材料和辅助资源，提升学生的学习成效。

此外，对学习环境资源的合理规划与利用也是资源管理能力的重要组成部分，包括充分利用教室空间进行布局设计，促进师生互动；有效管理实验室设备，确保实验教学的顺利进行；引导学生有效利用图书馆资源，拓宽知识视野，深化学习研究等。

3.4.5　情感表现能力

情感表现能力是指教师在教学过程中，通过语言、面部表情、形象、体态等多种方式，有效传递和表达情感，以促进学生认知发展、情感共鸣和人格成长的能力。在高校教育中，教师的情感表现能力对于提升教学质量、增强师生互动、促进学生全面发展具有重要意义。

首先，一个能够恰当表达情感、富有感染力的教师，能够更有效地传递知识的温度与深度，使枯燥的理论变得生动有趣，激发学生的学习兴趣与好奇心。通过情感的共鸣，学生可以更深刻地理解和记忆学习内容，进而提高学习效率与效果，实现教学质量的显著提升。

其次，在增强师生互动方面，教师的情感表现能力同样发挥着桥梁作用。良好的情感交流能够打破师生间的隔阂，建立起信任与尊重的师生关系。当教师以真诚、关怀的态度与学生沟通时，学生更愿意敞开心扉，分享自己的想法与困惑，这不仅促进了知识的双向传递，还加深了师生之间的情感联结，为构建和谐的课堂氛围奠定了坚实基础。如果全体教师都能"爱其生，重其教"，学生就能"亲其师，信其道，爱其校，乐其学"。

最后，情感丰富、善于表达的教师能够成为学生的榜样，引导学生学会情绪管理，培养同理心与社会责任感。通过言传身教，教师对学生形成潜移默化的熏陶和影响，学生能够更加自信、乐观地面对生活与学习中的挑战，能够更加健康地成长，学会尊重和关爱他人，成为心中有爱、眼里有光的阳光青年，这就叫"一个灵魂唤醒另一个灵魂"。

教师在工作中的情感表现是以情感劳动的形式存在的。教师的情感劳动既是唤起学生积极的、有利于学习的情感或行为的前提，也是教育走向鲜活、生动，实现教学效果最优化和学生获益最大化的基础。

3.5　高校教师的创新素养

2018年颁布的《中共中央 国务院关于全面深化新时代教师队伍建设改革的意见》作出了明确规定，"造就党和人民满意的高素质专业化创新型教师队伍""到2035年，教师综合素质、专业化水平和创新能力大幅提升"。习近平总书记关于教师要做"四个引路人"的重要论述中，也明确提出教师要"做学生创新思维的引路人"。因此，创新素养是新时代创新型国家建设、教育高质量发展和新技术变革对高校教师能力提出的新要求，是高校教师面向未来、走向卓越的内在动力。美国"21世纪教师九大素养"以及欧盟"教师八大核心素养"都明确指出创新素养在教师专业发展中的重要地位。

具体来说，教师的创新素养主要体现在创新知识、创新思维、创新人格三个方面。

3.5.1 创新知识

知识是能力形成的前提条件与重要基础。创新的产生需要依靠大量高质量的知识、贯通性的知识以及实践中积累的默会知识。

首先，高质量的知识是创新的基础，它包括扎实的专业理论基础知识和广泛的学科前沿知识。例如，物理学教师需要掌握物理学的基本原理、定律和实验技能；工程学教师需要了解各种工程原理、设计方法和技术应用等。不仅如此，教师还应紧跟科技发展的最新动态，了解最新的科研成果和技术趋势。只有这样，才能在原有知识的基础上产生新的想法和解决方案。

其次，贯通性的知识是创新的桥梁，这意味着创新型教师需要具备跨学科的知识整合能力。他们不仅需要对本学科有深入的理解，还要具备跨学科的知识视野，能够理解和借鉴其他学科的理论和方法，从而为自己的教学和科研带来新的灵感和突破。在教学实践中，教师能够根据学生的学习需求和特点，灵活运用不同学科的知识和方法，设计出更具创新性和实效性的教学方案。在科研活动中，教师能够跨越学科界限，进行交叉研究，探索新的学术领域和研究方向。

最后，实践中积累的默会知识是创新的催化剂。默会知识（tacit knowledge），也称为"缄默的知识"或"内隐的知识"，最初是由匈牙利裔英国哲学家波兰尼在《个体知识》一书中提出，是指那些经常使用、但难以用语言、文字或符号予以清晰表达或直接传递的知识，它是相对于显性知识而言的。默会知识通常基于个人的经验、直觉和洞察力，是人们在长期实践过程中逐渐积累并内化于心的。它的本质是一种理解力、领悟力和判断力，是与个体的个性、经验以及所处的情景交织在一起的。教师的创新不是光靠外显的理论知识，还必须掌握相关的个人实践知识，即通过教学实践活动领悟和获取必要的经验、灵感、诀窍等，形成个体独特的风格和魅力。

3.5.2 创新思维

创新思维是指主体在实践经验基础上，通过超常规的思考方式，产生新颖的、独到的、有社会意义的认识成果的心理活动。

现代课堂教学不再是单纯的知识与技能的传授，而是需要教师对学科知识体系和思想逻辑有深入的把握，对学生素养发展和进阶状况做出清晰的判断，并有能力架构起知识理解与复杂问题解决的桥梁①。因此，具有创新思维的教师应当在课程内容、课程组织、教学实施、教育评价等方面进行改革探索，形成自己独立而有依据的认识与理解，具有批判意识和反思意识，能创造性地解决教育教学中遇到的新问题；从多个角度看待和理解教育教学活动，善于引导和鼓励学生突破常规，发散思维。正如多罗西娅·拉斯基所说，"创造性的课堂教学，应是支持扎根于课程活动的发散思维，接纳与课程相关的新状况，培育能支持学生个体创造的小组合作，提供课程活动的各种可接受的选择，增强促进学习与自信的指导，而不是对其限制。"② 创新性的教学实践应当具有以下七个相互关联的特征，即产生和探索观念想法、鼓励自主与能动性、游戏性、解决问题、承担风险、协同合作以及教师的创造力③。

3.5.3 创新人格

人格（personality）是指个体在对人、对事、对己等方面的社会适应中，行为上的内部倾向和心理特征，它是能力、气质、性格、需要、动机、兴趣、理想、价值观和体质等方面的整合，是具有动力一致性和连续性的自我。

创新型教师应具有以下创造性的人格特征：①强烈的求知欲和好奇心。好奇心是教师不断追求学术进步、探索未知领域的重要驱动力。他们对新事物有探究兴趣和欲望，总是渴望不断学习新知识、新技能，以便更好地适应教育发展的需要，满足学生日益增长的求知需求。②丰富的想象力。想象力是人们在现有认识基础上，在头脑中加工、处理各种信息，构建新形象的能力。爱因斯坦认为，"想象力是科学研究中的实在因素。"具有丰富想象力的教师能将抽象的知识形象化，帮助学生更好地理解和掌握

---

① 李广平. 新时代创新型教师：内涵、特征与培养［J］. 东北师范大学学报（哲学社会科学版），2022（2）：135-140.

② DOROTHEA L A. A creative classroom for everyone：an introduction to a small 'c' creativity framework［J］. Thinking Skills and Creativity，2020（36）：1-9.

③ CREMIN T，CHAPPELL K. Creative pedagogies：a systematic review［J］. Research Papers in Education，2019，36（1）：1-33.

课程内容，他们能根据学生的特点和兴趣，设计出富有创意的教学活动，让学生在轻松愉快的氛围中拓展思维。③独特的创造力。具有创造力的教师，敢于打破常规和陈旧模式，更有能力处理教育教学中的问题与困难，助力学生的成长与发展，获得事业的成功。④坚定的意志力。具有意志力的教师会为了满足自我求知欲而坚韧不拔、执着追求。

综上所述，创新型教师应具有创新的意愿、创新的自信和创新的责任感，能直面新关系、新挑战，敢于承担创新可能带来的失败，能够开放接纳不同的观点，而不是固守于常规性任务与程序①。他们能为学生构筑一个安全、信任、尊重、宽松的学习与探究氛围，设计能引发学生自主思考与探究的情景与问题，激发学生的探究兴趣，引导学生的探究行为，并能对学生思维活动过程与探究能力发展进行诊断与评价。

---

① McWILLIAM E，DAWSON S. Teaching for creativity：towards sustainable and replicable pedagogical practice ［J］. Higher Education，2008（56）：633–643.

4　以学生为中心的启发式教学方法

　　教学方法是教师和学生为了实现共同的教学目标，完成共同的教学任务，在教学过程中运用的方式与手段的总称。教学方法是教学过程中的核心要素之一，它体现了特定的教育和教学的价值观念，指向实现特定的教学目标要求。教学方法不仅包括教师教的方法（教授法），还包括学生学的方法（学习方法），是教授方法与学习方法的统一。

　　教学方法可以促进深度学习。深度学习强调学生对知识的批判性理解和整合，而教学方法的多样性可以为学生提供更多的思考角度和深度加工的机会，从而促进学生深度学习的开展。例如，通过案例分析、讨论式学习等教学方法，学生可以更深入地理解知识的内涵和外延，把握知识的本质和规律。深度学习需要学生具备较高的学习内驱力和主动性，而教学方法的恰当运用可以激发学生的内在学习动力，推动学生深度学习的发展。例如，通过游戏化学习、项目式学习等教学方法，学生可以更加积极主动地参与到学习过程中来，享受学习的乐趣。

　　教学方法可以促进高阶学习。高阶学习通常指的是在掌握基础知识之后，学生进行更高层次、更复杂的学习活动，这些活动包括批判性思维、问题解决、创新创造、决策制定等。

　　通过教学方法，如苏格拉底式对话、辩论、案例分析等方法，教师可以引导学生对所学知识进行质疑、分析和评估。这些教学方式鼓励学生独立思考，不盲目接收信息，而是学会评估信息的可靠性和有效性，培养学生的批判性思维。通过教学方法，如模拟游戏、角色扮演、实验设计等方法，学生可以面对真实或模拟的问题情景，运用所学知识进行问题解决和决策制定。这些教学方式帮助学生将理论知识应用于实践，培养他们的实际操作能力和问题解决能力。通过教学方法，如设计思维、头脑风暴、创意写作等方法，教师可以激发学生的创造力，鼓励他们提出新的想法和解决方案。这些教学方式鼓励学生跳出传统框架，勇于尝试新的方法和思路。通过教学方法，如小组合作学习、团队项目等方法，学生可以学会与他人合作，共同解决问题。这些教学方式不仅培养了学生的团队协作能力，还提高了他们的沟通技巧和人际交往能力。

教学方法可以根据不同的标准进行分类，以下是一些常见的分类方式：

第一，根据教学目标和层次划分。

第二，根据教学活动的方式划分。

第三，根据教学手段的运用划分。

第四，根据教学过程的组织形式划分。

第五，其他分类方式。如以学生为中心的教学方法、以问题为基础的教学方法、实践性与体验式教学方法等。

本章选取高校教师教学中常用的 6 种以学生为中心的启发式教学方法进行阐释。

4.1 案例教学法

4.1.1 摘要

案例教学法是一种以实际案例为基础，旨在培养学生分析、解决实际问题能力的教学方法。它打破了传统教学中单向传授知识的模式，使学生能够在主动参与和深度思考中掌握知识，提高技能。

案例教学法的核心在于案例的选择与运用。案例应贴近实际，具有代表性，能够反映真实问题的复杂性和多样性。教师通过呈现案例，引导学生运用所学理论知识进行剖析，从而发现问题的根源，提出解决方案。这一过程不仅锻炼了学生的思维能力，还培养了他们的创新精神和实践能力。

案例教学法的优点在于其真实性和互动性。真实的案例使学生能够更好地理解知识的应用场景，而互动的讨论则能够激发学生的思考，促进知识的内化。此外，案例教学法还有助于培养学生的团队合作精神和沟通能力，因为案例分析往往需要小组协作，共同解决问题。

4.1.2　源起与发展

案例教学法起源于 1925 年，由美国哈佛商学院所倡导，当时采用的案例都是来自商业管理的真实情景或事件。哈佛商学院最初是在企业管理教学中引入了"问题法"，即邀请企业家或经理人为学生陈述或写出企业管理中的现实问题。后来，越来越多的企业家或经理人被邀请到课堂上提出问题、主持学生的研讨活动，由学生对现实中的管理问题进行深入分析并提出建议。

1986 年美国卡耐基小组在《准备就绪的国家：二十一世纪的教师》的报告书中，特别推荐案例教学法在师资培育课程的价值，并将其视为一种相当有效的教学模式。哈佛商学院案例教学对其他领域的教育有着重大影响。之后这种教学方法从美国传播到了世界许多国家，中国教育界于 20 世纪 80 年代开始探究案例教学法。

4.1.3　教学特点

（1）独特性。案例教学法注重通过具体案例的分析，让学生深入理解并运用理论知识。与传统的以讲授为主的教学方式不同，案例教学法更加强调学生的参与性和主动性。案例通常具有实际性和具体性，能够引发学生的兴趣，促使他们主动思考和探索。教师则通过引导学生分析案例，帮助他们建立起理论与实践之间的联系，形成对知识的深刻理解和独特见解。

（2）实用性。案例教学法所选用的案例往往来源于现实生活或实际工作，具有真实性和可操作性。通过分析这些案例，学生可以更好地了解实际问题的复杂性和多样性，学会如何在现实世界中应用所学知识。这种实用性的教学方法有助于学生将理论知识转化为实际能力，为他们未来的职业生涯奠定坚实的基础。

（3）互动性。在案例分析的过程中，教师需要与学生进行深入的互动和交流。教师不仅是知识的传授者，更是讨论的引导者和参与者。学生则需要积极参与讨论，提出自己的观点和见解，与教师和同学进行思想的碰撞和交流。这种互动性的教学方式有助于激发学生的学习兴趣和积极性，培养他们的批判性思维和创新精神。

（4）注重培养学生的团队合作精神。在案例分析的过程中，学生通常需要分组合作，共同完成任务。他们需要相互协作、分工合作，共同解决问题。这种团队合作的学习方式不仅有助于提高学生的沟通能力和协作能力，还有助于培养他们的集体荣誉感和责任感。

（5）强调反思与总结的重要性。在案例分析结束后，教师需要引导学生进行反思和总结，帮助他们回顾整个分析过程，提炼出有价值的经验和教训。这个反思与总结的过程有助于学生巩固所学知识，加深对案例的理解，同时也为他们未来的学习和工作提供了宝贵的参考和借鉴。

4.1.4　教学过程示范

（1）教学准备阶段。

在案例教学开始之前，教师需要做好充分的准备工作。首先，教师需要选择具有代表性、典型性和实际意义的案例。案例的选择应与学生的专业背景、课程内容以及教学目标紧密相关，能够引发学生的兴趣并激发其思考。其次，教师需要对案例进行深入的分析和研究，明确案例的关键点、难点和争议点，为后续的讨论和引导做好准备。此外，教师还需要准备相应的教学资料、教学设备和教学环境，确保教学的顺利进行。

（2）案例引入阶段。

在案例引入阶段，教师需要通过简洁明了的语言向学生介绍案例的背景、基本情况和主要问题。教师可以通过讲述、播放视频、展示图片等多种方式呈现案例，以吸引学生的注意力并激发其好奇心。在引入案例的过程中，教师还可以提出一些引导性的问题，引导学生对案例进行初步的思考和探讨。

（3）小组讨论阶段。

在小组讨论阶段，学生需要分组对案例进行深入的分析和讨论。教师可以根据学生的兴趣、能力和性格等因素进行分组，确保每个小组都具有一定的多样性和互补性。在讨论过程中，每个学生都应积极参与，提出自己的观点和见解，并与其他同学进行交流和辩论。教师可以在小组间巡回指导，及时解答学生的疑问，并引导学生从多个角度、多个层面思考问题。

（4）全班交流阶段。

在全班交流阶段，各小组需要选派代表汇报本组的讨论成果和主要观点。其他小组可以对汇报内容进行提问和质疑，形成全班范围内的互动和交流。教师在这一阶段需要扮演好主持人的角色，掌控好课堂的节奏和氛围，确保交流的顺利进行。同时，教师还需要对学生的观点进行点评和总结，指出其优点和不足，并引导学生进一步深化对案例的理解和认识。

（5）总结反思阶段。

在总结反思阶段，教师需要对整个案例教学过程进行回顾和总结。教师可以先请学生谈谈自己的感受和收获，然后结合学生的表现和反馈，对案例教学的效果进行评估。教师还需要对案例教学中的问题和不足进行反思和改进，为下一次案例教学做好准备。此外，教师还可以引导学生将案例教学中的知识和技能应用到实际生活和工作中，提高其实际应用能力。

（6）案例教学的注意事项。

在实施案例教学法的过程中，教师需要注意以下几点：

第一，确保案例的真实性和典型性，避免使用过于简单或过于复杂的案例，以免影响教学效果。

第二，尊重学生的主体地位，鼓励学生积极参与讨论和实践，避免出现教师一言堂或学生被动接受的情况。

第三，注重培养学生的批判性思维和创新精神，引导学生从多个角度思考问题，提出新颖的观点和解决方案。

第四，适时给予学生指导和帮助，避免学生在讨论中偏离主题或陷入困境。

第五，对学生的表现进行及时评价和反馈，帮助学生了解自己的优点和不足，促进其不断进步。

通过以上五个方面的示范和讲解，我们可以看到案例教学法的教学过程是一个循序渐进、逐步深入的过程。在这个过程中，教师需要做好充分的准备工作，引导学生积极参与讨论和实践，注重培养学生的批判性思维和创新精神。同时，教师还需要不断反思和改进自己的教学方法和策略，以提高案例教学的质量和效果。

4.1.5 案例展示

实践案例：某房地产开发商与购房者之间的合同纠纷。

（1）背景介绍。

在某市，一家房地产开发商与购房者签订了一份房屋买卖合同。合同中规定了购房款的支付方式、房屋交付时间、违约责任等条款。然而，在合同履行过程中，双方因房屋交付时间的问题产生了纠纷。购房者认为开发商未按约定时间交付房屋，要求开发商承担违约责任；而开发商则认为自己因不可抗力因素导致延期交付，不应承担违约责任。

（2）案例准备。

教师首先收集相关的合同文本、往来邮件、付款凭证等证据材料，并对案件事实进行梳理。然后，教师将案件材料整理成一份详细的案例报告，包括案件的基本事实、争议焦点、相关法律条文等内容，以便学生全面了解案情。

（3）案例引入。

在课堂上，教师向学生介绍案例的基本情况，并引导学生思考以下问题：

①双方签订的合同中关于交付时间的约定是什么？

②不可抗力因素是否构成违约的免责事由？

③购房者是否有权要求开发商承担违约责任？

通过这些问题，激发学生的兴趣和思考。

（4）小组讨论。

学生被分成若干小组，每组对案例进行深入讨论。在讨论过程中，学生需要分析合同条款的具体内容，理解不可抗力的法律含义，并探讨购房者和开发商各自的权益。教师可以提供必要的法律知识和分析方法，帮助学生更好地理解案例。

（5）全班交流。

每个小组选派一名代表向全班汇报讨论成果。其他小组可以对汇报内容进行提问或补充。在全班交流中，学生可以从不同角度审视案件，加深对合同法相关规定的理解。

（6）教师点评与总结。

在全班交流结束后，教师首先对学生的讨论和汇报进行点评，指出其中的优点和不足。然后，教师结合案例，对合同法中的相关条款进行解释和说明，帮助学生形成正确的法律思维。最后，教师总结案例教学的经验和教训，为后续的教学提供参考。

通过这个实践案例，学生可以更直观地了解合同法的实际应用，掌握合同解释、违约责任判定等关键技能。同时，案例讨论也锻炼了学生的法律逻辑思维、团队协作能力和沟通能力，为其未来的法律职业生涯奠定了坚实的基础。

4.1.6 适用范围

案例教学法是一种富有成效的教学方法，它强调通过具体案例的分析和讨论，引导学生深入理解理论知识，并将其应用于实际情景中。

（1）适用于多个学科领域。在商业管理领域，案例教学法被广泛应用于市场营销、战略管理、人力资源管理等课程，帮助学生理解企业运营中的实际问题，培养他们解决复杂商业问题的能力。在法律领域，案例教学法有助于学生深入理解法律条文背后的原理和逻辑，通过模拟法庭辩论等形式，提升学生的法律实务能力。在医学领域，案例教学法能够帮助学生接触真实病例，掌握诊断技巧和治疗方法，提升临床实践能力。此外，在工程、教育、心理学等其他学科领域，案例教学法同样发挥着重要作用。

（2）适合不同学习阶段的学生。对于初学者来说，案例教学法可以帮助他们建立起对学科知识的直观认识，通过案例分析了解基本概念和原理。对于中级学习者，案例教学法可以提供更为复杂的案例，引导他们深入探索学科知识的内涵和外延，培养批判性思维和问题解决能力。对于高级学习者或研究生，案例教学法可以提供具有挑战性和创新性的案例，鼓励他们开展独立研究和探索，培养创新精神和领导力。

（3）适用范围还受到一些特定因素的影响。例如，在某些实践性较强的专业中，如工商管理、医学、法学等，案例教学法的应用更为普遍和深入。这些专业要求学生具备较高的实践能力和问题解决能力，而案例教学法正好能够满足这一需求。同时，随着科技的发展和教育理念的创新，案例教学法的应用领域也在不断拓展。例如，在线教育和混合式教学等新兴教育形式的出现，为案例教学法的应用提供了更多的可能性和空间。

（4）教师扮演着至关重要的角色。他们需要选择具有代表性、真实性和时效性的案例，设计富有启发性的问题，引导学生进行深入分析和讨论。同时，教师还需要具备扎实的学科知识和丰富的教学经验，以便在案例讨论中给予学生有效的指导和帮助。

（5）存在一定的局限性和挑战。例如，案例的选择和编写需要耗费大量的时间和精力，而且并非所有学生都具备足够的分析能力和参与意愿。此外，案例教学法的实施还需要学校提供足够的教学资源和支持，包括教学设施、图书资料、网络平台等。

4.1.7 效果评价/评估

对案例教学法的效果进行评价是一个至关重要的环节，这不仅可以帮助教师了解教学方法的有效性，还可以为今后的教学改进提供依据。以下是对案例教学法效果进行评价的几个关键方面。

（1）教学目标的达成度。

首先，评价案例教学法的首要标准是教学目标的达成度。教师需要明确本次案例教学的目标，比如提升学生的问题解决能力、批判性思维或是团队合作能力等。在教学结束后，通过观察学生在课堂讨论中的表现，分析他们提交的案例分析报告，以及进行相关的测试或问卷调查，来评估这些目标是否达成。

（2）学生的参与度与反馈。

学生的参与度是评价案例教学法效果的重要指标。教师可以通过观察学生在案例讨论中的发言次数、质量以及他们的互动情况来评估其参与度。同时，收集学生的反馈也是非常重要的，教师可以通过问卷调查、面对面访谈等方式，了解学生对案例教学法的接受程度、满意度以及改进建议。

（3）案例的选择与编写质量。

案例的选择和编写质量直接关系到案例教学法的效果。评价时，需要考虑案例的代表性、真实性、时效性和启发性。案例应能够反映现实生活中的问题，有助于学生理解和应用所学知识。此外，案例的编写也需要清晰明了，能够引导学生进行深入的分析和讨论。

（4）教师的教学角色与能力。

在案例教学中，教师的角色和能力也是影响效果的关键因素。教师需要具备引导讨论、激发学生思考、处理突发情况的能力。评价时，可以观察教师在课堂讨论中的引导方式、对学生的反馈和激励措施，以及教师对案例的熟悉程度和解析深度。

（5）学生能力的提升与迁移。

案例教学法的最终目的是提升学生的能力和素质。因此，评价时还需要关注学生在案例教学后是否有所提升，以及这些能力是否能够在其他情景中进行迁移和应用。可以通过比较学生在案例教学前后的表现，以及他们在后续课程或实践中的表现来评估这一点。

综上所述，对案例教学法的效果进行评价需要从多个方面进行综合考量，包括教学目标的达成度、学生的参与度与反馈、案例的选择与编写质量、教师的教学能力与角色以及学生能力的提升与迁移等。通过科学、全面的评价，可以不断优化案例教学法，提高教学效果。

4.2 项目驱动法

4.2.1 摘要

项目驱动法是建立在建构主义理论基础上，实施探究式教学模式的一种教学方法。它是指在教学过程中，以一个项目为主线，把相关知识点融入项目的各个环节中去，层层推进项目，让学生自己提出问题，思考问题，并经过自己的思考和教师的点拨，自己解决问题；在强烈的问题动机的驱动下，学生自主探索和互动协作，并带着实在的任务去学习；在完成项目的同时，学生提升了四种能力：专业能力、自学能力、创新能力和团队协作能力，并促进了教师向双师型的转变。

4.2.2 源起与发展

项目驱动法萌芽于欧洲的劳动教育思想，最早的雏形是 18 世纪欧洲的工读教育和 19 世纪美国的合作教育，经过近代美国教育思想家、哲学家杜威的"在做中学"的实用主义教育理念的发展，20 世纪中期，美国教育界提出了"问题解决"的教学方法，强调通过解决实际问题来培养学生的能力和思维。这一思想为项目驱动法的形成奠定了基础。

到了 20 世纪后半叶，随着信息技术的快速发展和全球化的推进，社会对人才的需求发生了巨大的变化。人们不再满足于仅仅掌握书本知识，而是更加注重实践能力和创新精神。在这种背景下，项目驱动法作为一种以实践为核心的教学方法，逐渐受到了广泛的关注和认可。

在建构主义教学理论的基础上，德国职业教育在 20 世纪 80 年代开始大力推行一种"行为引导式的教学形式"，就是项目驱动教学模式。项目驱动教育模式是建立在工业社会、信息社会基础上的现代教育的一种形式，是以培养实用型人才为直接目的的一种人才培养模式。

4.2.3 教学特点

项目驱动法的教学特点体现在其独特的教学理念、实施方式及对学生的深远影响上。这种方法以实际项目为核心，通过学生参与项目的全过程，达到学习和掌握知识、提高实践能力的目的。

第一，项目驱动法强调学生的主体性。在传统的教学模式中，教师往往扮演主导角色，而学生则处于被动接受的状态。然而，在项目驱动法中，学生的角色发生了根本性的转变，他们不再是知识的被动接受者，而是成为项目实施的主体，需要主动探索、解决问题并完成项目任务。这种转变使得学生能够更加积极地参与到学习过程中，提高他们的学习兴趣和动力。

第二，项目驱动法注重实践与应用。项目驱动法中的项目往往来源于现实生活或行业实践，具有真实性和实用性。学生在完成项目的过程中，需要将所学理论知识与实际应用相结合，通过实践来检验和巩固所学知识。这种教学方式有助于培养学生的实践能力和创新精神，使他们能够更好地适应未来社会。

第三，项目驱动法强调团队合作与沟通。在项目实施过程中，学生通常需要分组进行工作，每个成员都需要发挥自己的特长，共同完成任务。这种团队合作的方式不仅有助于培养学生的协作精神和沟通能力，还能够让他们学会如何在团队中发挥自己的作用，提高团队的整体效率。

第四，项目驱动法具有开放性和创新性。项目驱动法的教学内容和项目任务通常具有较大的开放性，允许学生在一定范围内自由发挥和创新。这种教学方式有助于培养学生的创新思维和解决问题的能力，使他们面对复杂问题时，能够提出新颖的解决方案。

此外，项目驱动法还注重过程性评价与反馈。在项目实施过程中，教师会密切关注学生的进度和表现，及时给予指导和反馈。这种评价方式有助于学生更好地了解自己的学习情况，及时调整学习策略，提高学习效果。同时，教师也可以通过评价学生的项目成果，来检验自己的教学效果，以便进一步完善教学方法和策略。

值得一提的是，项目驱动法还强调跨学科知识的整合。在实际项目中，往往涉及多个学科领域的知识和技能。因此，在项目驱动法的教学中，教师需要引导学生跨学科思考，将不同领域的知识进行有机融合，以解决实际问题。这种跨学科整合的教学方式有助于培养学生的综合素质和跨学科解决问题的能力。

然而，实施项目驱动法教学也面临一些挑战。首先，项目驱动法对教师的素质和能力提出了更高的要求。教师需要具备跨学科的知识背景和实践经验，能够设计具有挑战性和创新性的项目任务，并指导学生有效地完成项目。其次，项目驱动法需要学生具备一定的自主学习能力和合作精神。学生需要主动参与项目、积极思考问题、与团队成员有效沟通，这对部分学生来说可能是一个挑战。

为了充分发挥项目驱动法的教学优势并应对相关挑战，教师可以采取以下策略：一是加强与学生的沟通与互动，及时了解学生的需求和困难，给予针对性的指导和帮助；二是提供丰富的教学资源和支持，如案例库、在线平台等，以便学生更好地进行自主学习和团队合作；三是注重培养学生的自主学习能力和合作精神，通过引导、激励等方式，激发学生的学习热情和团队精神。

综上所述，项目驱动法的教学特点体现在学生的主体性、实践与应用、团队合作与沟通、开放性与创新性以及过程性评价与反馈等方面。这些特点使得项目驱动法成为一种富有成效的教学方法，有助于培养学生的综合素质和实践能力。然而，要实施好项目驱动法教学，还需要教师具备相应的素质和能力，并采取有效的教学策略来应对相关挑战。

4.2.4 教学过程示范

第一阶段：项目制定。

在教学准备阶段，教师需要根据教学目标和学生实际制定具有真实性、整体性、开放性、可操作性和适应性的项目。制定项目是决定项目驱动教学成败的重要因素。项目的好坏、难易、是否能突出所学知识等几个问题是项目驱动法的关键，要选择一个适合自己教学内容的项目需要从多个方面考虑。

（1）授课对象的层次。在课程开始之前必须充分地了解学生已经掌握的知识以及所具有的能力水平，这样有助于选择适合他们的工程项目。如果不充分了解学生的实际情况那么所选择的项目可能会太难或太容易，项目太难会打消他们继续学习的积极性，太容易又会让学生很快完成，达不到思考的效果。

（2）授课内容。在应用项目驱动法前还必须根据每个阶段授课内容来确定项目的种类。要围绕课程对项目进行剪裁，做到项目为教学目标、教材内容服务，紧密与项目实践和讲授知识相结合，进行设计，加强讨论的目的性，其贯穿整个学习、实践过程。根据授课内容的不同，可以将项目设计成为学习型及综合型两种类型。学习型项目规模相对较小，目的是通过项目，使学生能够深入理解课程每个部分的重点与难点，其主要应用在课堂的练习过程中。综合型项目规模相对较大，涉及整个课程内容，要求学生完成一个内容较全面、相对完整的项目，主要应用在课程考核阶段。

（3）项目来源。项目来源应尽可能真实，同时也应适合于教学。这需要教师在平时的学习、教学科研中注意收集、设计好的项目，这也是项目驱动法能否真正在教学中比传统教学取得更好效果的重中之重。同时，要尽量选取具有多种解决方案的项目。长期的传统教育模式下，一题一解已成为学生心中固定不变的思维方式。而在进行项目驱动法教学时，一定要注意激发学生的想象力、创造力，鼓励他们一题多解，想方设法寻找解决的途径。

总之，在项目的设计和制定上应考虑项目的可操作性、项目的真实性和项目的完整性。先布置项目，再引入概念，然后展开教学。只有合理地设计项目，才能达到事半功倍的效果。

第二阶段：项目实施。

在项目实施过程中，学生边学边练，精心设计的项目贯穿整个学期。学生在明确教学目标后首先想如何去完成项目，在完成项目过程中将会遇到哪些不能解决的问题，这就调动了学生主动求知的欲望。为完成项目，学生又会想方设法读教材、查资料、互相学习和交流。经过不断修改和完善，学生既完成了项目，又达到了掌握知识、提高能力的目的。在边学边练的过程中，学生充分发挥学习主动性和创造性，不仅亲身感受了认知的过程，也能体验项目完成后的成就感，从而激发他们进一步学习的兴趣和积极性。

教师在这一阶段要注意把握三种学习环境的关系，即引导型学习环境、自主型学习环境和协作型学习环境。教师做必要的引导，为学生的独立思考留出充足的空间，鼓励学生自我学习、相互学习。同时，教师要对项目团队进行有效的监管，注重差异化培养。团队建立后，教师对于不积极参与团队合作的人员或合作存在障碍的情况要进行及时处理，保证团队活动在教师的指导和监督下有序地进行。当然，对于不同程度的团队，可以进行差异化培养，制定差异化的培养目标或策略。

另外，项目实施过程中要开展讨论，讨论方式、讨论地点、讨论内容应多样。讨论问题主要围绕课程中的重难点知识、实践中的难题；讨论方式建议形式多样，包括知识问答、问题抢答、正反角色辩论、主题报告、项目经验交流等。

第三阶段：项目评审。

每当学生完成项目后，教师不能主观地打分来评价学生作品，而是通过交流展示和讨论，让同学们自己评比。通过这种方式，既可以提高学生的审美水平又可以客观地评价学生作品，教师的评语要有一定的开放性，也就是说允许学生有不一样的观点，对于一些学生的独到见解，教师应及时给予鼓励，这样学生才会有继续探索的勇气和信心。

项目评比中，适当的激励也是项目驱动的必要措施，教师应采取以表扬为主的激励方式，鼓励成果多样性的评价，以培养学生的创新意识。同时，教师也要根据项目实施过程，不断总结规律和技巧，作为后续课程定制项目的参考。

4.2.5 案例展示

以"开发一款校园新闻 App"为例，详细展示项目驱动教学法的实施过程。

（1）项目背景与目标设定。

随着移动互联网的普及，校园新闻 App 成为学生们获取校园资讯的重要渠道。因此，本书设定了"开发一款校园新闻 App"的项目，旨在通过此项目，让学生掌握移动应用开发的基本知识和技能，同时培养学生的团队合作精神和解决问题的能力。

（2）项目分组与任务分配。

在项目启动阶段，教师将学生分成若干小组，每个小组负责完成项目的不同部分。为了确保项目的顺利进行，教师需要为每个小组分配具体的任务，并明确任务的要求和完成时间。例如，有的小组负责 App 的界面设计，有的小组负责后台数据库的开发，还有的小组负责新闻内容的采集和编辑等。

（3）项目实施与指导。

在项目实施阶段，学生需要根据任务要求，逐步完成项目的各项任务。教师在这个阶段扮演着指导者和监督者的角色，需要密切关注学生的进度和困难，给予及时的指导和帮助。

以界面设计小组为例，教师首先需要进行用户需求分析，了解用户对校园新闻 App 的期望和需求。然后，教师可以根据分析结果，设计出符合用户需求的界面原型。在设计过程中，教师可以提供一些设计原则和技巧，帮助学生更好地完成设计任务。同时，教师还可以组织学生进行小组讨论和交流，分享彼此的设计思路和经验，促进共同进步。

在后台数据库开发方面，学生需要学习并掌握数据库设计的基本原理和技巧。学生需要设计合理的数据库结构，确保数据的准确性和完整性。教师在这个阶段可以提供一些数据库设计的案例和教程，帮助学生快速掌握相关知识。同时，教师还需要关注学生在开发过程中遇到的问题，给予及时的解答和建议。

新闻内容采集和编辑小组则需要关注校园新闻的实时动态，及时采集和整理新闻内容。他们需要学习新闻写作的基本规范和技巧，确保新闻内容的质量和可读性。教师在这个阶段可以为学生提供一些新闻写作的资源和指导，帮助他们提升新闻采集和编辑的能力。

（4）项目测试与优化。

当各个小组完成各自的任务后，教师需要组织学生进行项目的整合和测试。在测试阶段，学生需要对 App 的各项功能进行详细的测试，确保功能的稳定性和可用性。同时，他们还需要关注用户体验和性能优化等方面的问题，不断提升 App 的质量和用户体验。

在测试过程中，教师可以引导学生使用专业的测试工具和方法，帮助他们提高测试效率和准确性。同时，教师还需要对学生在测试过程中发现的问题进行记录和分析，提出改进意见和建议。

（5）项目展示与总结。

在项目完成后，教师需要组织学生进行项目展示和总结。在展示阶段，学生可以通过 PPT、视频等形式展示项目的成果和特色，向全班展示他们的努力和成果。同时，其他学生和教师可以提出问题和建议，促进交流和互动。

在总结阶段，学生需要对整个项目实施过程进行回顾和总结，分析项目中的成功经验和不足之处。教师可以引导学生从项目设计、实施、测试等各个环节进行总结，帮助他们形成完整的项目经验。同时，教师还需要对学生的项目成果进行评价和反馈，提出针对性的改进意见和建议。

教师在实施项目驱动法时，需要注重学生的个体差异和需求，提供个性化的指导和帮助；同时，还需要加强与其他教学方法的结合，形成多元化的教学模式，以满足不同学生的学习需求和发展潜力。

4.2.6 适用范围

（1）适用于实践性强的学科领域。

项目驱动法在实践性强的学科领域具有广泛的应用前景。这些学科通常要求学生具备实际操作能力和问题解决能力，如工程技术、计算机科学、艺术设计等。在这些领域，通过引入实际项目，学生可以在实践中学习和掌握知识，提高技能水平，从而更好地适应未来的职业需求。

例如，在计算机科学领域，教师可以设计一些与软件开发、网络安全等相关的项目，让学生在实践中掌握编程语言、算法和数据结构等基础知识。通过项目的实施，学生可以深入了解行业内的实际问题和挑战，提高解决问题的能力，为未来的职业发展打下坚实的基础。

（2）适用于中高级阶段的学习者。

项目驱动法通常适用于已经具备一定基础知识和学习能力的中高级阶段学习者，这是因为项目驱动教学法要求学生具备一定的自主学习能力和团队合作精神，能够独立思考和解决问题。对于初学者或基础薄弱的学生来说，他们可能难以独自承担项目的实施任务，需要在教师的指导下逐步学习和提高。

在中高级阶段，学生的知识储备和学习能力相对丰富和成熟，他们能够更好地理解和应用项目驱动法。通过参与项目，他们可以进一步巩固和拓展所学知识，提高实践能力和创新思维，为未来的学术研究和职业发展做好充分准备。

（3）适用于注重创新和实践的教育环境。

项目驱动法适用于注重创新和实践的教育环境。在这样的环境中，学校和教育机构注重培养学生的实践能力和创新精神，提倡学生参与实践活动和项目研发。项目驱动法能够为学生提供实践的机会和平台，让他们在实践中发现问题、解决问题，培养创新精神和团队合作能力。

最后，项目驱动法还适用于那些鼓励学生跨学科学习和综合应用知识的教育环境。通过实施跨学科项目，学生可以综合运用不同学科的知识和技能，培养综合解决问题的能力，提高综合素质和竞争力。

（4）需要考虑的因素与限制。

尽管项目驱动法在多个领域和阶段具有适用性，但在实际应用中仍需考虑一些限制因素。

首先，项目驱动法需要投入较多的时间和资源，包括项目设计、学生指导、设备支持等。因此，在实施项目驱动法时，需要充分考虑学校或教育机构的实际情况和资源条件。

其次，项目驱动法的实施需要教师具备较高的专业素养和实践经验。教师需要能够设计具有挑战性和创新性的项目，同时还需要具备指导学生解决问题的能力和经验。因此，在实施项目驱动法之前，需要对教师进行相关的培训和指导。

最后，项目驱动法的适用范围还受到学生个体差异和学习需求的限制。不同学生的学习能力和兴趣爱好存在差异，有些学生可能更适合传统的讲授式教学方法。因此，在实施项目驱动法时，需要充分考虑学生的个体差异和学习需求，采用多样化的教学方法和手段。

4.2.7　效果评价/评估

对项目驱动法的效果进行评价是一个综合性的过程，涉及多个方面和维度的考量。

第一，我们要评价学生的参与度与主动性。项目驱动法强调学生的主体性和实践性，因此，学生的参与度和主动性是评价教学效果的重要指标。通过观察学生在项目实施过程中的表现，如是否积极参与讨论、主动寻求解决方案等，可以初步判断项目驱动法是否激发了学生的学习兴趣和主动性。

第二，我们需要考查学生的知识与技能掌握情况。项目驱动法的目标是让学生在完成项目的过程中掌握系统知识和技能。因此，评价学生的知识掌握情况可以通过考察他们在项目实施中所表现出的理解、分析和解决问题的能力，以及项目的完成情况。同时，还可以通过测试、问卷调查等方式，了解学生对相关知识的掌握程度。

第三，项目驱动法的效果还可以从团队协作和沟通能力方面进行评价。在项目实施过程中，学生需要与团队成员密切合作，共同解决问题。因此，评价学生的团队协作和沟通能力可以通过观察他们在团队中的表现，如是否能够积极参与讨论、有效沟通、协调解决冲突等。这些能力的提升也是项目驱动法教学效果的重要体现。

第四，我们还要关注项目驱动法对学生创新思维和解决问题能力的影响。项目驱动法鼓励学生在项目实施过程中发挥创新思维，提出新颖的解决方案。因此，评价学生的创新思维和解决问题能力可以通过分析他们在项目实施中所提出的创新点、解决方案的实用性和创新性等方面。这些方面的提升也是项目驱动法教学效果的重要体现。

第五，我们还需要考虑项目驱动法对学生学习态度和兴趣的影响。通过对比学生在实施项目驱动法前后的学习态度和兴趣变化，可以判断这种教学方法是否有助于激发学生的学习兴趣和积极性。如果学生在项目实施过程中表现出更高的学习热情和兴趣，那么可以认为项目驱动法在这方面取得了积极的效果。

综上所述，对项目驱动法的效果进行评价需要从多个角度出发，包括学生的参与度与主动性、知识与技能的掌握情况、团队协作和沟通能力、创新思维和解决问题的能力以及学习态度和兴趣等方面。通过全面、客观地评价这些方面，我们可以更准确地了解项目驱动法的教学效果，从而为教学改进提供有益的参考。

4.3　问题导向法

4.3.1　摘要

问题导向法也称为"基于问题式的学习"（problem‐based learning，PBL），是近年来受到广泛重视的一种教学方法。它与传统的教学方法不同，强调以学生的主动学习为主，是一种将学生安置于有意义的学习情景里，老师提出问题，设置真实性的任务，安排学生以小组讨论的方式学习隐含于问题背后的知识，并强调学习者的自主探究与合作，使学生能在解决问题的过程中主动建构知识和发展技能的一种教学方法。

4.3.2 源起与发展

问题导向法源于 1910 年，是著名的教育改革者、美国现代医学教育模式的提出者弗莱克斯纳（Flexner）所倡导的教学改革理念。美国西弗吉尼亚大学的一位工程学教授查尔斯·韦尔斯（Charles Wales）曾提出一种名为"指导性计划"（guideddesign）的问题法。20 世纪 50 年代，加拿大麦克马斯特医科大学化学工程学教授唐·彼得斯（Don Peters）在其课程教学中明确提出问题导向教学法。1969 年，该大学在一年级基础科学课教学中，用从病例分析开始的课程取代了传统的讲课课程，普遍应用该方法开展医学教育。1974 年荷兰林堡大学，1976 年澳大利亚纽卡斯尔大学也分别采用了问题导向教学法。此后，这种方法引起社会关注，先后在 60 多所医科院校中推广应用并得到进一步修正，随之扩展到各个学科。

美国心理学家布鲁纳积极倡导的发现法也是问题导向法的一种。问题导向教学法是指在学生学习概念与原理时，教师只是给他们一些事例和问题，让学生积极思考，独立探究，自行发现并掌握相应的原理和结论的一种方法，并形成学习中的大量"迁移"，即举一反三。其步骤主要是：①创设特定情景，确定学生感兴趣的问题；②把问题分解成若干必须回答的疑点，激发学生的探究精神；③运用直觉思维假设答案；④收集和组织所占有的材料检验自己的假设，如学生中有不同的见解，还可以展开讨论；⑤留心发展趋势，证实或得出正确的结论。

问题导向教学法在我国高校中的应用时间较短，最早是 1986 年由上海第二医科大学和西安医科大学引进 PBL 教学模式。20 世纪 90 年代以来，引进 PBL 的院校逐渐增多，如湖南医科大学、第四军医大学、暨南大学等。这些院校分别在基础课、临床课和实验课中部分试行了 PBL，取得了良好的效果。其他国内知名高校如复旦大学、同济大学、上海交通大学均将 PBL 教学改革作为创新型人才培养的重要手段。

4.3.3 教学特点

（1）深度学习。

无论是教育工作者、政策制定者，还是家长和学生都在寻找积极的策略，以便更好地为学生进入职场和深造做准备。高质量的、以问题为导向的学习在强调学术知识的同时重视技能和思维的培养，如协作能力和批判性思维能力，这样的学习会引发深度学习。

深度学习是指学习者通过对知识本质的理解和对学习内容的批判性运用，追究有效的学习迁移和真实问题的解决，并以高阶思维为主要认知活动的高投入性学习。只有深度学习才能从"学知识"迁移到"提能力"，才能适应当前日新月异的社会变化与技术变革。

本书结合布鲁姆教育目标分类，将学习目标分为记忆、理解、应用、分析、综合、评价六个层次。由问题导向法所引发的深度学习对应的是认知领域的应用、分析、综合、评价四个层次，属于高阶思维。因此，PBL要重点解决的不是记忆和理解的学习目标，而是更高阶的学习。

由 PBL 激发的深度学习将颠覆传统的学习方式，对比如表 4.1 所示。

表 4.1　PBL 与传统学习对比

项目	PBL	传统学习
学习目标	分析、评价、创造	记忆、理解
关注	思维提升	知识学习
教师角色	设计	讲授
学生角色	主动参与	被动接受
学习方式	以学生为中心	以教师为中心

（2）教师的角色。

实施 PBL，教师的角色将由传统的"知识权威"进行多角色的转换。

①设计者。

好的设计是 PBL 成功的核心元素，PBL 的核心思想认为"教师即设计者"，在这个过程中，教师要思考的问题是："如何让学生愿意参与？如何达到教学目标？如何创造跨学科、提升思维与能力的项目？"除了学习内容外，教师还需要对学习时间、学习组织方式、学习层次进行设计，以符合学生的学习规律。

②组织者。

教师具有良好的组织能力是 PBL 的另一大特点。组织的优劣是达成 PBL 学习目标的外部保障。教师应该能提前设计好教学的每一个流程，预估到学生可能发生的临场反应，遇到的问题、难点，以及如何做好对流程的把控，对内容的引导和深化。

除此之外，营造一个安全、放松、有趣的学习环境也是组织者要考虑的问题，这样更容易激发学生的学习兴趣和创造力，更容易完成知识的建构。

③教练。

在传统的大学教育中，教师是学生获取知识的最重要来源，教师扮演着权威与中心的角色，评判与监督的角色。而 PBL 将促使教师接受去中心与权威化的现实，教师更多地作为一个"促动者"而存在，从监督学习到激发学习、引领学习，让学生更加主动有效地管理自己，达成更高的学习目标。

④评价者。

PBL 要达到的标准是否达成？如何通过显性的、可观测的、可考量的指标来证明学生实现了学习目标？传统的学习以考试分数作为评价标准，这对于 PBL 来说显然是不够全面的，所以教师应该设计全方位、全过程的学习成果评价方式。

⑤学习者。

尽管 PBL 的学习历史悠久，但对于大多数教师来说，这仍然是一个相对较新的理念。如果把科技手段融入其中，这对于教师来说，需要学习的内容将会更多。除此之外，教师不仅需要精通专业知识，还需要通晓教学法以及学习技术，这对于教师的知识宽度将要求更高。PBL 不是弱化了教师的作用，而是对教师教学提出了更高的要求。教师需要提高教育理论水平，加深对学习原理的认识，对教学环节进行精心设计，认真思考与反思。所以，教师也将成为终身学习者。

（3）学生的角色。

①接受者。

在 PBL 学习中，学生仍然有基础知识的接受者这一角色，同时也是任务的接受者。以问题为导向并不意味着只有团结问题这一种学习方法，在问题之前，学生应该具备一些解决问题的基础知识，这些知识可以通过书本、网络或是线上学习的方式获得，只有在掌握基本知识后，才可能进行高阶深度的学习。

②创造者。

在传统学习中，学生大多学习前人的经验，而在 PBL 学习中，更强调思维的训练，如批判性思维和创新性思维，更强调将新知识与旧知识结合，建构出具有创新性、能适应当下的知识体系。

同时，以团队学习为主要学习组织方式的 PBL 也给创新创造了条件③学习伙伴。

PBL 的目标之一就是促进小组学习。小组一般由 4~8 人组成，在教师指导下，他们将在一起分析讨论，给学生提供机会，分享观点、验证想法，评估自己和他人对某一概念的理解等，与小组成员一起形成紧密的学习伙伴关系，符合成年人的学习方式，并能发展合作学习技能和一些知识转化技能，从而将学习成果最大化。

4.3.4　教学过程示范

（1）确定学习目标。

好的问题可以直指课程的核心。知识点越复杂，越重要，就越有必要对学习进行管理。所以，教学过程的第一步，就是确定所教授课程的核心概念和进程。

请思考，学生学习完本门课程，应该掌握什么，达到什么样的学习目标。大纲和教科书中已经明确了课程的学习目标，但需要注意的是，在教科书中，内容被分成多个章节，除了按章节确定目标之外，教师还应该从整个课程乃至整个学科的角度去确定本门课程所要达到的教学目标。除此之外，还有一个普遍存在的现象是，教科书的内容（尤其是大文科类）可能已经过时，要求教师有足够的洞察力去理解本学科的内容，并能与时俱进，动态调整学习目标。

（2）将学习目标分层。

课程所要达到的学习目标是多个层次的，PBL 主要解决高阶、深度学习的问题，但在一定程度上，先有低阶、中创学习，然后才有高阶教学，即"三阶递进"。

将学习目标分层的目的有两个：

第一，明确采用 PBL 要达到的是什么样的教学目标？

第二，明确采用 PBL 之前，学生要掌握什么样的基础知识或预备知识？学生应该具备解决问题的知识，才可能进行深度学习？

（3）设计与实施。

一个精心设计的问题能让学生脑洞大开，保障学习效果的一个方法就是精心设计，有效规划，使之与布鲁姆教育目标分类学中的高阶类别（分析）相联系。本书提供了一些与高阶学习相关的词汇，便于进行高阶项目的设计，如表4.2所示。

表4.2　高阶相关学习活动

分析	考查、调查、描述、分类、比较、推断、说明
评估	判断、决定、证明、建议、提高
创造	预计、组成、发明、设计、规划、推理、提议

设计学习内容时，上述这些动词可以帮助教师区分学习的层次。比如"请说明银行某种产品属于哪个产品类别，其细分群体是谁?"和"请你为银行设计一种产品"显然属于不同层级的学习活动。

第一阶段：准备阶段。

依据教学目标，把要进行教学或学习的内容浓缩成几个问题；

找出与实际生活相关，或与未来职业方向相关联的问题，激发学生的兴趣，去探索与主题相关的原理和概念；

设计的问题应该是劣构的，即没有一个唯一正确的答案，有讨论和共创空间。

评估学生要解决这个问题，需要哪些前置和预备知识，准备好相关章节的学习内容，提供给学生，资料可以多样化，如视频、书籍、互联网等，此部分学习活动可以在课堂外完成。教师需要检查学生对预备知识的学习情况，以保证高阶学习能够更深入地进行。

教学环境设计。教师除了进行内容设计外，还应该花费一些精力进行教学环境设计，应该创设一种支持学习、对学习不断形成挑战，利于训练学习者思维、进行有意义探索的环境。在这种环境里，教师能"诱导"或激发起学生解决问题的兴趣，并提供足够的支持，但需要注意的是，学生是整个学习活动的主体，教师更像是一个引导者或是教练。

第二阶段：实施阶段。

问题导向法教学中，学习者是学习的主人，对学习承担着一定的责任。在对学习者的互动进行设计时，一般采用小组制，可以采用激励、探究学习的方法，围绕发现问题—分析问题—解决问题这条线索而展开。

第一步：学习小组课下讨论。

教师抛出的问题即为发现问题，分析问题—解决问题的环节交由学习小组课下进行讨论，各小组内达成一致观点。

第二步：小组学习活动汇报。

每个学习小组分别汇报自己的学习活动并展示相关学习成果。

第三步：引导与质疑。

引导与质疑是非常核心的环节，学习小组汇报完后，教师需引导其他同学提问、质疑，通过答—辩的方式引发学生更深层的思维，并鼓励创新和大胆谏言。

同时，教师应注意本知识点与其他章节或其他课程知识点的交叉，注意引导的广度与深度，引导学生形成专业课程知识体系。

第四步：修正与总结。

每个学习小组按照教师或其他小组的建议，对本组的学习问题进行再思考、再检验、再建构，然后修正原来的方案或结论，形成正确的、科学的、有创新的结论。

教师应及时让各小组进行总结，总结不仅包括知识上的总结，还包括思维上、方法上的收获与启发。

（4）复盘。

在建构主义理论中，复盘被认为是学习过程中十分关键的步骤。当整个学习过程结束后时，给学生留出时间进行有意识的复盘，有助于学生发现他们可能本来没有想到的东西。复盘的问题可以是我们学到了什么？我们对学习感兴趣的点是什么？我们想在未来如何进行学习？教师可以采用思维导图、视觉传达等多种方式对复盘予以记录和保存。

同样，教师也需要对教学设计进行复盘：整个学习过程是否达到了学习的目标？成功的地方在哪里？哪些环节有待改善？复盘是为了学习活动能更好地进行迭代，让教师也在 PBL 学习中不断成长，不断学习，教学相长，与学生互相赋能。

4.3.5 案例展示

以金融学专业基础课金融学第一章货币制度为例，以问题为导向的学习方法设计与实施的全流程如下。

（1）明确教学目标。

课程目标：

第一，使学生以更开阔的视野，看清经济问题的核心；

第二，使学生以更深的视角，理解国家金融政策机制及其政策效果；

第三，使学生以更专业的手段，管理好个人和家庭的财富；

第四，使学生以更扎实的理论，为考研、出国、就业做好准备；

第五，使学生以更健康的三观，成长为兼具职业道德与理论素养的复合型金融人才。

章节目标：

理解货币制度的内容和制度演变，能运用所学知识分析、评论各国的货币制度。

（2）学习目标与学习内容分层。

如图4.1所示，将本章主要内容节点按布鲁姆教育目标分类法进行分层，"分层1"代表记忆，"分层2"代表理解，"分层3"代表应用，"分层4"代表分析，"分层5"代表"综合"，"分层6"代表评价。在确定分层后，即可针对高阶的学习目标进行问题设计，在设计时应遵循紧扣学习目标，引导学生深度学习，训练思维的目标。确定分层后，还可以对学习时间和学习方式进行设计。本示例以翻转课堂形式开展本章问题导向型学习为重点阐述。

在学习完什么是货币、货币的职能以及货币制度等基础知识后，本章学习还需要达到更高阶的学习目标，即运用所学知识分析和评论各国的货币制度。本章以目标为核心，结合实际及热点问题，在备选问题中，选取了学生相对较为熟悉的香港货币制度作为分析。

（3）PBL学习设计与实施。

在问题布置之前，经过评估，学生需要首先了解中国、美国、欧元区的货币制度的特点，所以，教师录制相关前置知识视频上传至学习平台，在进行正式讨论前，教师检查学生学习情况和视频学习的完成率，并可以进行小考试予以检测，以保证问题分析的顺利进行。

在学生完成视频学习后，教师以任务单的形式向学生下达PBL学习任务，任务单如表4.3所示例。

同时，划分学习小组，明确激励方法。

学生讨论及完成分析均在课下完成，课堂上，学生首先进行分组展示，注意每组汇报时间不要过长，否则其他组成员容易走神，以不超过15分钟为宜，如果问题较为综合，可以分解由几个组分别汇报一部分。在此过程中，教师并不是一个旁观者，教师可以适时打断、引导，把控整个课堂的流程和学习的走向。

每一组汇报完成后，可以激发学生进行质疑提问，或是讨论深化，此时，教师应关注大多数学生学习的反应，而不是仅关注汇报小组。教师可以采取自愿回答与提问等多种方式，激发学生参到课程中。

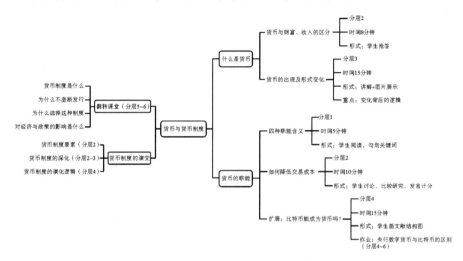

图 4.1 课程目标与内容分层设计思维导图

表 4.3 PBL 学习任务单示例

专题内容货币制度

一、学习指南
1. 达成目标 （1）理解信用货币制度，并对不同的形式做出解释与说明； （2）能用所学知识解释各国货币制度的选择； （3）提高分析解决问题的能力和培养批判性思维。
2. 重点难点内容 选择不同信用货币形式的原因和历史根源是什么，对经济有什么影响？
3. 学习方法建议 视频学习、文献学习、小组讨论。
4. 课堂学习形式 课堂上每组介绍各国货币制度并进行讨论分析。

表 4.3（续）

二、学习任务
任务清单： 　　1. 每一位同学学习视频资料，完成任务点 　　2. 每一位同学在课前完成线上讨论 　　3. 查阅资料完成小组作业，作业内容至少包含（但不局限于）以下三个方面，以 PPT 形式呈现： 　　（1）货币制度是什么？ 　　（2）发钞银行是谁？政府为什么可以不发钞？ 　　（3）汇率制度是什么？有什么特点？ 　　（4）货币制度的优缺点是什么？ 　　4. 完成章节对应的作业 　　5. 完成深度讨论内容 　　6. 政治问题的经济根源是什么
三、学生学习后存在的困惑，对翻转课堂教学的建议（学生填写）

各小组展示并充分讨论完成后，需要引导学生进行总结，建议以思维导图或者是小的书面总结的方式对内容知识点及学习过程和启发进行总结。总结内容可以与新技术结合，线上留存，学生可以随时翻阅借鉴。

PBL 的实施流程如图 4.2 所示。

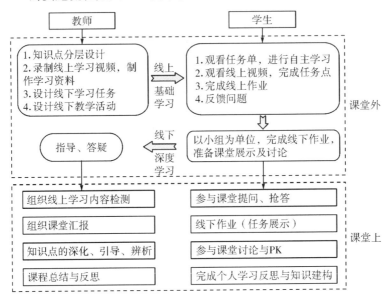

图 4.2　PBL 实施流程

4.3.6　适用范围

（1）应用对象、场景。

PBL 适用于具有一定的基础知识和认知能力的学生，当课程的目标不仅要求掌握理论知识，还要培养学生的思维能力和解决问题的能力；培养学生的自主学习能力，以及非认知能力的职业素养等；教学改革力求建立以学生为中心的学习体系，培养学生批判性思维，在这些场景之下，均可以应用 PBL 进行学习。

所以，在高等教育，尤其是大文科专业学习中，PBL 是被经常使用且效果良好的一种学习方法。

（2）优劣势。

PBL 的优势：基于认知心理学和自主学习原则，符合学习规律，提供了弥合教学和实践之间的差距的策略，有助于达成深度学习。同时，学生不仅学习到了理论，而且学习到一种学习方法和思维方式。

PBL 学习方法灵活可操作，问题的选择根据教学目标可大可小，随时可用。

PBL 的劣势：

第一，学习的效果受到学生学习过程和学生认知水平的影响，对于同一主题，不同班级的学习达成的学习效果可能不一样，这就要求教师不仅要进行目标和内容分析，还应该重视学情分析。

第二，对教师引导能力、专业能力、控场能力的要求高，因而可能出现即使主题相同，因为教师的不同而导致教学效果不同的问题。

（3）注意事项。

在实施 PBL 教学时，需要注意以下几点：

①问题的设计是成功教学的关键，问题的设计与选择一定要与教学目标相匹配，即问题的设计一定要能达成本教学单元的目标。多个问题可选时，以与目标匹配度最好的问题为最优选。

②问题一定是劣构的，即无标准答案、有多个解的问题。只有劣构的问题才能激发学生的讨论与质疑，完成思维的锻炼，从而达到深度学习。

③学习的主角是学生。PBL 是以学生为中心的学习，教师的角色是引导者、是教练。教师需要引导学生在思考与质疑中探寻出问题的答案，而不是教师直接给出答案。注意让学生对问题解决的结果和解决的过程进行总结归纳，建构知识体系。

4.3.7 效果评价/评估

（1）结果评估。

对于 PBL 教学结果的评估可以采用两个维度进行：常规化评估与非常规化评估。

常规化评估即考试评价。常规化评估需要在试卷中设置多维度的考试题目，既考核基础知识的掌握，也考核能力和素养的提升，比如可以设置主观开放型题型、非标准答案题型等。

非常规化评估的指标：考研率、竞赛获奖情况、学生科研情况、用人单位反馈等。非常规化评估用于评估 PBL 深度学习的结果。

（2）过程评估。

采用过程评估时，教师需关注到课率、专注度、主动性、问题讨论的质量等过程指标，并做到随时记录、反馈、调整。

4.4 模拟仿真法

4.4.1 摘要

模拟仿真教学法是一种创新性的教学方法，它利用现代技术手段，模拟真实世界的情景或系统，为学习者提供一个近似真实的实践环境。这种方法通过模拟实际的操作过程，使学习者能够在安全、可控的环境中，进行反复的实践和试错，从而掌握相关知识和技能。

模拟仿真教学法的核心在于其高度的真实性和互动性。通过精确的模拟，学习者能够身临其境地感受实际工作的环境和要求，从而更加深入地理解所学知识。同时，模拟系统还能根据学习者的操作实时反馈，帮助他们及时发现问题、调整策略，达到最佳的学习效果。

4.4.2 源起与发展

模拟仿真教学法的源起，可以追溯至人类对于事物认知的初步探索阶段。在古代，人们通过制作简单的物理模型来模拟自然现象或工程过程，以此来加深对事物的理解和认知。这种原始的模拟方式，虽然简单粗糙，但已经具备了模拟仿真教学法的基本特征。

随着工业革命的到来，科学技术得到了飞速的发展，模拟实验和模型教学开始在教育领域得到应用。特别是在工程、医学等领域，通过构建复杂的物理模型或进行实地实验，学生能够更加直观地了解和掌握相关知识和技能。这些实践为模拟仿真教学法的发展奠定了坚实的基础。

进入 20 世纪，随着计算机技术的兴起，模拟仿真教学法迎来了新的发展机遇。计算机强大的计算能力和灵活的编程特性，使得构建更加复杂、逼真的模拟环境成为可能。从最初的简单数学模拟到后来的三维动画模拟，再到如今的虚拟现实（VR）和增强现实（AR）技术，模拟仿真教学法的应用范围不断扩展，技术水平也不断提高。

在教育领域，模拟仿真教学法的应用越来越广泛。无论是基础学科还是应用学科，都可以通过模拟仿真教学法来创设逼真的学习环境，帮助学生更好地理解和掌握知识。特别是在一些高风险、高成本的领域，如医学、航空航天等，模拟仿真教学法更是发挥了不可替代的作用。

此外，模拟仿真教学法还促进了教育模式的创新。传统的教育模式往往注重知识的传授和记忆，而模拟仿真教学法则更加注重对学生的实践能力和创新能力的培养。通过模拟真实情景，学生可以更加深入地了解事物的本质和规律，同时也能够锻炼自解决问题和应对挑战的能力。

4.4.3 教学特点

模拟仿真教学法的教学特点主要体现在以下几个方面。

（1）高度仿真性。

模拟仿真教学法通过构建高度仿真的教学环境和情景，使学生能够身临其境地体验实际工作场景。这种教学方法利用现代技术手段，如虚拟现实、增强现实、模拟软件等，模拟出真实的操作环境、设备、流程等，让学生在模拟环境中进行实践操作，从而更好地理解和掌握所学知识。这种高度仿真性不仅有助于激发学生的学习兴趣和积极性，还能有效提高学生的学习效果和实际应用能力。

（2）实践性强。

模拟仿真教学法注重学生的实践操作能力培养。通过模拟仿真教学，学生可以亲自动手进行操作、调试、维护等实践活动，从而深入了解工作流程和操作规范。这种实践性的教学方式有助于学生将理论知识与实际操作相结合，形成完整的知识体系，并培养学生的实际操作技能和解决问题的能力。

（3）灵活性高。

模拟仿真教学法具有较高的灵活性。教师可以根据不同的教学目标和内容，设计不同的模拟仿真场景和任务，以满足学生的不同学习需求。同时，模拟仿真教学还可以根据学生的实际情况和学习进度进行调整和优化，以达到最佳的教学效果。此外，模拟仿真教学还可以与其他教学方法相结合，形成多样化的教学模式，进一步提高教学质量和教学效果。

（4）安全性高。

模拟仿真教学法在保障学生安全方面具有显著优势。在一些高风险、高成本的实践操作中，如化学实验、机械操作实验等，模拟仿真教学可以替代真实的实践操作，避免可能发生的安全事故和财产损失。通过模拟仿真教学，学生可以在安全的环境中进行实践操作，有效地降低学习风险，保障学生的身心健康。

（5）创新性突出。

模拟仿真教学法有助于培养学生的创新意识和创新能力。在模拟仿真环境中，学生可以自由探索，尝试新的操作方法和解决方案，从而培养创新思维和解决问题的能力。同时，模拟仿真教学还可以激发学生的想象力和创造力，鼓励他们勇于尝试、敢于创新，为未来的职业发展打下坚实的基础。

（6）反馈及时。

模拟仿真教学法能够提供及时的反馈机制。在模拟环境中，学生的操作过程和结果可以实时显示和记录，教师可以根据这些数据进行有针对性的指导和评价。这种及时的反馈机制有助于学生及时纠正错误、调整策略，提高学习效果。同时，通过对比和分析不同学生的操作数据和结果，教师还可以深入了解学生的学习特点和需求，为个性化教学提供依据。

（7）资源共享与协作便捷。

模拟仿真教学法具有资源共享和协作便捷的特点。通过构建模拟仿真平台，可以实现教学资源的共享和复用，降低教学成本。同时，模拟仿真环境还支持多人在线协作和互动，方便学生进行小组讨论、团队合作等学习活动。这种协作式的学习方式有助于培养学生的团队合作精神和沟通能力，提高他们的综合素质。

（8）教学评估客观准确。

模拟仿真教学法为教学评估提供了客观准确的依据。通过记录和分析学生在模拟环境中的操作数据和结果，教师可以对学生的学习效果进行量化评估，为教学改进提供有力支持。此外，模拟仿真教学还可以设置不同的难度等级和评价标准，以适应不同学生的需求和能力水平，实现因材施教。

综上所述，模拟仿真教学法的教学特点主要体现在仿真性强、实践性强、灵活性高、安全性高、创新性突出、反馈及时、资源共享与协作便捷以及教学评估客观准确等方面。这些特点使得模拟仿真教学法在现代教育中具有广泛的应用前景和重要的实践价值。通过运用模拟仿真教学法，教师可以为学生创造一个更加真实、生动、有趣的学习环境，激发他们的学习兴趣和积极性，提高他们的学习效果和实际应用能力。同时，模拟仿真教学法还有助于培养学生的创新意识、实践能力、团队合作精神和综合素质，为他们的未来发展奠定坚实的基础。

4.4.4　教学过程示范

模拟仿真教学就是要为学生提供一个全面、综合、体验式的教学体系、教学平台和学习实践环境。它包括仿真平台和内容实施体系两大部分：

（1）仿真平台。

在工作仿真平台的构建中，最重要的是根据不同的行业背景设置不同的工作仿真平台，不同行业的业务流程不同。为便于教学组织和实施可选择1~2个典型的行业展开研究。

①建立仿真环境。

提供接近真实的工作操作环境，环境的设计必须使参加者有一个仿佛置身于实际工作单位和工作环境中的感觉，让学生在模拟工作程序过程中深刻体验职业本身的内涵和精髓，提高学生综合分析和解决多因素复杂问题的能力，从而为学生整合专业知识和技能，打通理论与实践之间的隔阂，激发学生自主创新的思想和意识，提高学生的实践能力。

②岗位和角色设定。

由参加者模拟工作单位不同部门、不同工作岗位，独立完成业务处理，每个岗位都具有相应的责、权、利，让每一个学生都找到相应的"职业角色"的感觉。通过这种体验式的情景教学活动激励学生积极主动地参与而不是消极被动地接受专业理论、方法和工具，让学生有机会"亲身"

综合运用所学各学科的专业知识和技能解决问题，制定自己的目标并设法找到实现目标的途径。

③业务流程设计。

业务流程是工作单位运作的核心和关键，在仿真环境中，通过业务流程，将工作单位内外的各个业务部门、各个职能岗位有机地连接在一起，将专业理论与工作流程运作实践有机结合，使每个参加者体会到自己在工作流程中所处的职能岗位位置并主动去规划自己的工作实践过程和实践步骤，独立完成相应的业务处理等相关体验性实验。最大限度地对现实工作程序、环节及其环境、条件进行模拟仿真是构建工作环境仿真平台的目标之一。

（2）内容体系。

基于模拟仿真的教学除了仿真平台外，其核心还有内容体系如何组织、如何实施。该内容体系可以划分为四个层面，如图4.3所示。

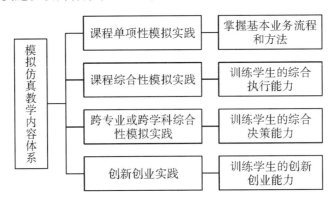

图4.3　模拟仿真教学内容体系

4.4.5　案例展示

本案例以市场营销专业为例，旨在通过模拟仿真教学法帮助学生掌握市场调研、产品定位、营销策略制定等核心技能。市场营销专业注重培养学生的实践能力和创新思维，而模拟仿真教学法正是实现这一目标的有效手段。

（1）确定教学目标与教学任务。

在教学开始前，教师明确了本次模拟仿真教学的目标：让学生掌握市场调研的基本方法，能够根据调研结果制定产品定位和营销策略，并提高学生的团队协作和沟通能力。同时，教师还为学生设定了具体的任务：分组进行市场调研，根据调研结果制定一份完整的营销方案。

（2）选择合适的模拟软件与工具。

为了更好地实现模拟仿真教学，教师选择了一款专业的市场调研模拟软件。这款软件能够模拟真实的市场环境，提供丰富的市场调研数据和工具，帮助学生进行市场调研和数据分析。

（3）设计模拟场景与情景。

教师根据教学目标和任务，设计了一个模拟的市场环境。在这个环境中，学生将扮演市场调研员的角色，通过收集和分析市场信息，了解消费者需求、竞争对手情况等关键信息。同时，教师还设定了一些具体的情景，如市场需求变化、竞争对手策略调整等，以检验学生在不同情景中的应对能力。

（4）学生分组进行模拟操作。

学生被分为若干小组，每个小组都有一名组长负责协调和组织工作。在模拟操作开始前，教师对学生进行了必要的培训和指导，确保他们能够熟练使用模拟软件和工具。然后，学生开始进行市场调研，收集数据、分析信息，并根据调研结果制定产品定位和营销策略。在这个过程中，学生需要充分发挥团队协作和沟通能力，共同完成任务。

（5）教师巡回指导与总结反馈。

在模拟操作过程中，教师不断巡回指导，关注学生的操作情况，及时解答学生的疑问，并提供必要的建议和指导。同时，教师还记录了学生在操作过程中的表现和存在的问题，以便在总结反馈时进行分析和点评。模拟操作结束后，教师组织学生进行总结反馈。首先，每个小组展示自己的营销方案，并阐述其制定过程和思路。其次，教师对每个小组的方案进行点评和分析，指出其中的优点和不足，并提出改进建议。最后，教师还对整个模拟仿真教学过程进行总结，分析其中的成功经验和存在的问题，以便在未来的教学中进行改进和优化。

（6）案例效果分析。

首先，学生对市场调研的基本方法和流程有了更深入的了解和掌握。通过实际操作模拟软件，学生学会了如何收集和分析市场信息，如何了解消费者需求和竞争对手情况，从而为其后续的营销策略制定提供了有力的支持。

其次，学生的团队协作和沟通能力得到了提升。在模拟操作过程中，学生需要相互协作、共同完成任务，这不仅锻炼了学生的团队协作能力，还提高了他们的沟通能力和解决问题的能力。

最后，学生的实践能力和创新思维得到了培养。通过模拟真实的市场环境和情景，学生能够在实践中发现问题、解决问题，并尝试创新性的营销策略和方案。这种实践性的学习方式有助于培养学生的实践能力和创新思维，为其未来的职业发展打下坚实的基础。

4.4.6 适用范围

（1）模拟仿真教学法在职业教育领域具有广泛的应用价值。职业教育注重实践技能的培养，而模拟仿真教学法能够提供一个安全、可控的实践环境，让学生在模拟的情景中进行技能训练。例如，在汽车维修、机械加工等技能型专业中，学生可以通过模拟仿真软件或设备，进行故障排查、维修操作等实践训练，从而掌握相关的技能知识。此外，模拟仿真教学法还能够模拟复杂的职业环境，帮助学生熟悉未来职业岗位的氛围和要求，激发他们的学习兴趣和积极性。

（2）模拟仿真教学法也适用于一些高风险或高成本的专业领域。在医学、航空航天等高风险领域，学生在实际操作中一旦出现失误，可能会造成严重的后果。而模拟仿真教学法可以提供一个安全的模拟环境，让学生在其中进行实践操作，降低实际操作的风险。同时，对于一些高成本的专业领域，如核能工程、深海探测等，学生难以获得实际操作的机会。而模拟仿真教学法可以通过模拟技术，让学生在模拟环境中进行实践操作，从而弥补实际操作的不足。

（3）模拟仿真教学法还适用于一些需要团队协作和沟通能力的专业领域。在企业管理、市场营销等领域，团队协作和沟通能力是非常重要的。通过模拟仿真教学法，可以模拟出一个真实的团队协作环境，让学生在其中进行角色扮演、任务分配、沟通协调等操作，从而培养他们的团队协作和沟通能力。

（4）模拟仿真教学法在文科类专业中同样具有广泛的应用空间。尽管文科类专业更多地涉及理论知识的学习，但模拟仿真教学法可以通过模拟历史事件、社会现象等方式，帮助学生更好地理解和掌握知识。例如，在历史教学中，教师可以利用模拟仿真软件，让学生扮演历史人物，参与历史事件的模拟，从而更加深入地理解历史背景和人物关系。在法学教学中，模拟法庭辩论等活动可以让学生亲身体验法律实践，加深对法律条文和案例的理解。

（5）模拟仿真教学法也适用于跨学科的综合性教学。在现代教育中，跨学科的综合素养越来越受到重视。模拟仿真教学法可以通过模拟复杂的现实情景，让学生在其中运用多学科的知识和技能解决问题。这种综合性的教学方式有助于培养学生的综合素质和创新能力。

值得注意的是，模拟仿真教学法虽然具有诸多优点，但并非适用于所有教学内容和场景。在选择是否使用模拟仿真教学法时，教师需要充分考虑教学内容的特点、学生的实际情况以及教学资源的可用性等因素。同时，教师还需要不断学习和掌握新的模拟仿真技术和工具，以适应不断变化的教育需求和技术发展。同时，教师也需要根据具体情况灵活选择和应用模拟仿真教学法，以最大程度地发挥其教育价值。

4.4.7 效果评价/评估

（1）评估目标与标准设定。

在进行模拟仿真教学法效果评估之前，首先需要明确评估的目标和设定相应的标准。评估目标应涵盖学生知识掌握、技能提升、学习态度转变等方面，以全面反映模拟仿真教学法的实际效果。同时，设定具体的评估标准，如学生参与度、任务完成质量、问题解决能力等，以便对教学效果进行量化分析。

（2）教学过程评估。

①学生参与度与兴趣激发。

模拟仿真教学法的核心在于通过模拟真实场景激发学生的学习兴趣和参与度。因此，评估过程中需要观察学生在课堂上的表现，包括他们的参与度、积极性以及对于模拟场景的反应。此外，可以通过问卷调查或访谈的方式，了解学生对于模拟仿真教学法的接受程度和满意度，从而判断该教学法在激发学生兴趣方面的效果。

②教师角色与指导效果。

在模拟仿真教学法中，教师的角色从传统的知识传授者转变为指导者和促进者。因此，评估过程中需要关注教师在模拟仿真教学中的表现，包括他们的指导方式、指导频率以及指导效果。通过观察教师的指导过程，可以判断其是否能够有效引导学生完成模拟任务，是否能够在关键时刻给予学生适当的帮助和支持。

（3）学习成果评估。

①知识掌握与技能提升。

模拟仿真教学法的目的是帮助学生通过模拟实践掌握相关知识和技能。因此，评估学习成果时需要重点考查学生在知识和技能方面的提升情况。可以通过测试、作业或项目报告等方式，检验学生对模拟仿真教学内容的理解程度和掌握情况。同时，观察学生在模拟场景中的实际操作表现，评估其技能水平和实践能力的提升情况。

②问题解决能力与创新能力。

模拟仿真教学法强调学生在模拟环境中自主解决问题和创新思考。因此，评估学生的学习成果时，还需要关注他们在问题解决能力和创新能力方面的表现。可以通过分析学生在模拟任务中的解决方案和创新点，评估其问题解决能力和创新思维的水平。同时，鼓励学生分享他们的经验和想法，以便更好地了解他们的学习过程和思维过程。

（4）教学效果综合评估。

①对比分析与效果检验。

为了更客观地评估模拟仿真教学法的效果，可以进行对比分析。通过与传统教学方法进行比较，分析学生在知识掌握、技能提升、问题解决能力等方面的差异。同时，可以设计实验或准实验，对模拟仿真教学法的效果进行检验，以确保评估结果的准确性和可靠性。

②反馈收集与持续改进。

评估过程中需要积极收集学生和教师的反馈意见，以便了解模拟仿真教学法在实际应用中的优点和不足。通过对学生和教师的反馈进行分析，可以发现模拟仿真教学法存在的问题和改进空间，为今后的教学改进提供有益的参考。同时，根据评估结果及时调整和优化模拟仿真教学法的教学内容和教学策略，以实现更好的教学效果。

4.5　以赛促学法

4.5.1　摘要

以赛促学法是一种应用型人才培养的有效教学方法，是指以比赛的形式或者依托学科竞赛而开展的系列技能教学活动。以赛促学法结合学科的特点，将竞赛纳入培养计划，竞赛与教学相结合、课堂教学与岗位能力对接，理论、实践、比赛"三位一体"，具有应用性、综合性、联动性、广泛性等特点。通过引入竞赛竞争意识，可以增强学生的学习兴趣和教学内容的针对性。以赛促学法强调知识的运用、问题的思考与解决，有助于学生高阶思维和高阶能力的培养，在提高学生认知能力的基础上，进一步提高了学生协作、管理、表达等非认知能力。

4.5.2　源起与发展

（1）以赛促学法的起源。

随着应用型人才培养概念的提出，国内各大高校越来越重视对学生的动手和创新能力的培养。成都锦城学院早在十多年前就提出要把自身办成一所培养经世致用人才的应用型大学。成都锦城学院在这十几年的教学道路上总结了许多有用的教学方法，而以赛促学法就是其中一项能够实现应用型人才培养的有效教学手段。

以赛促学法指的是教师们在课程或者专业培养过程中引入了学科相关的竞赛，激发学生理论联系实际和独立工作的能力，通过实践来发现问题、解决问题，增强学生学习和工作自信心的系列活动。以赛促学法具有探索性、创造性和科学性，既无任何捷径可走，又需要付出艰苦的劳动。因此，除了巩固专业知识外，以赛促学法还有助于培养大学生严谨求实的学习态度和勇于探索、积极进取的科学精神。学科竞赛在促进学科建设和课程改革，引导高校在教学改革中注重学生创新能力、协作精神、理论联系实际、动手能力和工程训练的培养，在倡导素质教育，提高学生的创新能力和对实际问题进行设计制作的能力等诸多方面有着日益重要的推动作用。

（2）以赛促学法的应用。

现在有越来越多的高校参加到了学科竞赛当中，而且变得越来越重视。目前，全国有数百项教育部及各教育厅牵头或者认可的学科竞赛，参加的高校几乎涵盖了国内所有的高等教育机构。

（3）以赛促学法的作用。

以赛促学法在教学过程中的作用具体体现在以下几个方面。

①有助于激发学生的兴趣。

兴趣是学习最好的老师，如果能激发出学生的学习兴趣，那么课程就成功了一半。以赛促学法就是依托比赛的机制，将竞争引入课堂学习之中，而竞赛当中的一些具体的项目又能够让学生沉浸其中，这将会非常有效地激发起学生学习的兴趣，让被动学习变成学生主动去完成任务，而如果最终在比赛中获得好的成绩，也会大大增加学生对本专业知识的学习兴趣。

②有助于大学生创新能力的培养。

高校是培养创新型人才的摇篮，是向社会输送人才的源泉，而以赛促学是符合大学生创新能力的组成要素要求的，它将创新观念落实到学生的学习和生活中。一方面发挥培训和育人成才功能，培养和提高学生的创新能力，另一方面为学生提供成才的良好机会，使学生增强自主学习、自我提高和勇于创新的能力。

但更重要的是要将能力培养贯穿于学生的学习和生活中，让他们树立创新理想，通过各种学科竞赛将他们培养成创新人才。在竞赛活动中积极钻研科学理论，自主汲取知识营养，有利于他们逐步完善和提高个人综合素质。

③有助于大学生实践能力的培养。

利用以赛促学法教学，学生把理论知识通过竞赛的方式进行分析，对专业领域中的实际问题进行深入解决，再加上老师有针对性地指导、管理和强化，动手能力和实践能力在教学活动中就会逐渐得到加强，学生的综合能力得到了提高。主要表现在两个方面：一是竞赛活动的准备阶段，学生要进行大量的理论依据和科学的数据查阅，这个过程中学生所接触到的是已有知识的巩固和新知识的学习，他们在实践中积累了知识，锻炼了实践能力；二是竞赛阶段，这一过程中学生的综合素质得到了历练，实践能力及解决问题的实际能力得到了提高。

④有利于团队精神的培养。

以赛促学法的教学活动，一般会分小组进行，在教学过程实施当中还需要分工、需要协调，最后需要展示及问辩等，在这些过程当中，就培养了学生的协作等对他们未来十分重要的非认知能力。比如学生在实践中体验团结协作的重要性，感受竞争与合作、个人和集体的关系，从而培养学生的团队合作精神。比如在竞赛最终作品展示或者问辩的时候，顺便锻炼和培养了学生的应变及表达等能力。

⑤有助于大学生解决实际问题能力的提高。

大学生解决实际问题的能力已成为衡量大学生质量的重要标志之一，并将成为高等学校培养目标的一个根本要求。而以赛促学法的教学过程其实就是一个提出问题，解决问题，发现新问题，再解决问题的一个过程，只要学生按照教师设计的教学过程进行，投入相应的竞赛当中，就一定能够提高其发现问题解决问题的能力。

4.5.3 教学特点

以赛促学法在整个实施的过程中要结合一个具体的比赛项目，因此它具有自己的一些特点。

（1）应用性。

学生在参加比赛的过程中必须灵活运用所学的知识去完成比赛的内容，因此，以赛促学法强调应用性，也就是说在教学实施过程中，如果运用该方法的话，应该注重技能和实践能力的培养，强调以发现问题、解决问题的方法进行课程教学和实践教育，注重培养学生的应变能力和知识运用能力。当然，学生在比赛过程中对知识的消化运用、知识创新在后续的课程教育和实践教育，特别是应用型人才培养方面具有非常显著的指导意义。

（2）综合性。

①知识的综合。

一个学科竞赛往往涵盖了几门课程甚至几个相关学科或者专业的知识，如果想在竞赛过程中获得较好的成绩，学生必须把所学的知识综合加以运用，并且将一些其他欠缺的知识通过自学等方式将涉及的知识也充实起来。因此，在课程和学科教学过程中，运用以赛促学法就是一个知识综合的过程。

②认知能力和非认知能力的共同提高。

以赛促学法可以把成都锦城学院"四大课堂"(课堂教学、实验室教学、生产基地教学和课外活动教学)有效地结合在一起,让同学们在学习过程中加强认知能力的培养,通过竞赛的实施过程,还可以锻炼学生的应变能力、交际能力、管理能力以及协调合作等非认知能力,真正实现认知能力和非认知能力的共同提高,实现人才立体化的培养。

(3)联动性。

以赛促学将课堂教学与学科竞赛相结合,从而促进教学、实践、自学的联动,通过竞赛的多样性、复杂性使我们的教学显得更加生动有趣,并且通过竞赛过程中无形的竞争意识,可以有效地促进学生自学,真正实现以赛促学。

(4)广泛性。

以赛促学法有极强的广泛适用性。近几年,国家为了提高高等教育的质量,开设了非常多的高质量学科竞赛,因此,成都锦城学院各专业的大部分课程都能找到或者根据正规竞赛设立与其相对应的竞赛来促进教学的进行。针对不同的年级,可以选择或者设定不同难度的竞赛来促进教学,因此,以赛促学法在各年级都能适用。

4.5.4 教学过程示范

(1)教学过程。

①合理选择或者制定比赛。

根据课程的特点选择已有的竞赛或者根据已有的竞赛做一个校内选拔赛,如果没有合适的比赛就可以根据课程内容制定一个学科比赛。

在选择和制定过程中,课程教师必须根据行业岗位的技能需求,结合专业技能和学科竞赛项目,合理设置课程环节,使得大部分的课程内容和比赛训练相匹配。

选择或者制定比赛的原则有以下几点:

尽量选择具有较高社会和行业认可度的比赛,比赛结果能够充分表现学生的专业综合能力和素质。

竞赛的内容尽可能与专业的主要理论和课程的知识契合度比较高。

不同的年级应该尽可能选用不一样级别的比赛,或者适当降低比赛难度,实现分类、分级培养。

选择或制定比赛应该尽量注意将整个专业的课程体系、教学内容与教学方法等改革结合起来。

选择或者制定的竞赛应该与行业、企业、岗位的发展实际对接，并能较真实地反映各项教学改革的成效，促进学生技能和素质的提高。

比赛内容应该在课程一开始就给学生发布，以便调动学生的积极性，并且给予其充分的时间来准备。

比赛评定的时间，尽可能放在课程的中后部，在整个教学课程基本完成后，用比赛的结果来验证课程的效果。

比赛尽可能做到公平、公正。

②严格过程管理。

在以赛促学法的实施过程中，要做好过程策划、过程实施、过程检测和过程改进。授课教师或者指导教师必须跟踪记录各个小组比赛的全过程，记录在比赛准备过程中各组大致的进度、遇到的问题、解决的方案等，在这个过程中可以设置一个专门的表格，方便查看和记录。

这个过程对后续考核及在以后的课程过程中的改进有极大的帮助。

③竞赛结果的评定。

以赛促学法与其他方法的不同之处是在最后的时刻，需要通过对学生的作品等进行评比，分出胜负。而竞赛结果的评定方法，可以根据课程性质以及竞赛的成果分为以下几种。

第一，展示与答辩。

这是比较常规的评定方式，即让同学们制作 PPT，对其设计或者完成的竞赛作品做一个汇报。该方式的好处在于给同学尽量多的展示空间，并且设定问答环节，进一步锻炼了学生的表达能力和应变能力，也为后续的毕业设计答辩等打下基础。运用这种评定方式的话，必须严格控制每组的时间，否则教学进程会受到影响。

第二，作品现场评比。

这种结果评定的方法比较适合一些展示性的竞赛，比如一些平面的设计、制图大赛等。具体采取的方式是可以临时在课堂上布置一个展室，将所有的作品都以不记名的方式进行展出，然后本班同学及邀请的嘉宾老师和同学进行投票评分，最后得到竞赛结果。

第三，作品对抗。

该结果评定的方法适用于一些任务比较明确的竞赛，比如巡线小车、任务程序设计（比如五子棋博弈比赛）等，都可以运用这种对抗的方式进行评比。该评定方法的特点是有非常强的观赏性，比赛结果非常直观，学生的积极性也会被极高地调动，但需要教师和学生在整个以赛促学的过程当中付出更多的时间和精力，才能在最后产品对抗的时候达到预期精彩的效果。

④评价与奖励。

在以赛促学法的最后，教师应该对整个竞赛过程做一个总结评价，肯定同学们的付出和做出的成绩，同时也指出他们在这个过程当中的一些不足之处，希望在以后学习的过程中加以改进。同时，教师可以邀请学生自己总结，这个总结可以是在现场进行，也可以通过一课一文的方式呈现。

对于在竞赛过程中表现优异的同学，可以采取一定的奖励措施，比如：增加平时成绩；准备一些适当的文具等作为奖品；推荐参加更高一级的竞赛。

（2）教学设计原则。

①根据每个专业的核心岗位能力，配套设计或选择专业比赛，比赛设置要有计划、有步骤、有针对性。

②建立专门的指导教师队伍，专业课程比赛由专门的任课教师负责，综合性的比赛由相关专业教师组成指导教师团队负责。

③充分与行业协会和实战专家建立合作关系，由其提供实践指导、讲座交流、比赛评议等多方面的支持，并使比赛结果获得行业认同及社会认同，提升学生的核心竞争力。

④围绕参加的比赛调整相关专业理论教学和技能教学内容，同时在教学活动中形成系统的培训指导、管理实施、答辩评选的制度与流程。

⑤注意"四个课堂"之间的融合性，强调理论联系实际的具体性、学习过程的趣味性、技能考核的多样性，发挥专业教育特色的可持续性。

4.5.5 案例/资源库展示

（1）校外案例展示。

很多高校其实都在开展以赛促学的教学活动，只是没有很系统地把整个过程与课程知识相结合，而三亚学院在系列计算机专业课程中做了不少尝试。

①调研选择比赛。

竞赛带队老师要深入解析大赛的题目，系统地分析完成比赛任务需要用到的计算机专业知识，并进行记录。回到学校之后，竞赛带队老师要和本专业的老师进行研讨，将前沿的计算机专业课程的教学活动融入原有的教学计划，并根据学校现有的师资力量，拟订新的教学计划，上报至校领导处，待审核通过后再落实。具有前沿性的教学计划可以普及学生对计算机专业课程的认知，进而确保整个教学工作不会和社会脱节。不仅如此，全国每年都会举办大量的计算机比赛，高校要把握机会，积极参与比赛，这样才能积累更多的经验，最终才能制订出更加符合学生发展需求的教学计划。老师在具体研究比赛题目的时候，要发现各比赛题目的关联性，并将各个比赛题目中的共同点进行归纳总结。

②以赛促学的教学实施。

老师结合经典的比赛题目对学生开展教学工作。这样做可以使理论教学工作显得不是特别突兀，通过案例分析可以留给学生一个思维缓冲的时间，不仅如此，由于计算机专业课程的理论知识一般都具有较强的逻辑性，学生理解起来存在一定的难度，所以借助案例可以让学生对相应的理论知识有一个清楚的认识，进而提升整个课堂教学的效果。老师在开展教学工作的时候可以不局限于课本或者教学大纲，要遵循"以赛促学、以赛促教"的教学原则，把比赛中总结的知识点作为讲解的重点，确保学生能够知道计算机专业课程如何应用，而不是如何取得一个优异的成绩。在教学工作开展的过程中，教师要注意把控课堂教学的节奏，并时刻关注班级学生，要及时和学生展开互动。要让全体学生参与到计算机比赛之中显然不切实际，所以大部分学生还是无法接受实践的磨炼，针对此类情况，教师可以挑选一些经典的比赛项目，进行一定的微调，以学期作业的形式要求每一位同学利用假期的时间去完成，并在下一学期开始的时候对每一位学生的作品进行评定。老师在设定学期作业的时候，要在近三年的计算机比赛中挑选比赛项目，确保技术和社会需求相适应。而在对微调项目进行要求的时候，也要根据学生的水平，尽可能地将项目要求控制在学生可以接受的范围。

（2）校内案例展示。

成都锦城学院很多教师都在使用以赛促学法来进行教学，现选取智能制造学院蒋冬清教师在机电系统设计课程中使用以赛促学法进行教学的情况展示。

①比赛方案的选择和制定。

在四川省机器人大赛的比赛中，机器人循迹项目已经持续了 5 年，难度适中，场地要求不大，且与机电系统设计的课程内容的契合度极高，可以贯穿整个课程进行，对学生了解和掌握该课程内容，提高其高阶思维和高阶能力有很多大帮助，因此，本书选用了这个比赛来促进该课程的学习。具体比赛方案如下。

具体任务：完成一个巡线小车的设计和制作，最终完成给定线路（线路宽度为 15mm），时间快的组获胜（跑道较省赛有一定的简化，如图 4.4 所示）。

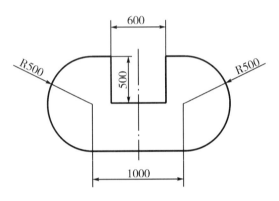

图 4.4　巡线小车比赛简化跑道

分组要求：每组不超过 4 人，选定组长一名，每位同学有具体分工。

时间安排：具体时间安排如表 4.4 所示。

表 4.4　时间安排

时间	具体任务
1~2 周	了解任务，确定分组
3~5 周	小组分工、方案设计、购买材料
6~11 周	巡线小车制作、调试
12~14 周	分组展示、竞赛
15 周	评价与总结

②过程管理。

详细记录分组及各小组的分工情况，按照时间节点，每一两周对每组的设计、制作、调试做全面检查或者抽查，并且详细记录各个小组的进度情况和遇到的问题，及时给出意见和解决方案，适当地给予鼓励和肯定。

③竞赛与汇报展示。

按照大家的制作进度和自愿选择时间段，分小组上台展示和竞赛，展示时所有组员上台对所制作的小车进行检查。

现场完成小车巡线比赛，以时间的多少及根据要求调整的适应性来评判优劣。

制作 PPT 介绍巡线小车结构组成（对应课程内容进行介绍）和程序的特点（包括优缺点），时间不少于 7 分钟，答辩时间 3~5 分钟。

④评价。

在每个小组比赛完成后会对其表现进行点评，所有小组都完成后会对这次以赛促学的教学活动做一个总结，给同学们鼓励同时也提出不足之处，为以后的毕业设计或者课程设计做更充足的准备。

同学的总结通过一课一文来体现，要求每个组完成一份巡线小车的设计说明书，页数不少于 10 页（包含源程序），必须包括心得体会。

对于表现优秀的同学进行平时成绩的加分，并且会被邀请参加四川省大学生机器人大赛，真正做到"教赛相长"。

4.5.6 适用范围

各专业都可以选择或者设置符合自己培养计划的竞赛项目来开展以赛促学法教学。当然，针对不同年级应该提出不一样的竞赛方案，做到分级分类培养。

在实施以赛促学法教学的过程中，应该注意以下几点：

（1）选择或者制定的比赛应该难度适宜，适合大部分层次的学生。

（2）针对一门课程开展的以赛促学法教学，制定或选择的竞赛方案一定要与课程知识点的契合度比较高，才能够更好地发挥该教学法的效力。

（3）多门课程联合运用以赛促学法进行教学的，教师分工及衔接必须到位，应尽量避免各自为政，导致比赛环节的脱节。教师团队人数较多的，应尽量定期开会研讨，交流进度情况。

（4）比赛方案的制定一定要尽可详尽，任务明确。

（5）时间规划应尽量详尽，各个重要节点一定要设置清楚并且反复向学生强调。

（6）以赛促学法最终一定要有结果的评比，避免布置了任务就听之任之，否则最后的效果肯定会不好。

（7）一个课程最好集中在某一个竞赛，不适合开展多个，否则会分散学生的精力。

4.5.7　效果评价/评估

如何评判课程当中的以赛促学法是否达到预期的效果，可以从以下教师和学生两个方面来考核或者评估。

（1）从教师的角度。

①以赛促学教学法中竞赛题目的选择和设置与课程核心知识点的相关程度。

②教师的前期调研是否充足，比赛方案设计是否完整。

③是否能够调动学生的学习兴趣。

④教师的过程管理是否规范，记录是否详尽。

⑤竞赛结果评比方案是否明确，过程是否公平公正。

（2）从学生的角度。

①学生参与竞赛的积极性是否比较高；

②学生在竞赛实施过程中是否能够锻炼高阶的思维和能力，即能够不断地发现问题并解决问题。

③学生的自学能力是否得到了提高，可以调查学生在完成该竞赛项目自学的书籍与慕课等情况。

④学生最后完成的竞赛作品的质量是否比较高。

⑤通过学生的心得体会来感受该教学法对其的影响。

4.6　头脑风暴法

4.6.1　摘要

在人本主义心理学家马斯洛看来，人具有一种与生俱来的潜能，即发挥人的潜能，超越自我，这是人的最基本要求，而环境具有促使其潜能得以实现的作用，但并非所有的环境都有利于潜能的实现。创造之父奥斯本为了考察从心理上激励集体的创新思维，在此基础之上提出一种新的技法，即头脑风暴法（brain storming，BS），指与会者就某一个问题或者主题互相启发，进行无限制的自由联想和讨论，创造性地解决问题。

在教学中，教师提出问题，鼓励学生寻找更可能多的答案或者设想，而不必考察答案是否正确，教师也不作评论，这种集体创造性思维为学习者塑造了一个更为安全、自由的学习环境，提供了一种更加自由的学习方式，同时也构建了一个学习共同体。

4.6.2 源起与发展

基于在心理上激励集体的创新思维，20 世纪 40 年代，被誉为创造工程之父的奥斯本提出了一种新的技法，就是头脑风暴法。这种技法的核心思想是运用无限制的自由联想和充分讨论，进而产生新观念或激发新设想，并把产生想法和评价这种想法区别开来，后来这种方法在美国本土得到推广，经过演变和发展，成为如今创意方法中最重要的方法之一。

头脑风暴法也称为奥斯本智力激励法、默写式智力激励法、卡片式智力激励法，早期，它仅用于广告的创意设计，后来被广泛用于教学当中。

随着全国高校改革的不断深入，对学生创新性思维的训练得到各级各类教育部门的空前重视，这是时代赋予教师的职责。创新思维是指运用开放性、创新性的思维方式应对问题，组织相关知识与能力，注重独立性、批判性和发散性的思考，综合运用直觉的、顿悟的、灵感的、逻辑的方法，提出新视角、新方法、新观点、新设想。每个人都有创造的潜能，关键是通过什么方法将我们的潜能尽可能地激发出来，因此，将头脑风暴法应用于教学领域，对推动教学改革至关重要。

4.6.3 教学特点

作为当今最负盛名且最实用的一种集体式创造性解决问题的方法，头脑风暴教学法的核心是激发人的创造性和想象力，诱发一些新奇的思想或解题方法，这种活动要求通过许多人脑对一种思想或问题进行振荡，学生和教师就有很多的机会来提出他们的想法，同时，头脑风暴法还提高了民主团体中调查和学习的开放性。

在实际运用中，要遵循一定的原则和特点。在进行头脑风暴时，需要遵循一些基本规则，一定要把这些规则写在黑板上并在背景中显示出来，尽量使每个学生都参与活动。

（1）延迟评判原则。

在"头脑风暴"期间，所有人不应该进行评价，我们限制在畅想和讨论问题阶段过早地进行批评或评判，规定此原则的目的是克服"评判"对创造性思维的抑制作用，使头脑风暴者在畅想和发言的过程中充分感受到心理自由和心理安全，保证良好的激励气氛不被破坏。这里的所有人包括教师、主持者、发言人。

就发言人而言，推理会使个人变得更关注于为自己的思想进行辩护，而不是产生一些更多的想法；作为教师，应该以监察员的方式，通过推迟对这些想法的判断，从团体中得到更多的答案。

（2）自由交流原则。

想法越多越新奇，能得到的答案就会越好。通常人们易于接受一种未开化的思想而不想赞同一种温顺的建议，人们不仅需要一些切合实际的思想，也需要一些不切实际的想法。因为它们都能从其他参与者中受到一些启发，而从传统的讨论中未必会受到这些启发。

（3）多多益善原则。

想法的数量是有一定要求的。由于从许多建议中选择一个完美的解答办法的可能性较大，因此提供的建议越多，提供的选项就会更好。编辑一个长的建议单比建立一个建议单要容易。尽管在头脑风暴法期间，有许多想法的贡献甚微，但人们总能从中得到所需的比较好的思想或想法。

（4）综合完善原则。

需要寻求想法的联系和配合。要鼓励团体参与者去依靠他人的建议，去修改、编写及使用这些建议以及提高解决问题的能力。人们总是依靠以前所修改的建议及创新的程度而取得进步，相信"综合就是创造"中。奥斯本指出，"最有意思的组合大概就是设想的组合"①，要在综合、改善的基础上形成更有价值的设想。

4.6.4　教学过程示范

近年来，关于头脑风暴在课堂中的运用的研究文章比较多，但这些研究大多将头脑风暴法的具体操作结合学科要求进行改动，而没有按照头脑风暴法的具体操作步骤来执行，有时候又将头脑风暴法和专题讨论法混为一谈，

---

① 奥斯本. 应用想象力：创造性问题解决的原则与程序［M］. 王明利，译. 北京：商务印书馆，2015：82.

因此，我们一定要在教学过程中注意头脑风暴法训练创造性思维的这一主要特点。头脑风暴法在教学中的运用可以分为准备和实施两个阶段。

（1）准备阶段。

在运用于教学实际操作中时，头脑风暴要做好以下准备工作：

①教师确定讨论问题。什么样的问题才适合于头脑风暴法？应该是特殊的问题，而不是一般性的问题，这个问题不能过大或者过小，不能将两个或两个以上的问题放在一起混淆。对于复杂的问题，可以分开进行专题讨论，头脑风暴法用于解决那些设想性的问题，而不是一些陈述判断性的问题。如"是否应该对学校的德育课程进行改革"等问题就不利于头脑风暴，而应该分述可以实施改革和不能实施改革的理由，这样就可以针对性地提出一些具体建议。问题的陈述要具体，使参加者关注进行头脑风暴的意义和目的；陈述的内容要有足够的开放性，使参与者产生创新的思维，不能有偏见而倾向于某一解决方法或排除创造性想法。

②提前向学生分发资料。至少要提前 5~10 天，这样可以让学生有充足的时间进行酝酿和设想，也可以在分发资料的同时附上案例。

③设置活动环境并安排好记录员。活动环境的设置非常重要，讨论主题和演示规则可以用课件来播放，教师要安排适合的地点和记录方法，活动挂图、粉笔、记录板或计算机等，同时提供创造性的身心环境，收起容易分散注意力的物品，如书籍、杂志等。最好安排两个记录员来记录设想者的意见，然后用录音笔全程记录所有内容，学生准备纸笔，把想到的设想及时进行记录。

要注意的是，在进行头脑风暴的同时，教师和学生都要做好充分的准备，参与者要具备一定的分析问题的能力，所以这种教学方法不是特别适合于中低年级学生的思维训练，

（2）实施阶段。

讨论开始，教师要详细介绍基本原则并补充说明要解决的问题，为了让环境氛围比较轻松，教师可以设置一些比较简单的问题让同学们尽快进入状态，尤其是对于第一次参加头脑风暴的同学，要让他们尽快融入环境。

对教师的要求：教师在整个环节过程中担任主持人的角色，不但要熟悉所有问题，而且要熟练掌握头脑风暴法的所有处理程序、方法和技巧，教师要积极鼓励学生设想产生的"连锁反应"，学生发言最好一次只提一

条设想，不给学生"辩解"的机会。教师要注意那些举手积极的同学，同时要抛出自己的想法来不断启发大家。

对学生的要求：学生才是活动的主体，要把他们当作专家看待，不用因为自己设想不周全而遭到周围同学的嘲笑，哪怕设想是"荒诞"或"怪诞"的，教师指导学生积极记录设想。

对记录员的要求：安排记录员坐在老师旁边，及时记录学生的设想和他们的名字，记录只要记载大意即可，可以用录音笔记录全过程。教师要安排记录员对每个设想按照顺序进行编号，教师要时刻控制数量和时间。

4.6.5　案例展示

苏州大学研究生对头脑风暴法进行了三个实验，探寻不同变式下的头脑风暴法对大学生创造性思维的影响①。

这三个实验分别探究延迟评价对大学生创造性思维的影响；头脑风暴法效果的影响因素；互动方式对大学生创造性思维的影响。

美国心理学家奥斯本和其支持者认为延迟评价会减少观点提出者的焦虑程度，但也有研究者认为即使按照头脑风暴法的要求对每个人的观点不进行评价，这种焦虑感仍然存在，他们认为焦虑感有助于创新观点的提出。因此，第一个实验的目的就是探讨在中国文化背景下，延迟评价这一规则是否真实有效。

实验对象是苏州大学教育学院三年级的学生，共有样本36份，年龄最小的19岁，最大的23岁，36人被随机分成9个4人小组，各小组均配备一个记录员，所有被试者均没有参加类似实验的经历。实验采取的自变量是"评价方式"，因变量包括了"群体所产生观点的数量""群体所产生观点的质量""创新观点的数量""观点产生的广度""观点产生的深度""被试者的感受"。研究显示，大学生在人际交往中具有顺从退让的特点，而且与在职人员相比更加内向。延迟评价组所得到的观点的数量显著高于现场评价组，而且延迟评价组的被试者对于自己所提出的观点的满意度也高于现场评价组的被试者。

第一个实验只是证明了延迟评价规则的有效性，但未能证明是否有利于创造性思维的发生。于是，第二个实验从"产生式阻碍""评价焦虑"

---

① 王国平. 不同变式的头脑风暴法对大学生创造性思维结果影响的实验研究［D］. 苏州：苏州大学，2006.

和"社会堕化"三个维度来探讨对创造性思维的影响。第二组有 96 名大学生参与测试，最小的 17 岁，最大的 27 岁，96 人被随机分入 24 个 4 人小组，其中有 8 个互动组，其他是命名组。每组有记录员。

研究显示，影响到头脑风暴法的另一个因素是评价焦虑，当人们感到恐惧，害怕，饥饿，口渴，被迫或者一次性考虑事情太多，不能集中注意力于手头任务时，他们就不会有那么多的创造性。头脑风暴团体中，团体成员有可能担心自己说出的观点被其他人认为是没有创意的，或者是团体所不需要的，因而不敢发表自己的观点。在实验中，高焦虑组被试者不但被告知旁边有两位专家在旁听，而且还被告知他们的观点也将被上报给学校有关部门作为决策的参考时，他们往往犹豫不决，兴奋度更低，满意度也很低，缺乏创新性。

同时，测试结果显示，相对于命名组被试者而言，互动组被试者对于自己产生观点的方式更加满意，在整个过程中更加兴奋。这也给我们提供了一个改进头脑风暴教学法的思路。

第三个测验在前两个测验基础上进行，来探讨如果把互动群体的互动性和命名群体的同时性结合起来，是否可以产生数量更多的观点。也就是说，为了检验不同互动方式对大学生创造性结果的影响，这组实验者被分为口头互动群体和纸笔互动群体，口头互动群体既要产生自己的观点，又要听取他人的观点，还要试图合并他人的观点以产生新的观点；纸笔互动被试者每隔几分钟就要把自己手中的纸条传递给其他被试者，使得他们时刻保持一种潜在的压力，要不断产生观点，从而产生一种向上比较而不是向下比较的趋势。

结果显示，纸笔互动群体所产生的观点的数量显著多于口头互动组，这是因为纸笔互动组群体既具有互动群体的互动性又具有命名群体的同时性。他们每三分钟就把自己观点传给其他人，这种对时间的分割加强了时间的紧迫性，他们更有时间观念，注意力也更加集中。

总体来说，三个实验均以不同变式的头脑风暴法所得观点的数量、质量以及被试者的感受作为因变量，来探讨头脑风暴法对大学生创造性思维的影响。实验一考察头脑风暴中延迟评价的有效性；实验二讨论焦虑程度、群体成员努力程度对创造性思维的影响；实验三考察互动方式的改变对最后产量的影响。

实验得出以下结论：

（1）延迟评价有利于中国大学生产生更多的观点。

（2）高焦虑不利于创造性观点的提出。

（3）纸笔互动群体的产量高于口头互动群体的产量。

4.6.6　适用范围

需要注意的是，在开展头脑风暴时，教师和学生都要做好充分的准备，参与者要具备一定的分析问题的能力，所以这种教学方法不是特别适合于中低年级学生的思维训练。

（1）场景与环境。

头脑风暴讨论会的地点和环境非常重要，尽量选择安静不受干扰的场所，如会议室，同时切断电话，以免思维受到干扰。教师要提供一个像游戏活动那样有竞争氛围的场所，学员不允许私下交流，尽量给学生创造心理安全和心理自由的空间。

（2）人员与数量。

按照奥斯本《创造性想象》中的提法，"根据已经做过的几百次实验，每个组最好由 12 名成员构成，其中包括一名主持人和一名设想记录员"。学员的智力水平不受限，性别不受限，但最好兼而有之，注意那些讨论中的"引路人"，允许他们积极活跃，但要防止他们的建议和设想主导整个会场。

（3）讨论的时长。

头脑风暴法的持续时间不宜太长，也不宜太短，以 30～45 分钟为宜，如果时间太长，建议把问题区分成几个小问题，对每个问题进行专题讨论；如果时间太短，只能提出一些肤浅的，表面的设想。奥斯本认为："一般地说，只有会议进行到一半左右的时间，才会有一些比较有价值的设想产生，而在设想连续形成的过程中，设想提出的速度也会不断加快。"

（4）注意头脑风暴法和专题讨论法的区别。

很多人会混淆这两个概念，头脑风暴法固然可以以专题讨论会的形式进行，但它与专题讨论是截然不同的。一般来说，在专题讨论中，在教师的指导下，学生在独立钻研的基础上，就教材中的基础理论和疑难问题，或学科中存在争议的学术问题，进行讨论和辩论的方法，这个过程中，教师的权威性没有改变，讨论也没有遵循头脑风暴法的"严禁批判"和"延迟评价"等规则。头脑风暴法与专题讨论法最大的区别在于头脑风暴法拒绝和排斥评论。

4.6.7 效果评价/评估

在头脑风暴结束后，教师作为主持人应该重视"对设想的增加和评价"这一环节。

（1）对于设想量的追加。

在头脑风暴结束后，教师应该给予学生足够的时间进行设想量的增加，一般建议教师和记录员第二天拿到学生的补充设想，因为经过一夜的思考，很多学生又会产生很多不错的设想。

（2）对于设想的评价和挑选。

头脑风暴结束以后，教师要进行评价和反思。想象力在探索创造性解决问题的方法阶段起着主导作用，但在头脑风暴后，判断能力占据重要的位置。

教师要对设想进行挑选，评价和挑选设想包括以下两个预备阶段。第一，记录员将设想打印出来，留出三倍空白；第二，教师检查设想目录，确保所记录的每个设想简单明了，同时用逻辑分类方法将这些想法归类。通过选择和价值判断，大部分设想将被排除，只有部分设想是有实用价值的。

挑选设想的过程也就是合并相似的想法，选出5个最好的想法，并取得头脑风暴小组每个成员的同意，写下大约5个条件来衡量哪一个想法是解决问题的最佳方案。小组成员根据每个想法符合各个条件的程度，在这个范围内打分，根据每一个条件的得分，相加得出每一个想法的总分，得分最高者就是问题的最佳解决办法。对于其他想法和得分都要保留记录，因为万一选出的最好的想法不能解决问题时，仍可以试用其他的想法。

剩下有价值的设想条目由谁来挑选？既可以是当时参加"头脑风暴"的学生，也可以是那些没有出席讨论会的学生。奥斯本认为："一般讲，明智的做法是让那些对问题负有直接关系的人来评价这些设想。"

此外，不要过早地淘汰那些表面看似荒谬的设想，因为往往最好的设想都是一些设想的综合。最后，应告诉学生们如何处理他们的设想。

5　以深度学习为导向的高阶教学设计

在当今教育领域，深度学习作为一种教学理念，正逐渐成为推动学生高阶思维发展的重要工具。它不仅关注知识的表层记忆，而且鼓励学生深入理解、批判性思考和创造性应用。本章将深入探讨深度学习与高阶教学的结合，旨在指导教育者设计和实施有效的教学策略，以促进学生的深度理解和高阶思维技能的发展。本章将从深度学习的理论基础出发，探讨如何将这些理念融入课程和课堂设计，以及如何通过课程思政来加强学生的价值观教育。此外，本章还将提供优秀的教学设计范例，以供教育者参考和实践。通过这些内容，期望能够帮助教育者构建一个更加互动、参与度高且富有成效的学习环境。

5.1　深度学习与高阶教学

在教育的不断演进中，深度学习作为一种新兴的教学理念，正逐渐成为提升学生认知能力和学术成就的关键。本节将深入探讨深度学习与高阶教学的交汇点，揭示它们如何共同塑造学生的学习体验和学习成果。深度学习不仅仅是对知识的简单记忆，它要求学生能够理解、批判和应用所学知识，以达到更深层次的认知发展。而高阶教学则是指超越基础技能和知识点的教学，它旨在培养学生的分析、综合和评价能力。本节将首先定义深度学习，并探讨其核心特点，然后阐述高阶教学的目标和方法；其次探讨如何将深度学习的理念与高阶教学实践相结合，以促进学生的全面发展。通过这一小节的内容，期望教育者能够获得启发，设计出能够激发学生潜力、引导他们深入探索和理解学科知识的课程。

5.1.1　深度学习的定义与特点

5.1.1.1　理论溯源："以学为中心"的学习理论

"以学为中心"的教育理念的起源在学术界颇有争议。首先，这一理念的起源可以追溯到 20 世纪初，当时的学者海沃德提出了"以学生为中心"的概念。然而，更为广泛认可的是卡尔·罗杰斯在 1952 年于哈佛大学提出的"以学生为中心"的理论，他主张让学生确定学习目标并通过自我评价来衡量进步[①]。

在中国，孔子早在 2 500 多年前就提出了因材施教的教育理念，这与现代"以学为中心"的教育思想有相似之处。改革开放以来，中国教育界也逐渐引入并重视国际上注重学生自主学习的教育思想和流派，如发现法、开放教育法等[②]。

"以学为中心"的教育理念为深度学习提供了理论基础和实践路径。深度学习理论的提出和溯源可以追溯到 20 世纪 70 年代，由美国学者费伦斯·马顿（Ference Marton）和罗杰·萨尔乔（Roger Saljo）在他们的研究中首次提出。他们通过实验发现，学习者在面对文本阅读任务时存在两种不同的处理方法：一种是试图理解文本，另一种则是试图记忆文本。前者被称为"深度学习方法"，后者则被称为"浅层学习方法"[③]。

深度学习的核心理念是促进深度参与、培育高阶能力和为迁移而学，与教育中的浅表学习有明显区别。其理论基础可追溯至杜威的"做中学"思想，强调学生在复杂社会情景中学习，形成神经网络的输入输出闭环，从而实现抽象和创造力提升。此外，深度学习还受到建构主义学习理论的启发，强调学习者应该批判性地学习新思想，并在原有知识结构的基础上建构新知识[④]。

---

①　赵斌."以学生学习为中心"视域下高校教师教学能力提升路径研究［J］. 武汉职业技术学院学报，2021，20（4）：74-79.

②　梁秋英，孙刚成. 孔子因材施教的理论基础及启示［J］. 教育研究，2009（11）：87-91.

③　ZHAO J，QIN Y. Perceived teacher autonomy support and students′ deep learning：the mediating role of self—Efficacy and the moderating role of perceived peer support［J］. Frontiers in Psychology，2021（12）：652-653.

④　祝智庭，彭红超. 深度学习：智慧教育的核心支柱［J］. 中国教育学刊，2017（5）：36-45.

5.1.1.2　深度学习的定义

深度学习是一种以学生为中心的教学理念，它强调学生在学习过程中的主动参与和深层次的认知加工。这种学习方式要求学生不仅仅是被动接收信息，而是要积极地构建知识，将新信息与已有知识相整合，并在真实或模拟的情景中运用所学知识。深度学习的定义不是一个单纯的概念，可以从以下几个方面来进一步阐释：

（1）主动参与。深度学习要求学生在学习过程中发挥主动性，通过探索、质疑和反思来深化对知识的理解。

（2）深层次认知加工。深度学习涉及高阶思维技能，如分析、综合、评价和创造，学生需要运用这些技能来处理复杂的学习任务。

（3）知识整合。深度学习鼓励学生将新知识与已有知识相联系，形成更加丰富和结构化的认知框架。

（4）情景运用。深度学习强调在真实或模拟的情景中运用知识，以促进知识的迁移和实际应用能力的提升。

（5）元认知能力。深度学习还包括对自身学习过程的认识和调控，即元认知能力的发展，学生需要监控自己的学习进度和策略的有效性。

（6）持久的学习动力。深度学习还涉及培养学生对学习的持久兴趣和内在动机，使学习成为一种持续的、自我驱动的过程。

综上所述，深度学习是一种综合性的学习方式，它不仅关注知识的积累，更重视学生能力的培养和个性的发展，旨在为学生的终身学习和全面发展打下坚实的基础。

5.1.1.3　深度学习的特点

深度学习更加注重批判性高阶思维、主动的知识建构、有效的知识迁移和真实问题的解决①。它强调的关键词是理解、应用、整合和创造。因此，深度学习具有以下特点。

（1）深度参与性。深度学习要求学生全身心投入学习过程，这种参与不仅仅是物理上的出席，更重要的是心理上的投入和情感上的参与。

（2）互动性。深度学习强调学生与学习材料、教师和同伴之间的互动，这种互动促进了知识的共同构建和深入理解。

（3）批判性思维。深度学习鼓励学生发展批判性思维，即能够分析、

---

① 邓淼磊，高振东，李磊，等. 基于深度学习的人体行为识别综述［J］. 计算机工程与应用，2022，58（13）：14-26.

评估和反思信息，而不是无条件接受。

（4）问题导向。深度学习常常围绕问题展开，通过解决问题来促进学生的探究和学习，这种方法有助于学生理解知识的实际应用。

（5）跨学科性。深度学习强调跨学科的整合，鼓励学生将不同领域的知识联系起来，形成更为全面和深入的理解。

（6）创新与创造力。深度学习鼓励学生发挥创造力，通过创新的方式来解决问题和构建新知识。

（7）反思性学习。深度学习过程中，学生被鼓励进行反思，以加深对学习内容的理解，并提高自我意识。

（8）适应性。深度学习能够适应不同学生的学习风格和需求，提供个性化的学习路径。

5.1.2 高阶教学的目标与方法

5.1.2.1 理论溯源

布鲁姆教育目标分类法是由美国教育心理学家本杰明·布鲁姆（Benjamin Bloom）于 1956 年提出的，旨在系统化地分类教育目标，以便更有效地达成教学目标[①]。该分类法将教育目标分为三大领域：认知领域、情感领域和动作技能领域。其中，认知领域又包括六个层次，从低到高分别如下。

（1）记忆：回忆具体事实、方法、过程等。

（2）理解：理解材料的意义，并能够用自己的话解释。

（3）应用：将所学知识应用于新的情景中。

（4）分析：分解信息，理解其结构和组成部分。

（5）综合：将不同的信息组合成新的整体。

（6）评价：对信息进行价值判断，做出合理的评价。

布鲁姆分类法的核心在于通过层次化的结构，帮助教师明确教学目标，设计教学活动，并进行有效的评估[②]。它强调从基础的记忆到高级的创造，逐步提升学生的认知能力。

---

① FOREHAND M. Bloom's taxonomy [J]. Emerging Perspectives on Learning Teaching and Technology, 2010, 41 (4)：47-56.

② 孙晶，毛伟伟，李冲. 工程科技人才核心能力的解构与培育：基于布鲁姆教育目标分类视角 [J]. 高等工程教育研究，2019 (5)：97-102, 114.

根据这个思想，高等教育可以分为三个层级。

第一个层次，初级目标。初级目标就是布鲁姆所说的"知识、领会"，也就是要"知其然"且"知其所以然"。老师要教知识，并让学生理解每一个知识点。

第二个层次，中级目标。中级目标就是布鲁姆所说的"运用"，包括书面的应用和实践的应用。比如艺术设计专业的学生，学了设计理论，画出设计草图是书面应用，做了一个产品出来，这是进一步的实践应用。

第三个层次，高级目标。高级目标就是布鲁姆所说的"分析、综合、评价"，用安德森的说法是"创造"，也就是要使学生能够分析、评价问题，并努力创新，用更好的、新的方法解决问题。采用一种新的产品、新的生产方法，开辟一个新的市场，实现一种新的组织等，这些都属于创新层级。

5.1.2.2　高阶教学的目标

高阶教学的目标在于培养学生的高级认知能力，这些能力包括但不限于分析、综合、评价和创造。具体来说，高阶教学培养的核心目标，是让学生在思维与能力上实现双重飞跃。

（1）高阶思维：智慧之光的璀璨绽放。

高阶教学始终将高阶思维的培养视为教育的灵魂与核心，致力于在学生心中播撒独立思考、反思性思考、批判性思考以及创新性思考的种子。这些思维习惯不仅是学生个人成长的基石，更是推动社会进步与创新的不竭动力。尤为值得一提的是，高阶教育尤为重视对批判性思维和创造性思维的培养，它们如同双轮驱动，引领学生在知识的海洋中破浪前行。

批判性思维，让学生学会了质疑与反思，不再盲目接受外界信息，而是能够独立思考，理性分析，形成自己的见解与判断。这种思维方式的培养，不仅提升了学生的辨别能力，更让他们在面对复杂多变的社会现象时，能够保持清醒的头脑，做出明智的选择。

而创造性思维，则是学生未来竞争力的关键所在。它鼓励学生跳出传统框架，勇于探索未知领域，敢于挑战权威，用新颖的视角和独特的思维方式解决问题。在成都锦城学院的课堂上，学生们被鼓励提出自己的见解，尝试不同的解决方案，从而在实践中锻炼和提升他们的创新能力。

高阶教学框架更是将思维的培养视为整个教育体系的支撑轴，这一设定深刻体现了成都锦城学院对思维培养的重视程度。通过构建以学生为中心、以问题为导向的教学模式，成都锦城学院为学生提供了广阔的思维空间和实践平台，让他们在探索与实践中不断成长。

（2）解决复杂问题：能力与实践的双重检验。

高阶思维与高阶能力，最终都指向了一个共同的目标——解决复杂问题的能力。在成都锦城学院看来，培养学生解决复杂社会问题的能力，是教育的最终归宿。这不仅是对学生知识掌握程度的检验，更是对他们综合运用知识、分析问题、制定策略、实施行动以及评估效果等能力的全面考察。

为了达成这一目标，成都锦城学院通过模拟真实情景、开展项目式学习、组织社会实践等多种形式，为学生提供了丰富的实践机会。在这些实践活动中，学生们需要运用所学知识，结合实际情况，进行深度分析和创造性解决。这不仅锻炼了他们解决问题的能力，更让他们在实践中学会了团队协作、沟通协调以及持续学习等关键能力。

5.1.2.3 高阶教学的常用方法

高阶教学的常用方法多种多样，每种方法都有其独特的特点和优势。在实际教学中，教师应根据教学内容和学生的实际情况选择合适的教学方法，并灵活运用多种教学方法来培养学生的高阶思维能力。

5.1.3 深度学习与高阶教学的融合

5.1.3.1 深度学习与高阶教学融合的意义

深度学习与高阶教学的融合不仅能提升教学质量，使教学更生动、高效，还能培养学生的高阶思维能力。深度学习帮助学生深入理解知识，高阶教学则培养批判性、问题解决和创新能力。这种结合打破传统局限，让学生在面对复杂问题时，能迅速洞察本质，提出有效的解决方案。同时，它也激发学生的创新精神，通过深度学习掌握更多技能，高阶教学则培养创新思维，为学生的创新创造提供无限可能。

5.1.3.2 如何落实深度学习与高阶教学的融合

要落实深度学习与高阶教学的融合，需要更新教学理念、优化教学内容、创新教学方法、加强实践环节和构建评价体系等多方面的努力。

（1）更新教学理念。教师应摒弃传统的教学观念，树立以学生为中心的教学理念。在教学过程中，要注重培养学生的高阶思维能力，鼓励他们主动探索、独立思考和解决问题。

（2）优化教学内容。教学内容应贴近实际、贴近生活，注重知识的应用性和实践性。同时，要引导学生了解知识的来源和用途，让他们知其然且知其所以然。

（3）创新教学方法。教师应采用多种教学方法，如项目教学法、案例教学法、任务驱动教学法等，以激发学生的学习兴趣和动力。在教学过程中，教师要注重引导学生参与讨论、交流和合作，培养他们的团队协作能力和批判性思维。

（4）加强实践环节。实践是检验知识的重要途径。教师应加强实践环节的教学，让学生在实际操作中巩固知识、提升技能。同时，要鼓励学生参与科研项目、社会实践等活动，培养他们的创新精神和实践能力。

（5）构建评价体系。评价体系应关注学生的全面发展，注重评价学生的高阶思维能力和创新创造能力。在评价过程中，要采用多种评价方式，如作业评价、课堂表现评价、项目评价等，以全面反映学生的学习成果和进步情况。

5.2　两课设计概述

要实现高阶教学与促进学生深度学习，教师必须对课程及课堂进行精确而细致的设计。这种设计要求课堂不仅仅是简单的知识传授，更是对学生思维能力和学习方法的深度培养。这就要求教师深入研究学生的学习需求和认知水平，结合学科特点和发展趋势，制定出具有针对性和前瞻性的教学方案。所以说精确的教学设计是实现高阶教学与促进学生深度学习的关键所在，也是教育者不断追求和实践的重要目标。

5.2.1　两课设计的意义

教学设计（instructional design，简称 ID）是教育技术学术语，又称"教学系统设计"，简称"设计"。

教学设计是指导教师有效教学的蓝图，是教学工作中不可或缺的环节。教师需要基于认知学习理论、教育传播理论和系统科学理论，根据学生的学习特点和自身的教学风格，对教学过程的各环节、各要素进行科学的计划、合理的安排，并制定出整体教学运行方案。通过这样的自上而下的教学设计过程，教师可以更好地把握教学的整体要求和细节安排，提高教学质量和学生的学习效果。

教学设计包含"三课设计"，分别是宏观层面的"课程体系设计"，中观层面的"课程设计"，微观层面的"课堂设计"。

其中，"课程体系设计"的主责在学校，由教务处牵头组织，各教学院、各专业完成人才培养方案。

对教师而言，教育质量的核心在课堂，而上好一堂课的前提在于"两课设计"，即课程设计与课堂设计。其中，课程设计多以教学大纲的形式呈现，课堂设计多以教案的形式呈现。课程和课堂要有温度、有深度、有浓度、有梯度，人才培养要有质量，而这些都是由设计决定的。

5.2.1.1　两课设计的核心目的

教学设计涉及如何有效地将知识传递给学生，并确保学生真正理解和掌握这些知识。以下是教学设计的三个核心目的。

（1）解决老师教什么和学生学什么的问题。这是教学设计的基础，教师需要明确教学目标和教学内容。教师需要根据学生的需求和实际情况，选择合适的教学内容和教学方法，确保学生能够掌握所需的知识和技能。

（2）解决如何教和如何学的问题。这涉及教学策略和方法的运用，教师需要选择适合学生的教学方法，如讲解、演示、实验、小组讨论等，并运用多媒体和现代教育技术手段，提高学生的学习兴趣和积极性。同时，教师还需要引导学生掌握正确的学习方法，培养学生的学习能力和学习习惯。

（3）解决评判教得怎么样和学得怎么样的问题。教学评价是教学设计的重要组成部分，它能够检验教学效果并及时调整教学策略。教师需要通过多种方式对学生的学习成果进行评估，如考试、作业、作品、口头表达等，以便了解学生的学习情况并及时调整教学方案。同时，教师还需要对自己的教学效果进行反思和评估，以便进一步提高教学质量。

5.2.1.2　两课设计的意义

（1）教学设计有利于增强教学工作的科学性，提高教学质量。

教学设计在一定程度上克服了以往经验式教学的不足，将教学工作建立在学习理论、教学理论和系统科学理论的基础上。教学设计使教学过程有了科学依据，教学活动的每个步骤、每个环节都有相应的理论支撑；教师的每一种教学行为都会受到教学设计方案的约束和控制；教学过程的运行科学、有序、有效，确保了教学任务的完成和教学质量的提高。

（2）教学设计能够整合教学要素，形成最大的教学合力。

教学活动是一个由若干要素以一定的联系方式构成的教学系统。每个要素都能对教学效果产生直接或间接的影响。这种影响不是各要素的力的简单相加，而是各要素之间相互联系、相互作用所产生的"合力"。教师只有综合地、整体地规划和安排教学活动，全面、周密地考虑、分析每一个教学要素，使每个教学要素在指向教学目标的同时，形成最优的匹配关系，产生最大合力，才能收到最佳教学效果。

（3）教学设计是连接教学理论与教学实践的重要环节。

如何解决教学理论"上不着天，下不着地"的问题，使其有效地指导教学实践、服务教学实践，这是教学理论研究者和教学实践工作者都十分关心的一个问题。对教学设计的研究和实践，实际上就是为了把教学理论与教学实践结合起来，充分发挥教学理论对教学实践的指导功能。

5.2.1.3 两课设计的作用

（1）教学过程最优化的精髓。

教学过程最优化这一理念，源自苏联教育家巴班斯基在其经典著作《教学过程最优化》中的深刻阐述。其核心定义："教学过程最优化，是在全面审视教学规律、原则，融合现代教学形式与方法，考量教学系统特性及外部环境的基础上，通过精心组织与控制，使教学过程在既定标准下达到最佳效能。"换言之，教学活动如同其他社会实践，既要追求高效益，又要注重经济性，即在时间、精力与经费的有限投入中，力求实现效果的最大化。在既定的社会经济条件及人力、物力、时间等资源约束下，追求工作成效的最优化，体现在精神产品的产出上，则是耗时少、社会效益显著，培养出的人才卓越而实用。这便是教学过程最优化的真谛。而科学规划"两课"（课程与课堂）设计，正是通往这一理想境界的有效途径。

（2）设计是龙头：引领发展的核心力量。

"两课设计"堪称引领发展的核心引擎。它不仅是教学流程的起始环节（先设计后实施），更是学校人才培养体系的顶层设计蓝图（需依据社会需求、教育规律及学校特色，精心规划人才培养方案）。我们始终坚信"设计为先"，设计犹如工程的蓝图、设备的操作指南，因为预则立，不预则废，一切实施均以设计为前提。课程与课堂应兼具温度、深度、浓度与梯度，人才培养的质量高低，首要因素便是设计。设计决定了人力、物力、技术的布局与资源配置，是人才培养质量的基石。

5.2.2　两课设计的理论框架

教学设计是高校教学的核心环节，它不仅涉及课程内容的规划和安排，还包含了教学方法的选择、教学活动的组织以及教学效果的评估等多个方面。成都锦城学院邹广严校长对此有着深刻的理解和丰富的实践经验，他归纳的两课设计理论框架，如图 5.1 所示。

课程设计的内容（1+8，1 指"学情分析"）
1. 本课程的教育教学目标
2. 本课程在人才培养方案中的作用、在学科中的位置
　 以及与相邻课程的关系
3. 本课程的主要内容（知识体系、重点、难点、特点）
4. 本课程实行高、中、低阶教学的顶层设计和规划
5. 本课程的实验实践环节
6. 本课程的延伸阅读和拓展（行业前沿）
7. 本课程计划使用的教学方法和技术手段
8. 本课程的评价、考核方法和次数

课堂设计的内容（1+8，1 指"学情分析"）
1. 教学目标设计
2. 教学内容设计
3. 教学方法设计
4. 课堂互动设计
5. 课学管理设计
6. 评价方式设计
7. 作业设计
8. 推荐课外读物的设计

设计的内容（双八条）

设计的方法
1. 要素式设计法
2. 剧本式设计法
3. 项目式设计法
4. 混合式设计法
5. 开放式设计法

设计的评价
1. 文本检查
2. 课堂考察
3. 教学反思和改进

两课设计

图 5.1　两课设计理论框架

5.3 课程设计要点

高校课程设计是一门课程的灵魂和蓝图,它要求教师在深入进行学情分析的基础上,精心策划并确定教学目标、教学内容、教学方法、教学资源、评估与反馈、课程结构与安排,以及跨学科整合与创新等多个核心要素。这一过程需要教师对学科有深入的理解,对学生的需求有准确的把握,对教学方法和手段有创新的应用,以确保课程设计既符合教育规律,又能激发学生的学习兴趣和潜能,最终实现教学质量和学习效果的双提升。

5.3.1 学情分析

课堂教学是一种充满活力与互动的动态过程,其中教师和学生共同参与、相互影响。在这个过程中,每个学生都展现出其独特的个性和潜力,他们不仅是知识的接受者,更是主动求知和探索的先驱者。

教师作为这个动态过程的策划者、引导者和支持者,其角色至关重要。他们不仅负责设计和组织教学内容,还需要引导学生的学习方向,激发他们的学习兴趣和动力。在决定教什么和如何教时,教师必须深入了解学生的学习需求、认知特点和兴趣爱好,以确保教学方法和教学内容能够与学生的实际情况相匹配,从而有效地促进学生的学习和发展。

因此,在课程设计之前,进行深入的学情分析显得尤为重要。通过对学生的背景、学习习惯、兴趣爱好等方面的全面了解,教师可以更加精准地把握学生的需求,为他们量身定制适合的教学方案,进一步提升教学质量和学生的学习体验。这样的教学过程不仅有助于学生的全面发展,也能使教师在教学实践中不断成长和进步。

5.3.1.1 学情分析的定义

学情分析是伴随现代教学设计理论产生的,是教学设计系统中"影响学习系统最终设计"的重要因素之一。

学情分析通常被称为"教学对象分析"或"学生分析",其目的是研究学生的实际需要、能力水平和认知倾向,为学习者设计教学,优化教学过程,以更有效地达成教学目标,提高教学效率。

5.3.1.2 学情分析的重要性

没有基于学情分析的教学目标，就如同空中楼阁，缺乏实际支撑。深入了解学生的现有知识经验和心理认知特点，是确定学生在不同领域、不同学科和不同学习活动中最近发展区的关键。这一区域反映了学生从当前水平到潜在水平的成长空间，也是教学目标的制定依据，涵盖了知识、技能、能力等多个维度。

学情分析不仅是教学内容分析（包括教材分析）的重要依据，更为教学策略的选择和教学活动的设计提供了实际落脚点。缺乏学情分析的教学内容往往显得零散而无针对性，难以确定内容的重点、难点和关键点，更难以实现有效的教学。

同样，没有学情分析的教学策略往往会变得孤立和单向，缺乏与学生的实际需求和经验相结合，导致讲解、操作、练习、合作等教学活动难以真正落实。

综上所述，学情分析是对"以学生为中心""以学定教"的教学理念的具体落实。它强调了对学生实际需求和特点的关注，为教学目标的设定、教学内容的选择、教学策略的制定以及教学活动的设计提供了重要的参考和依据，确保了教学的针对性和有效性。

5.3.1.3 学情分析具体分析什么

学情分析是一个全面而细致的过程，它涉及对学生多个方面的深入了解和评估。以下是学情分析的主要方面。

（1）学生的层次和学科基础。

学生的学术水平：评估学生在特定学科或领域的知识掌握程度，包括对基础知识、核心概念的理解和应用能力。

学生的层次差异：识别学生之间的学术水平差异，以便为不同层次的学生提供相应的教学支持和挑战。

学科背景知识：了解学生在相关学科中的先前经验和知识储备，确保教学内容与他们的认知结构相衔接。

（2）学生的爱好和心理。

学生的兴趣爱好：了解学生的个人兴趣和爱好，以便将这些元素融入教学，增加学习的趣味性和吸引力。

学生的心理状态：关注学生的心理健康和学习态度，确保教学环境支持性的氛围，促进学生积极参与学习过程。

（3）学生的学习习惯。

学习风格偏好：识别学生的学习风格（如视觉型、听觉型、动手型等），以便采用适合他们的教学方法和材料。

时间管理和自律性：评估学生在时间管理和自律方面的能力，为他们提供必要的支持和策略，帮助他们更有效地学习。

学习策略使用：了解学生常用的学习策略，鼓励他们尝试新的学习策略，以提高学习效率和成绩。

（4）学生的需求。

学术需求：识别学生在学术上的具体需求，如需要巩固基础知识、提高解题能力或拓展高级思维技能。

情感需求：关注学生的情感需求，如归属感、被认可和被支持的感觉，以营造积极的学习氛围。

职业发展需求：了解学生对未来职业的兴趣和规划，为他们提供与职业发展相关的知识和技能。

通过综合分析以上四个方面，教师可以更全面地了解学生的需求和特点，从而为他们提供更加个性化和有效的教学支持。这样的学情分析有助于教师制订更加贴合学生实际的教学计划，提高教学效果，促进学生的全面发展。

5.3.1.4 如何进行学情分析

学情分析是一项至关重要的工作，它不仅需要关注学生的整体特点，还需要深入剖析学生间的个体差异，以便因材施教。为了更全面地了解学情，教师需要灵活运用多种分析方法。

首先，书面材料法是一种常用的学情分析手段。通过查阅学生的成绩单、选课情况、作业完成情况等客观资料，教师可以初步了解学生的学术水平、学习态度以及兴趣偏好。这些资料为教师提供了学生在不同学科领域的表现概览，有助于教师把握学生的整体学习状况。

其次，问卷调查法是一种直接而有效的方式，能够收集到学生的真实想法和意见。通过设计针对性的问卷，教师可以了解学生的学习需求、学习风格、兴趣爱好等多方面的信息。问卷调查法不仅能够帮助学生表达自己的观点和感受，还能为教师提供宝贵的反馈，从而调整教学策略，更好地满足学生的个性化需求。

最后，经验积累法也是一种不可忽视的学情分析方法。教师在长期的教学实践中，通过观察和与学生的互动，逐渐积累起对学生的了解和认知。这种经验积累有助于教师更准确地把握学生的特点，预测他们在学习中可能遇到的困难和挑战，从而为他们提供及时而有效的帮助。

5.3.2　确定教学目标

在学情分析的基础上，教学设计的首要任务是确定教学目标。因为目标不仅指导着整个教学过程的设计和实施，还为我们评估学生的学习成果提供了依据。

首先，确定知识目标。知识目标是教学的基础，涉及学生在课程结束后应该掌握的基本概念、原理和知识点。这些知识目标是构建学生学科知识体系的基础，也是确定后续能力目标和思维目标的前提。

其次，确定能力目标。能力目标关注的是学生运用所学知识解决实际问题的能力。这些能力包括分析、综合、评价、创新等多个方面，是学生在学习和未来职业生涯中不可或缺的技能。

再次，确定思维目标。思维目标旨在培养学生的高阶思维能力，如批判性思维、创造性思维和逻辑思维等。通过引导学生进行深度思考和解决问题，可以帮助他们建立起独特的思维方式和解决问题的方法。

最后，拟定素养目标。素养目标即非认知能力目标。素养目标关注学生的全面发展，包括情感态度、价值观、道德品质等方面的培养。这些素养目标是构成学生人格和个性的重要组成部分，也是他们在社会生活中展示个人魅力和影响力的关键。

5.3.3　明确课程的作用和衔接

在进行课程设计的过程中，明确课程的作用及其与其他课程的衔接是至关重要的。这不仅关乎课程本身的定位与价值，还直接影响到整个课程体系的连贯性和有效性。

首先，需要清晰地界定课程在课程体系中的性质与地位。这包括它是专业核心课程、基础课程还是拓展课程，以及它对学生知识结构和能力培养的具体贡献。明确课程的性质与地位，有助于教师把握教学的重点和方向，确保课程设计能够紧密围绕教育目标展开。

其次，需要充分考虑前续课程和后续课程的衔接。前续课程是学生学习本课程前必须掌握的基础知识和技能，而后续课程则是本课程内容的延伸和拓展。通过梳理前续和后续课程的逻辑关系，教师可以更准确地把握课程内容的深度和广度，避免知识点的重复或遗漏，确保学生能够在循序渐进的学习过程中不断巩固和提升自己。

最后，课程设计还需要关注课程内容的时效性和实用性。随着学科领域的发展和社会的进步，课程内容需要不断更新和完善，以适应时代的需求。同时，课程设计也要注重培养学生的实践能力和创新思维，通过案例分析、实践操作等方式，将理论知识与实践相结合，提高学生的综合素质和竞争力。

综上所述，课程设计是一个复杂而细致的过程，需要我们全面考虑课程的作用、衔接以及内容的时效性和实用性，以确保课程设计能够真正服务于学生的成长和发展。

5.3.4 选择合适的教材和参考资料

根据确定的课程培养目标，选择适合的教材和参考资料是一项至关重要的任务。

5.3.4.1 教材的选定

教材是教学内容的载体，直接影响着学生的学习效果和教师的教学质量。因此，在选择教材时，需要综合考虑以下几个方面的因素。

（1）内容与目标的匹配度。教材的内容必须与课程培养目标紧密相关，教材应涵盖课程所需的核心知识点、技能点和素养要求，确保学生能够通过学习教材达到预定的课程目标。

（2）学生的实际需求与水平。在选择教材时，需要充分考虑学生的实际需求和现有水平。教材的内容应与学生的背景知识、学习兴趣和发展需求相契合，避免过于简单或过于复杂，确保学生能够顺利掌握所学知识。

（3）教材的权威性与时效性。优先选择权威出版社出版的教材，这些教材往往经过严格的审核和修订，内容准确、全面。同时，还要考虑教材的时效性，选择最新出版的教材，以确保学生获得最新的知识和技能。

（4）教材的难度与深度。教材的难度和深度应与学生的学习能力相匹配，过于简单的教材可能无法激发学生的学习兴趣和挑战他们的能力，而过于复杂的教材则可能让学生产生挫败感。因此，需要根据学生的实际情况选择合适的教材难度和深度。

（5）教材的适用性与可读性。教材应具有良好的适用性和可读性。适用性是指教材应适用于目标学生群体，符合他们的学习特点和需求；可读性则指教材的语言表达应清晰、准确，易于理解，符合学生的认知规律。

5.3.4.2　其他参考资料的选择

除了选择合适的教材，还可以考虑使用多种教材或教学资源，以提供多样化的学习体验和丰富的知识内容，这有助于激发学生的学习兴趣和积极性，促进他们的全面发展。

（1）补充知识点的书籍。这些书籍可以是教科书的配套参考书、专业领域的经典著作或最新的研究文献。它们能够为学生提供更为深入和广泛的知识背景，帮助他们更好地理解和掌握所选教材的知识点。

（2）优质的网络资源和慕课。网络资源和慕课（大规模在线开放课程）为学生提供了便捷的学习方式。这些资源通常包括在线课程、教学视频、讲座、互动练习和讨论论坛等。学生可以随时随地访问这些资源，进行自主学习和拓展学习，加深对课程内容的理解。

（3）在线数据库和研究工具。这些资源包括学术数据库、电子期刊、参考文献管理软件等，为学生提供了便捷的研究和学术支持。学生可以利用这些工具进行文献检索、数据分析、论文写作等，提升他们的研究能力和学术素养。

（4）支撑课程的辅助材料。这些材料包括与课程相关的案例研究、习题集等。这些辅助材料能够帮助学生更好地理解和应用课程内容，提供实践操作的指导和支持，同时也为学生提供了更多的练习和巩固机会。

5.3.5　课程内容设计及学时分配

课程内容设计是整个课程设计流程的核心环节，其质量和深度直接影响教学效果与学生的知识掌握程度，因此必须予以高度重视。

5.3.5.1　课程内容的设计

（1）知识体系。构建一个完整且逻辑严密的知识体系是课程内容设计的首要任务，这要求我们不仅要涵盖学科的基础知识和核心概念，还要确保各部分内容之间的有机联系，形成一个条理清晰、层次分明的知识框架。通过这样的设计，学生可以循序渐进地学习，逐步构建起自己的知识体系，为后续的专业学习和实践打下坚实的基础。

（2）重点与难点。在构建知识体系的基础上，我们需要准确识别并突出课程的重点与难点。重点是学科中的关键知识点，是学生学习过程中必须掌握的核心内容；难点则是学生在学习过程中可能遇到困惑或难以理解的部分，需要教师通过创新的教学方法、生动的实例和详细的解释来帮助学生克服。通过明确重点与难点，教师可以有针对性地设计教学活动，提高教学效果。

特别值得注意的是，不能把教学重点和教学难点混为一谈，在进行教学设计时必须加以严格区分，教学重点是指课程中最重要、需要优先掌握的部分，通常是课程的核心内容，包括基础知识、原理和技能等。教学重点是学生掌握整个课程的关键，因此教师需要重点讲解、强调和巩固。教学重点的确定通常基于教材的内容和教学目标，是客观存在的，不因学习对象的不同而改变。教学难点则是指学生在学习过程中可能遇到的困难或难以理解的内容，这些内容可能是由于知识本身的抽象性、复杂性，或者是因为学生缺乏必要的知识准备而难以接受。因此，教学难点具有相对的不稳定性，其确定往往需要考虑学生的实际情况和学习能力。

（3）课程特点。每门课程都有其独特的风格和特点，这是课程设计不可忽视的一部分。课程特点可能体现在教学内容的前沿性、实践性、创新性等方面。在设计课程内容时，我们要充分展现这些特点，以激发学生的学习兴趣和积极性。例如，对于前沿性强的课程，我们可以引入最新的研究成果和行业动态；对于实践性强的课程，我们可以增加实验和实践环节，让学生在实践中学习和成长。

5.3.5.2　学时分配

根据教学内容和教学要求，可以参照表5.1来对课程进行学时分配。

表5.1　学时分配表

课程	学时
理论知识课	30学时
实验实训课	6学时
习题（含课程论文）课	2学时
讨论课	2学时
辅导答疑课	1学时
阶段性测验	1学时
课程设计（大型作业）	2学时
课程拓展	2学时
机动	2学时

5.3.6　高阶教学的顶层设计与规划

5.3.6.1　高、中、低阶教学的安排

在课程设计的精细流程中，首要且至关重要的步骤是科学合理地规划高中低三个不同教学阶段的安排。这一环节要求教师深思熟虑，精准判断哪些知识体系最适合被纳入哪个教学层次，以确保学习内容的连贯性、递进性和适应性。

（1）低阶教学安排。此阶段侧重于基础知识的构建与兴趣的培养。教育者需要精心挑选那些为学生后续学习奠定坚实基础的核心概念、基本原理和基本技能，如数学中的基础运算、语文中的字词积累、科学中的自然现象观察等。这些内容的选取旨在激发学生对学科的好奇心和探索欲，为后续学习铺设平稳的起点。

（2）中阶教学安排。中阶教学则着重于深化理解和应用能力的提升。在这一层次，课程应包含更多需要一定逻辑思维和问题解决能力的知识点，如数学的代数运算、物理的力学原理应用、历史事件的因果分析等。教师通过案例分析、实验操作、小组讨论等多种形式，促进学生将所学知识应用于解决实际问题，培养其批判性思维和创新能力。

（3）高阶教学安排。进入高阶学习阶段，课程设计的重心转向高级概念的理解、复杂问题的解决以及创新能力的培养。这一层次的教学内容往往涉及跨学科整合、前沿科技探索、深度理论分析等领域，如高等数学的微积分、生物学的基因编辑技术、经济学的市场模型预测等。教师通过项目式学习、研究论文撰写、专题研讨会等活动，鼓励学生主动探索未知，培养其独立思考、团队协作和终身学习的能力。

总之，课程设计中的高中低阶教学安排是一个系统工程，需要教育者综合考虑学生的认知发展规律、学科知识的内在逻辑以及社会对未来人才的需求，确保每个阶段的学习内容既符合学生的当前水平，又能有效引领他们向更高层次迈进。

5.3.6.2　高阶教学设计

高阶思维作为导向创新的必备品质已经引发国际教育界的重视，21世纪指向未来的学习框架无一例外地将高阶思维放在核心位置。早在2016年，我国就已经将反思批判、善于质疑、解决问题等纳入核心素养要点，

显示出高阶思维对于学生核心素养发展的重要性[①]。

高阶教学设计需要关注高阶学习目标的设定、教学内容的选择、挑战性学习任务的设计、多种教学方法的运用、教师的引导和支持、学生的自主学习和反思以及高阶思维技能的评估等方面。

（1）设定高阶学习目标。明确课程的高阶学习目标，例如培养学生的批判性思维、创新能力或问题解决能力。这些目标应该与课程的核心内容和专业标准相契合。

（2）选择适当的教学内容。选择那些能够引发学生高阶思维的教学内容展开高阶教学。这些内容可以包括具有争议的话题、真实世界的复杂问题或需要创新解决方案的任务。

（3）设计具有挑战性的学习任务。为学生设计具有挑战性的学习任务，要求他们运用高阶思维技能来解决问题或完成任务。这些任务可以是案例分析、项目设计、研究报告等，能够让学生在实践中锻炼高阶思维。

（4）采用多种教学方法。运用多种教学方法来促进学生的高阶思维发展。例如，可以采用问题式学习（PBL）、翻转课堂、小组讨论等教学方法，这些方法能够激发学生的主动性，促进他们之间的交流和合作。

（5）提供引导和支持。这一条至关重要，在学生进行高阶思维活动的过程中，教师应该提供适当的引导和支持，包括提供必要的背景知识、解答学生的疑问、提供反馈和建议等。

（6）鼓励学生自主学习和反思。鼓励学生进行自主学习和反思，让他们在学习过程中不断总结经验、发现问题并寻求改进。这有助于培养学生的自主学习能力和终身学习的习惯。

（7）设置有效的高阶教学评价和激励方式。设计有效的评估工具来评估学生高阶思维技能的发展情况。可以通过作业分析、项目评估、口头报告等方式进行。同时，也要注重学生的自我评价和同伴评价，让他们对自己的学习过程和成果进行反思和改进。

5.3.7　课程实验实践设计与作业设计

5.3.7.1　课程实验实践设计

在高校课程设计过程中，实验实践设计是至关重要的一环，它有助于

---

① 赵丽红，左敏，黄先开. 人工智能时代高等教育教学的变革指向：培养高阶思维［J］. 北京师范大学学报（社会科学版），2023（4）：40-48.

学生将理论知识应用于实际，培养学生的实践能力和创新思维。在设计过程中注意明确以下几项内容。

（1）明确实验实践的目标。

教师需要明确实验实践的具体目标，包括知识目标、技能目标和素质目标。知识目标旨在使学生掌握相关的基本概念、原理和方法；技能目标则侧重于培养学生的实验操作能力、数据分析能力、逻辑思维能力等；素质目标则注重提高学生的创新意识、团队协作精神和社会责任感。

（2）选择实验实践内容。

实验实践内容的选择应紧密围绕课程目标，同时考虑学生的实际情况和兴趣。教师可以选择一些经典的实验案例，也可以结合当前科技发展趋势，引入一些虚拟仿真的实验项目。此外，还可以鼓励学生参与自主设计实验，以培养学生的创新思维和实践能力。

（3）明确实验实践开设的要求。

明确实验实践开设的要求是一个全面而细致的考量过程，它涵盖了多个关键要素，如确保实验顺利进行的场地条件、合理安排的学时安排，以及科学公正的成绩构成体系，这些都为提升实验实践教学效果提供了坚实的保证。

5.3.7.2 作业设计

课程的作业设计是一个综合性的过程，需要考虑教学目标、课程内容、学生特点以及评估方式等多个方面。不同的课程应该根据自身的特点量身定做。以下是设计高校课程作业时的一些建议。

（1）明确教学目标。教师要明确课程的教学目标是什么，作业设计应该紧密围绕这些目标进行。例如，如果目标是提高学生的理论知识掌握程度，那么作业可以包含一些理论应用题；如果目标是培养学生的实践能力，那么作业可以包括实验、调研或项目设计等。

（2）结合课程内容。作业应该与课程内容紧密相连，能够反映出课程的核心知识点。同时，作业设计应该具有一定的层次性和递进性，从基础到复杂，逐步引导学生深入理解和应用所学知识。

（3）考虑学生特点。教师在设计作业时，需要考虑学生的年龄、知识基础、兴趣爱好以及学习风格等特点。例如，对于低年级学生，可以设计一些基础性强、易于上手的作业；对于高年级学生，则可以设计一些更具挑战性、需要深入研究的作业。

（4）多样性与灵活性。作业形式应该多样，包括选择题、填空题、简答题、论述题、案例分析、实验报告、研究报告等，以满足不同学生的学习需求和兴趣。同时，作业设计应该具有一定的灵活性，允许学生在一定范围内自主选择作业内容和难度。

（5）强调批判性思维与创新。教师应该鼓励学生进行批判性思考和创新，设计一些开放性问题或项目，让学生从不同角度思考问题，提出自己的见解和解决方案。

（6）注重实际应用。作业应该注重实际应用，让学生有机会将所学知识应用于实际问题中。这不仅可以提高学生的实践能力，还有助于增强学生对知识的理解和兴趣。

（7）及时反馈与指导。教师设计作业时，要考虑到反馈和指导的重要性。教师应该及时批改作业，给出具体的反馈和建议，帮助学生了解自己的学习状况并改进学习方法。

总之，设计高校课程的作业需要综合考虑多个因素，确保作业既符合教学目标和课程内容，又能满足学生的需求和兴趣。同时，作业设计应该具有一定的多样性和灵活性，注重实际应用和批判性思维的培养，为学生提供及时的反馈和指导。

5.3.8　课程教学方法和教学手段的选择

教学方法是教师和学生为了实现共同的教学目标，完成共同的教学任务，在教学过程中运用的方式与手段的总称。它直接关系着教学的成败、效率的高低和把学生培养成什么样的人。因此，选择合适的教学方法至关重要。

在选择合适的教学方法时，教师需要综合考虑教学目标、教学内容、学生特点、教学资源和教学条件等多个因素。同时，也需要不断尝试和创新，探索出更适合自己和学生的教学方法，以提高教学效果和促进学生的全面发展。

运用什么样的教学方法没有标准答案，适合的才是最好的。以下是选择合适的教学方法时需要考虑的几个因素。

（1）教学目标。教学目标即希望通过教学达到什么样的效果。教学目标不同，所选择的教学方法也会有所不同。例如，如果教学目标是提高学生的理论知识水平，那么讲授法、讨论法等可能更适合；如果教学目标是培养学生的实践能力，那么实验法、项目式学习法等可能更合适。

（2）教学内容。教学内容的性质和特点也是选择教学方法的重要依据。不同的学科和领域，其教学内容的特点和难度各不相同，需要采用不同的教学方法。例如，对于抽象性较强的理论知识，可以采用讲授法、案例分析法等；对于实践性较强的内容，可以采用实验法、模拟法等。

（3）学生特点。学生的年龄、知识基础、兴趣爱好等也是选择教学方法时需要考虑的因素。例如，对于低年级学生，可以采用直观、生动的教学方法，如演示法、互动式教学等；对于高年级学生，则可以采用深入、探讨式的教学方法，如讨论法、研究式学习法等。

（4）教学资源和条件。教学资源和条件也是选择教学方法时需要考虑的因素。例如，如果学校拥有先进的实验室和设施，那么就可以考虑采用实验法、实践法等需要较多实验和实践的教学方法；如果学校的教学资源有限，那么就需要选择更经济实惠、易于实施的教学方法。

5.3.9 实验实践设计与作业设计

5.3.9.1 实验实践环节设计

在高校课程设计过程中，实验实践设计是至关重要的一环，它有助于学生将理论知识应用于实际，培养学生的实践能力和创新思维。以下是教师关于实验实践设计的建议。

（1）明确实验实践目标。

教师需要明确实验实践的具体目标，包括知识目标、技能目标和素质目标。知识目标旨在使学生掌握相关的基本概念、原理和方法；技能目标则侧重于培养学生的实验操作能力、数据分析能力、逻辑思维能力等；素质目标则关注于提高学生的创新意识、团队协作精神和社会责任感。

（2）选择实验实践内容。

实验实践内容的选择应紧密围绕课程目标，同时考虑学生的实际情况和兴趣。可以选择一些经典的实验案例，也可以结合当前科技发展趋势，引入一些前沿的实验项目。此外，还可以鼓励学生参与自主设计实验，以培养学生的创新思维和实践能力。

5.3.9.2 课程作业设计

课程的作业设计是一个综合性的过程，需要考虑到教学目标、课程内容、学生特点以及评估方式等多个方面。不同的课程应该根据自身的特点量身定做。以下是设计高校课程作业时的一些建议。

（1）明确教学目标。教师要明确课程的教学目标是什么，作业设计应该紧密围绕这些目标进行。例如，如果目标是提高学生的理论知识掌握程度，那么作业可以包含一些理论应用题；如果目标是培养学生的实践能力，那么作业可以包括实验、调研或项目设计等。

（2）结合课程内容。作业应该与课程内容紧密相连，能够反映出课程的核心知识点。同时，作业设计应该具有一定的层次性和递进性，从基础到复杂，逐步引导学生深入理解和应用所学知识。

（3）考虑学生特点。在设计作业时，需要考虑到学生的年龄、知识基础、兴趣爱好以及学习风格等特点。例如，对于低年级学生，可以设计一些基础性强、易于上手的作业；对于高年级学生，则可以设计一些更具挑战性、需要深入研究的作业。

（4）多样性与灵活性。作业形式应该多样，包括选择题、填空题、简答题、论述题、案例分析、实验报告、研究报告等，以满足不同学生的学习需求和兴趣。同时，作业设计应该具有一定的灵活性，允许学生在一定范围内自主选择作业内容和难度。

（5）强调批判性思维与创新。作业设计应该鼓励学生进行批判性思考和创新。可以设计一些开放性问题或项目，让学生从不同角度思考问题，提出自己的见解和解决方案。

（6）注重实际应用。作业应该注重实际应用，让学生有机会将所学知识应用于实际问题中。这不仅可以提高学生的实践能力，还有助于增强学生对知识的理解和兴趣。

（7）及时反馈与指导。设计作业时，要考虑到反馈和指导的重要性。教师应该及时批改作业，给出具体的反馈和建议，帮助学生了解自己的学习状况并改进学习方法。

总之，设计高校课程的作业需要综合考虑多个因素，确保作业既符合教学目标和课程内容，又能满足学生的需求和兴趣。同时，作业设计应该具有一定的多样性和灵活性，注重实际应用和批判性思维的培养，为学生提供及时的反馈和指导。

5.3.10 课程评价与课程考核的设计

课程考核不仅是衡量学生对知识掌握程度的关键环节，更是评估教师教学效果的重要工具，它在整个教学活动中占据着举足轻重的地位。通过课程考核，教师可以确保教学秩序的稳定，促进教风、学风、校风的健康发展，进而推动教学工作的改进和教学质量的提升。在实施课程考核时，更应聚焦于学生的学习过程和能力发展，不仅要检验他们对基本理论、基本知识和基本技能的掌握程度，还要着重评估他们运用所学知识解决实际问题的能力。这样的考核方式，才能更好地贯彻"讲一学二考三"的教学思想，培养学生的创新能力和综合素质。

课程考核的构成包括过程性评价和期末考核两部分，这两部分的比重应根据课程的具体特点以及开设的年级等因素进行个性化设定。

5.3.10.1 过程性评价设计

2020 年 10 月，中共中央、国务院印发《深化新时代教育评价改革总体方案》，提出要"改进结果评价，强化过程评价，探索增值评价，健全综合评价"。

过程性评价就是一种综合性评价方式，也是一种动态评价方式，它着眼于学生在学习过程中的各种表现，如课堂参与度、作业完成情况、小组讨论贡献等，旨在全面反映学生的学习态度、学习方法和学习效果。通过过程性评价，教师能够更准确地了解学生的学习进展，及时调整教学策略，同时也为学生提供了一个持续反馈和自我提升的机会。这种评价方式有助于培养学生的自主学习能力、合作精神和责任感，促进他们的全面发展。

进行过程性评价时，以下注意事项应予以重视。

（1）事先约定。在进行过程性评价之前，教师应与学生明确评价的标准、方式和时间。这样，学生就能够清楚地了解自己在哪些方面需要努力，以及如何通过努力来获得更好的评价。同时，事先约定也有助于减少评价过程中的误解和争议。

（2）考核全面。过程性评价应涵盖学生在学习过程中的多个方面，如课堂表现、作业完成质量、团队合作能力、创新思维等。这样可以确保评价结果的全面性和准确性，避免因为只关注某一方面而忽略了学生的整体表现。

（3）公平公正。教师在进行评价时应保持公平公正的态度，避免个人偏见和情感因素对评价结果的影响。同时，教师应确保评价标准的一致性，对不同学生使用相同的标准进行评价。

（4）记录详尽，有据可查。为了确保过程性评价的公正性和透明度，教师应详细记录学生在各个方面的表现，并保留相关的证据和资料。这样，在需要时，教师可以提供有力的证据来支持评价结果，同时也有助于学生在需要时查看自己的表现并进行反思和改进。

总之，通过遵循这些注意事项，可以确保过程性评价的有效性和可靠性，为学生的学习和发展提供有力的支持。

5.3.10.2　期末考核设计

期末考核是高等教育中不可或缺的重要环节，对于保障教学质量、促进学生全面发展具有重要意义。期末考核是对学生在整个学期所学知识的一次综合总结，同时也是学生们对自己学习成果的一次检验。在这个过程中，学生们不仅仅是单纯地回忆与应用知识，更重要的是培养学生们的学习能力和解决问题的能力。因此，对于整个课程设计来说，期末考核是非常重要的一环。

在设计大学课程期末考核时，以下五个事项需要注意。

（1）明确考核目标。在开始设计考核之前，首先要清晰地定义考核的目的和目标，这有助于确保考核内容与课程目标相一致，并能准确地评估学生是否达到了预期的学习成果。

（2）难易适中。要确保考核内容的难度与课程目标和学生的能力水平相匹配。过于简单的考核可能无法真实反映学生的能力，而过于复杂的考核则可能让学生感到沮丧或挫败。因此，教师应根据学生的实际情况和教学目标来确定适当的难度。

（3）合理安排考核内容。考核内容应全面覆盖课程的主要知识点和技能点，确保学生能够充分展示他们在整个学期中所学的内容。同时，教师要注意合理安排不同类型题目的比例，如选择题、填空题、简答题、论述题等，以全面评估学生的理解和应用能力。

（4）包含开放性（高阶）题目。在考核中加入一些开放性或高阶题目，以鼓励学生进行深入思考和创造性回答。这些题目可以要求学生分析案例、解决问题、提出假设或进行批判性思维。通过这类题目，可以更好地评估学生的高阶思维能力和综合应用能力。

（5）明确评分标准。为确保考核的公正性和一致性，需要制定明确的评分标准。评分标准应详细列出每个题目或每个部分的评分标准，以便学生在准备和完成考核时能够清楚地了解如何获得高分。同时，评分标准也应为教师提供清晰的指导，以便他们能够对学生的表现进行准确的评估。

课程设计是一个永无止境的思考与创新的过程。随着社会的飞速发展和技术的日新月异，教师需要不断地进行修订与完善，确保教学内容既前沿又实用。对于大学教师而言，这不仅是一项日常工作，更是他们终身致力于的事业的重要组成部分，需要用心完成。

5.4 课堂设计要点

5.4.1 课堂设计学情分析

在制定课堂教学目标前，应该进行细致的学情分析。与课程设计有所区别的是，在课堂设计时的学情分析考虑得更为细致，主要包括以下几个方面。

（1）本小节在整个课程中的作用和地位。

分析本小节内容与前后章节的逻辑关系，明确它在整个课程体系中的位置和作用。这有助于教师确定教学重点和难点，确保学生能够理解并掌握知识链条中的关键一环。

评估本小节内容对学生后续学习的影响，预测学生可能遇到的困难，并提前设计相应的教学策略。

（2）学生的学习状态和兴趣。

了解学生当前的学习状态，包括他们对上一节课内容的掌握情况、课堂参与度、作业完成情况等。这有助于教师评估学生的知识储备和学习准备情况，为后续教学提供依据。

分析学生对本小节内容的兴趣点，探究能够激发学生兴趣和好奇心的教学元素。这有助于教师设计更具吸引力的教学活动，提高学生的学习动力。

（3）什么样的教学方法更为适合。

根据学生的学习风格和需求，选择适合的教学方法。例如，对于视觉型学生，可以采用图表、图片等可视化教学资源；对于动手型学生，可以设计实验、操作等实践性活动。

5.4.2　教学目标设计

教案中的教学目标通常更加具体和细致，它关注的是学生在这一教学环节（一般为一个课时的内容）中应该掌握的具体知识点、技能或情感态度。这些目标通常与课程标准和教材紧密相关，是教师为了达成学期或学年教学目标而设计的具体教学活动。一堂课的教学目标的确定往往更加注重教学内容的选择和组织，以及教学方法和手段的运用，以确保学生在有限的时间内能够充分理解和掌握所学内容。

具体实施的单个课时的教学目标，包括知识目标、能力目标和素养目标。这些目标与课程设计中的整体目标有所不同，它们更加具体和细化，针对的是单个课时的教学内容和学生的具体学习成果。

以下是针对一个课时的详细教学设计中的教学目标的示例。

（1）知识目标。

掌握并理解本课时中的关键概念和原理，能够准确解释和阐述相关知识点。

了解本课时所涉及的相关背景信息、历史发展或实际应用，形成完整的知识体系。

记忆本课时中的重点知识点和公式，为后续学习打下坚实基础。

（2）能力目标。

培养学生运用所学知识解决问题的能力，包括分析、推理、归纳等思维能力。

提高学生的实验操作能力，能够正确进行实验步骤，观察实验现象并记录实验数据。

培养学生的团队合作和沟通能力，通过小组讨论、角色扮演等活动，提升学生的协作能力。

（3）素养目标。

培养学生的科学精神和批判性思维，鼓励学生对所学知识进行质疑和探究。

增强学生的创新意识和实践能力，鼓励学生尝试新的方法和思路解决问题。

提升学生的信息素养，培养学生获取、整理、分析和利用信息的能力。

这些教学目标的设计应该紧密围绕课时的具体内容和学生的实际需求，确保学生能够在一个课时内有所收获，并为后续学习打下坚实的基础。同时，这些目标也应该与课程设计中的整体目标相协调，确保整个课程的教学连贯性和系统性。

5.4.3　教学内容设计

5.4.3.1　教学内容的设计

课堂教学的教学内容设计更侧重于单节课或特定教学活动的知识传授与安排，强调即时的教学效果。课堂教学的内容设计实际上就是要罗列出本次课堂要给学生教授的主要课程内容。

根据经验可以为课堂设计的教学内容总结出三个重点。

第一个重点是以知识点为中心，对要讲的知识点进行分解或归纳。

第二个重点是要设计清楚讲授的知识与相关课程的前后左右的关系。

第三个重点是要求在教材的知识点内容之外，作为一门课程来讲，要增加下面三个内容：一是本课程、本专业或者本学科知识的最新发展，笼统地说，就是学科前沿、专业前沿、行业前沿。二是必须快速地、有效地、全面地吸收新知识在社会生产和生活活动当中成果，不但要讲最新发展还要讲最新发展的应用，当然有的可能没有应用。三是对于基础性的、记忆性的、诠释性的基础理论或者基础知识要讲清楚它在学术上或者工程中的地位，或有可能的应用方向。大学不能只教有用的，更要向学生传递一种寻求可能的思维。

5.4.3.2　确定教学重难点

这里不光要罗列出课堂的教学重点和难点，还必须对这些重难点提出对应的教学措施。

（1）重难点的罗列。

在教学设计中，明确列出本节课的教学重点和教学难点至关重要。教学重点通常是本节课的核心知识或技能，是学生必须掌握的内容，它构成了整个课堂的知识骨架。而教学难点则是指学生在学习过程中可能会遇到的困惑或障碍，这些难点往往涉及较为抽象的概念或复杂的逻辑推理。

（2）针对重难点的教学策略。

针对教学重点和教学难点，教师应分别制定相应的教学策略。

对于教学重点，教师需要确保在课堂上有足够的时间进行深入的讲解和示范，可以通过强化练习、课堂互动等方式加深学生的理解和记忆，并通过多种教学手段帮助学生巩固和内化这些知识点。

对于教学难点，教师需要采取更为灵活和多样的教学策略，如通过提问、讨论、实验等方式激发学生的思维，引导他们从不同角度思考问题，采用直观教学手段、设计分层任务等方式，突破难点，掌握相关知识和技能。

5.4.4 教学方法的设计

课堂教学的教学方法设计是确保教学目标实现、教学内容有效传递和学生积极参与的关键环节。与课程设计教学方法设计相比，课堂教学方法设计更注重在特定教学场景下的灵活性和针对性。

首先，在设计课堂教学方法时，教师要明确本节课的教学目标，这是选择教学方法的出发点。根据教学目标的不同，教师可以灵活选择讲授法、讨论法、演示法、实验法等多种教学方法。例如，对于理论知识的传授，讲授法可以确保知识的系统性和准确性；而对于培养学生的批判性思维和团队合作能力，讨论法则更为合适。

其次，教学内容的性质和特点也是选择教学方法的重要依据。教师应根据学科特点和教学内容的难度，选择能够激发学生兴趣、促进学生理解的教学方法。对于抽象性较强的内容，可以通过案例分析、图示说明等方式进行直观呈现；对于实践性较强的内容，则可以设计实验、模拟等活动，让学生在实践中学习和掌握。

再次，学生的年龄、知识基础、兴趣爱好等也是设计教学方法时需要考虑的因素。教师应根据学生的实际情况，选择适合他们认知水平和学习风格的教学方法，以激发学生的学习积极性和参与度。

最后，教学资源和教学条件也是设计教学方法时不可忽视的因素。教师应充分利用现有教学资源，如教室设施、教学软件等，同时考虑教学成本和时间安排，选择经济实惠、易于实施的教学方法。

总而言之，选择何种教学方法必须根据教师、学生、课程、教学内容、学校等来综合判断，适合就是最好的。

5.4.5 课堂教学过程设计

教学过程设计是课堂设计的核心组成部分，它决定了教学活动如何展开，如何有效地传递知识，以及如何激发学生的学习兴趣和参与度。一个精心设计的教学过程不仅能够帮助学生更好地理解和掌握知识，还能培养他们的批判性思维、合作能力和创新能力。

5.4.5.1 教学进程的安排

在教学进程安排中，教学内容的逻辑顺序以及时间的合理分配与控制是两个至关重要的方面。以下是这两个方面的详细注意事项。

（1）教学内容的逻辑顺序。

首先，在课堂设计时，应该注意内容的循序渐进。教学内容应按照由易到难、由简到繁的顺序进行安排，确保学生能够逐步理解和掌握知识点。避免一开始就引入过于复杂或难以理解的内容，以免打击学生的学习积极性。

其次，在课堂设计时，还应注意知识衔接，确保每两个知识点之间都有紧密的逻辑联系，避免出现知识断层或跳跃式讲解。在讲解新知识时，可以适当回顾和复习已学过的相关内容，帮助学生建立知识网络。

（2）时间的合理分配与控制。

首先，在备课阶段，教师应根据教学内容和学生特点，预估每个环节所需的时间。预估时间应具有一定的弹性，以便教师根据实际情况进行调整。

其次，可以通过设置课堂互动、提问等方式，提高学生的课堂参与度，使后期实施过程的时间掌控更为灵活。

最后，在教学过程中，教师应定期安排复习和总结环节，帮助学生巩固所学知识。复习和总结的时间应计入教学总时间，确保教学进程的完整性。

建议在课堂设计增设如表 5.2 所示的进程安排表，使得整个教学进程安排一目了然，然后再做具体的教学内容进程安排。

表 5.2　进程安排表

教学进程	时间/分钟
课程组织与知识回顾	5
新知识引入	5
新知识的讲授	20
课堂练习	5

表5.2(续)

教学进程	时间/分钟
小组讨论	5
知识点总结	5

5.4.5.2 课堂互动设计

在中国教育领域，师生间缺乏有效互动一直是备受关注的问题。为了打破这一困境，提升课堂活力，本书精心设计了课堂互动方案，旨在通过多元化的互动形式，激发学生的参与热情，促进知识的深入理解和应用。课堂互动设计的核心在于构建以学生为中心、以问题为导向的教学环境。通过精心准备的问题和多样化的互动方式，可以引导学生主动思考、积极探索，从而在互动中受到启发和诱导。

（1）互动实施策略。

互动策略有很多，高校中较为常用的有以下三种。

①启发式提问。在提问过程中，教师要注重引导学生从多个角度思考问题，激发其好奇心和求知欲，通过层层递进的提问，逐步引导学生深入探究问题的本质。

②探究式学习。教师应鼓励学生通过自主探索和合作研究的方式解决问题。在互动过程中，教师应及时给予指导和反馈，帮助学生建立正确的解题思路和方法。

③研讨式教学。教师应将课堂转变为研讨的场所，让学生在讨论和交流中共同成长。教师还应积极参与讨论，引导学生深入思考、积极发言，形成良好的互动氛围。

（2）师生互动设计。

师生互动目前仍然是高校课堂的主流形式，主要有以下几种形式。

①问题引导与反馈。教师设计具有启发性和针对性的问题，引导学生思考并发表观点。在学生回答后，教师及时给予正面反馈和建设性建议，鼓励学生继续探索。

②角色互换。教师鼓励学生扮演"小老师"角色，向全班讲解某个知识点或分享学习心得。教师作为听众和引导者，对学生的讲解进行点评和补充，增强师生互动的深度和广度。

③个别指导。在课堂互动过程中，教师关注每位学生的表现，对需要

帮助的学生进行个别指导。通过一对一的交流，教师可以了解学生的学习需求和困难，提供个性化的学习建议。

（3）生生互动设计。

随着时代的发展，社会对大学生培养的需求日益多元化，现在教学设计过程中，设计者要更加注重生生互动的设计。生生互动常常采取的方式有以下几种。

①小组讨论与分享。将学生分成若干小组，每组围绕特定的问题或案例进行讨论。鼓励学生积极发言，分享自己的观点和想法，促进小组内的思想碰撞和合作。

②角色扮演与模拟。通过角色扮演或模拟活动，让学生在实践中学习和应用知识。学生在角色扮演中相互协作，共同完成任务，增强生生之间的互动和合作。

③同伴评价。在课堂互动结束后，鼓励学生对同伴的表现进行评价和反馈。通过同伴评价，学生可以了解自己在互动中的优点和不足，同时学习他人的优点和长处。

④提出疑问。在课堂互动的高潮阶段，鼓励学生勇敢地对同伴的观点或教师的讲解提出疑问。这种质疑不仅限于对内容的正确性进行挑战，还包括对方法、思路乃至整个讨论框架的反思。通过提出疑问，学生可以培养批判性思维，学会从不同角度审视问题，进一步挖掘知识的深度和广度。

5.4.5.3 板书设计

在高校教学过程中，板书设计不仅是教师传递信息的基本工具，更是激发学生兴趣、促进师生互动、深化理解的重要媒介。现在有些教师认为多媒体教学不需要板书，这种想法是错误的，恰当的板书能够让课程更加成功。

（1）板书设计的作用。

板书是构建知识桥梁，能够激发学生学习潜能。板书的作用有以下几点。

①知识呈现与梳理：板书通过简洁明了的文字、图表或符号，将复杂的课程内容条理化、系统化，帮助学生构建清晰的知识框架，便于记忆与回顾。

②思维引导与启发：精心设计的板书能够逐步展开教学内容，引导学

生跟随逻辑线索深入思考，激发批判性思维与创新能力。

③情感共鸣与氛围营造：美观、富有创意的板书设计能够吸引学生的注意力，营造积极向上的学习氛围，增强学生对课程的情感投入与参与度。

（2）板书的常见内容。

板书的内容要根据具体课程内容进行设计，但总体可以归纳出以下几个常见内容。

①核心知识点：直接呈现课程的核心概念、形状图形、公式、定理等，是板书的基础部分。

②思维导图：利用图形化的方式展示知识点之间的联系，帮助学生形成系统的认知结构。

③问题探讨：列出待解决的问题或讨论主题，鼓励学生参与讨论，促进课堂互动。

（3）板书的常见形式。

随着教学现代化的推进，教学设备也越来越智能化，因此在板书设计过程中应该注意多样化表达，适应不同需求。

①传统手写：经典而灵活，适合即兴发挥与即时调整。

②多媒体辅助：结合 PPT、电子白板等现代技术，实现图文并茂、动态演示。

③创意布局：采用对称、层次、色彩对比等设计原则，使板书更加生动、吸引人。

（4）板书设计的注意事项。

细节决定成败，在板书设计过程中应精益求精。这意味着，教师需要在有限的空间内精挑细选，仅保留并传达那些最为核心、关键的信息，以此避免冗余与重复，让板面保持一种既简洁又高效的视觉效果。同时，内容的组织需遵循逻辑严密的原则，循序渐进地展开，确保逻辑清晰，避免任何跳跃式的表述，为学生铺设一条顺畅的理解之路。此外，鼓励并创造条件，让学生也参与到板书的过程中来，无论是通过提问、填空，还是其他富有创意的互动形式，设计出师生共创的板书。

5.4.6 课堂管理设计

古语有云："凡事预则立，不预则废。"这一智慧同样适用于课堂管理，它不仅是教学成功的基石，更是确保学习环境和谐、高效的关键。以下是一次精心设计的课堂管理方案，旨在通过细致规划与灵活执行，营造出一个既有序又充满信任与支持的教学氛围。

5.4.6.1 营造积极课堂环境：信任与支持的基石

课堂管理的首要任务，在于构建一个有序且充满正能量的学习环境。这要求教师不仅要成为知识的传递者，更要成为学生情感的依托。具体措施包括以下几个方面。

（1）建立信任桥梁：通过开诚布公的沟通，让学生感受到教师的真诚与关怀，鼓励学生表达自己的想法和困惑，形成师生间的良性互动。

（2）强化团队协作：组织小组活动，鼓励学生间的相互帮助与支持，培养集体荣誉感，让每个学生都能在团队中找到归属感。

（3）明确目标与期望：在课程开始前，清晰阐述本节课的学习目标及期望行为，使学生在明确的方向下共同努力。

5.4.6.2 维护专注学习气氛：防干扰策略

为了保持学生的注意力集中，防止外界因素或内部情绪波动干扰学习，课堂管理需采取以下策略。

（1）合理安排座位：合理安排座位，比如督促学生集中就座，促进师生互动与生生交流。

（2）时间管理：采用番茄工作法等时间管理技巧，将课程内容分割成小块，每段时间后安排短暂休息，以保持学生精力充沛。

（3）行为引导：对于分心行为，采取温和提醒与正面激励相结合的方式，引导学生重新聚焦于学习任务。

5.4.6.3 纠正不良行为：规则与程序的力量

针对可能出现的顽固、复发或不规则行为，课堂管理需依靠一套明确的规则与程序来规范。

（1）制定规则：与学生共同商讨并制定课堂行为规范，包括不准迟到早退、课堂纪律、作业提交等，确保规则既合理又具有可操作性。

（2）程序执行：对于违规行为，依据事先设定的程序进行处理，如初次违规给予口头警告，多次违规则采取更严厉的措施，同时注重教育与引导，而非单纯惩罚。

（3）监测与反馈：通过到课率和听课率等指标，定期评估课堂管理效果，及时调整策略，并向学生反馈改进情况，鼓励其自觉遵守规则。

5.4.6.4 个性化管理：因材施教的艺术

考虑到不同班级、不同学生群体的特性差异，课堂管理还需体现个性化原则。

（1）灵活调整：根据班级整体氛围和学生个性特点，适时调整管理策略，如对于活跃班级增加互动环节，对于内向班级则更注重情感交流。

（2）差异化指导：针对个别学生的特殊需求，提供个性化的学习支持和心理辅导，确保每位学生都能在适合自己的节奏下成长。

5.4.7 课堂评价方式的设计

在课堂教育的整体框架中，课堂评价设计是至关重要的一环，它不仅关乎对学生学习成果的准确评估，更是促进学生积极参与、持续改进学习过程的强大动力。尤其重要的是，通过注重加强学生的过程管理，课堂评价能够更全面地反映学生的学习状态，激发其内在潜能，实现个性化发展。

（1）过程性评价的引入。

为了强化学生的过程管理，教师首先要将过程性评价融入日常教学中。这意味着评价不仅仅关注最终的学习成果，如期末考试或项目报告，而是同样重视学生在学习过程中的表现，如课堂参与度、作业完成情况、小组讨论中的贡献等。通过定期收集这些数据，教师可以更全面地了解学生的学习动态，及时调整教学策略，同时学生也能从反馈中认识到自己的进步与不足，激发持续学习的动力。

（2）多元化评价体系的构建。

构建多元化的评价体系是加强过程管理的另一关键。除了传统的笔试和作业评价外，还应引入如口头报告、项目展示、同伴评价、自我评价等多种评价方式。这些多样化的评价方式不仅能够更全面地评估学生的知识掌握、技能应用及创新能力，还能增强学生的自我反思能力，促进其自我管理和自我驱动学习。

（3）及时反馈与个性化指导。

过程管理的核心在于及时的反馈与个性化的指导。教师应定期审阅学生的学习记录，包括作业、课堂笔记、小组讨论记录等，及时给予学生具体、建设性的反馈。对于表现突出的学生，应给予正面肯定，鼓励学生继续探索；对于遇到困难的学生，则应提供个性化的辅导方案，帮助他们克服障碍，重建信心。

（4）目标设定与进度追踪。

为了让学生更好地参与到过程管理中来，教师应引导学生设定明确的学习目标，并设定阶段性任务，通过进度追踪表或学习日志等形式，帮助学生记录学习进展，自我监控学习过程。这种自我管理的实践不仅能够培养学生的自律性和时间管理能力，还能增强学生对学习成果的责任感。

（5）激励机制的引入。

在作业评讲过程中，通过设立奖励机制，如优秀作业展示、学习之星评选等，可以进一步激发学生的参与热情和竞争意识，促进班级内部的良性互动，形成积极向上的学习氛围。

5.4.8 作业的设计

作业，作为课堂学习的延伸与深化，是教育过程中不可或缺的一环。它不仅是课后学习的核心组成部分，更是检验学生学习成效，培养其独立思考与知识应用能力的重要途径。因此，对于作业的布置与实施，教师必须给予高度的重视与精心的设计，确保每一项作业都能发挥其应有的价值。

在作业的设计上，我们应追求多元化与层次性。所谓的"一般作业"，如课后习题、案例分析等，旨在巩固学生的基础知识，提升其解题技巧。而"大作业"、课程报告及课程小结等，则更注重培养学生的综合分析能力、创新思维及学术表达能力。这些作业不仅要求学生深入理解课程内容，还要求学生们能够将所学知识应用于实际问题解决中，从而在实践中深化理解，提升能力。

对于每一次课的作业布置，授课教师都应进行周密的规划。作业的内容应与当堂课的教学重点紧密相连，既要覆盖核心知识点，又要具有一定的挑战性，以激发学生的探索欲与求知欲。同时，作业的难易程度应适中，确保学生在独立完成的过程中既能获得成就感，又能发现自身的不足，进而激发进一步学习的动力。

此外，作业的设计与布置还需与课程评价体系紧密结合。每一次作业的完成情况都应成为学生平时成绩的一部分，以此激励学生认真对待每一次作业，提升作业完成的质量。通过作业评价，教师可以及时了解学生的学习状态与问题所在，进而调整教学策略，提供个性化的指导与帮助。

总之，作业的设计与实施是一个系统工程，需要教师以高度的责任心与专业素养，结合学生的实际情况与课程目标，进行细致的规划与精心的组织。

5.4.9　推荐课外读物的设计

在每一次精心设计的课堂教学中，课外读物的推荐都是不可或缺的一环，它不仅能够拓宽学生的知识视野，还能深化学生对课程内容的理解。因此，教师在推荐课外读物时，需要细致考虑读物的类型以及推荐的时间，以确保这些资源能够最大化地服务于学生的学习需求。

首先，关于读物的类型，教师应根据课程内容和学生兴趣进行多元化选择。推荐的读物可以是与课程紧密相关的参考书和参考资料，这些资料能够为学生提供更为详尽和深入的理论支撑，帮助他们构建完整的知识体系。此外，思考题和课外作品也是不错的选择，它们能够激发学生的思考，培养他们的批判性思维和创新能力。同时，教师还可以推荐一些与专业相关的杂志和视频，这些资源以其丰富的信息和生动的形式，能够吸引学生的注意力，提高他们的学习兴趣。

其次，在推荐时间上，教师应根据读物的性质和用途进行合理安排。对于需要在课前预习的读物，如一些基础性的参考书和参考资料，教师可以在课堂开始前进行推荐，以便学生能够提前了解课程内容，形成初步的认识。而对于需要在课后进行深入研究或查阅的读物，如特定的文献资料或视频资源，教师则可以在课堂结束后进行推荐，并设定一个明确的研究问题或任务，引导学生有针对性地进行查阅和学习。

通过这样的设计，教师不仅能够为学生提供丰富多样的学习资源，还能够引导他们形成自主学习的习惯，提高他们的学习效率和效果。同时，也能够激发学生对课程内容的兴趣和热情，为他们的全面发展奠定坚实的基础。

5.5　课程思政设计

课程思政的核心目标是坚持知识传授与价值引领相结合，运用可以培养大学生理想信念、价值取向、政治信仰、社会责任的题材与内容，全面提高大学生明辨是非的能力，让学生成为德才兼备、全面发展的人才。

课程思政并非特定的一门或一类课程，而是一种深远的教育教学理念。其核心要义在于：大学的每一门课程，都不仅承载着传授知识与培养能力的使命，更兼具思想政治教育的功能，对于塑造大学生的世界观、人生观、价值观起着至关重要的作用。

课程思政更是一种深思熟虑的教学方式，要求教师在传授专业知识的同时，有机且有效地融入思想政治教育。

5.5.1 思政教育的目标与原则

课程思政的目标和原则体现了教育的全面性和针对性，旨在培养具有高尚品德、深厚专业知识和强烈社会责任感的新时代大学生。在教育实践中，我们应始终坚持这些目标和原则，不断提高课程思政的实效性和针对性。

5.5.1.1 课程思政的目标

课程思政的核心目标是坚持知识传授与价值引领相结合，旨在培养具有理想信念、价值取向、政治信仰和社会责任的大学生。具体来说，其目标包括以下几个方面。

（1）知识传授与价值引领结合：通过课程思政，不仅传授专业知识，更注重引导学生形成正确的价值观，包括爱国情怀、社会责任、诚实守信等。

（2）培养理想信念：鼓励学生树立坚定的理想信念，为国家的繁荣富强和人民的幸福安康贡献自己的力量。

（3）形成价值取向：引导学生形成积极、健康、向上的价值取向，远离低俗、消极、负面的影响。

（4）坚定政治信仰：教育学生以习近平新时代中国特色社会主义思想为指导，增强"四个意识"、坚定"四个自信"、做到"两个维护"。

（5）承担社会责任。培养学生具备强烈的社会责任感，积极参与社会公益事业，为社会的发展进步贡献力量。

5.5.1.2 课程思政的原则

课程思政非常重要，但是如果设计不合理不光起不到作用，反而会引起学生的反感。因此，课程思政应该注意以下几个原则。

（1）顺其自然，不刻意：课程思政的核心理念在于将思政教育自然地融入专业课程，而非将专业课生硬地转变为思政课。教师在授课时，应避免刻意强调思政元素，以免让学生感到不自然或产生反感。优秀的课程思政应该如同春风拂面，使学生在潜移默化中受到教育和启发，而非刻意为之的灌输。

（2）系统挖掘，不遗漏：在准备课程时，教师应有意识地、系统地梳理课程中所蕴含的思政教学元素。这需要在教学大纲编制阶段就进行深入的思考和规划，确保每个教学环节都能体现出思政教育的价值。教师不能仅在课堂上随意提及几句思政内容，而应该形成系统、连贯的思政教育体系。

（3）灵活多样，不单一：课程思政的内容和方法应该灵活多样，以激发学生的学习兴趣和参与度。教师可以通过提问、讨论、角色扮演、辩论、练习、课外阅读等多种形式来呈现思政内容，避免单一、枯燥的讲授方式。这样的教学方式不仅能提高学生的学习效果，还能培养学生的综合素质和批判性思维。

（4）以身作则，不空谈：教师作为课程思政的实施者，其自身的言行举止对学生具有极大的影响力。教师应该以身作则，践行所教授的思政理念，做到言行一致。这样，学生不仅能从教师的讲授中学习到知识，还能从教师的行为中感受到思政教育的真谛。教师的高尚品德和严谨治学态度将对学生产生深远的影响，激励他们成为有理想信念、有道德情操、有扎实学识、有仁爱之心的优秀人才。

5.5.2　课程思政的融合内容

高校课程思政教学设计应紧密结合课程特点和学科优势，将思想政治教育有机融入教学全过程，实现知识传授与价值引领的有机结合，促进学生全面发展。高校课程思政教学主要包含以下几个方面的内容。

（1）社会主义核心价值观：推进习近平新时代中国特色社会主义思想进教材、进课堂、进头脑，将党的创新理论成果和最新政策精神融入课程教学，引导学生深入学习领会并践行社会主义核心价值观。

（2）民族自信：加强中华优秀传统文化教育，通过挖掘和弘扬中华优秀传统文化中的思想精华、道德精髓和人文精神，培养学生的文化自信和民族自豪感，增强他们的文化自觉和文化传承能力。

（3）职业素养：深化职业理想和职业道德教育，将职业理想和职业道德教育融入专业课程教学，引导学生树立正确的职业观和就业观，培养他们的职业道德意识和职业素养。

（4）榜样的力量：通过介绍一些科学家的家国情怀、科研精神、高尚品格等，可以弘扬科学精神，激励学生坚持真理、勇于创新、诚实守信，为实现中华民族伟大复兴而努力学习。这样的内容不仅可以为学生提供丰富的思政教育资源，还能够帮助学生树立正确的人生观和价值观，发挥榜样的力量。

（5）法律意识：深入开展宪法法治教育，通过课程思政设计，将宪法精神贯穿教学全过程，培养学生的法治意识、法律素养和公民责任感，推动他们成为尊法学法守法用法的合格公民。

课程思政的融入应当成为专业教学内容中不可或缺的有机组成部分，而非简单地作为附加或点缀存在。它要求教育者深刻领会思政元素与专业知识的内在联系，确保两者在教授过程中能够相互渗透、相辅相成，而非机械地割裂或生硬地拼接。这样的融合，旨在避免课程思政流于形式，陷入为了思政而思政的狭隘误区，让思政教育的精髓如同春雨般悄无声息地滋养着学生的心田，实现"润物细无声"的教育效果。

在具体实践中，教师应巧妙挖掘专业课程中的思政资源，通过案例分析、专题讨论等形式，自然而然地引导学生思考人生价值、社会责任等深层次问题，使他们在学习专业知识的同时，也能在思想深处种下正确的世界观、人生观和价值观的种子。

5.5.3 课程思政的实践案例

课程思政不仅极大地丰富了教学内容的深度与广度，而且有效促进了学生综合素质的全面提升，致力于培育既具备社会责任感又怀揣时代使命感的高素质人才。当前，众多课程已积极融入思政元素，成为这一教育理念实践的前沿阵地。以下列举几个典型实例，以供读者深入了解与参考。

（1）高等数学中的极限概念与思政融合。

在高等数学课程的极限概念教学中，教师不仅讲解极限的数学定义和计算方法，还要将其与人生哲理相结合。例如，通过"无限接近但永不相等"的极限描述，引导学生思考在追求目标的过程中，应坚持不懈、永不放弃的精神。同时，教师可以引入中国数学家在极限理论方面的贡献，如华罗庚、陈景润等人的事迹，激发学生的民族自豪感和爱国情怀。

（2）电路分析基础中的社会责任与工匠精神。

在电路分析基础课程中，教师在讲解电路设计和分析时，融入社会责任和工匠精神的教育。例如，在讲到交通信号灯电路设计时，教师强调其对于维护交通秩序、保障公共安全的重要性，引导学生认识到作为工程师应承担的社会责任。同时，通过介绍电路设计中精益求精、不断优化的过程，培养学生的工匠精神，鼓励他们追求卓越、勇于创新。

（3）中国古代文学中的文化自信与人文关怀。

在中国古代文学课程中，教师可以通过讲解经典文学作品，融入文化自信和人文关怀的教育。例如，在讲到唐诗宋词时，教师不仅分析诗词的艺术特色和文学价值，还深入挖掘其中的文化内涵和人文精神。通过引导学生欣赏诗词中的自然美景、人生哲理和社会关怀，培养他们的审美情趣和文化自信。同时，通过讲解诗人词人的生平事迹和创作背景，引导学生认识到文学作品中的人文关怀和社会责任，激发他们的同情心和正义感。

（4）管理学原理中的社会责任与领导力培养。

在管理学原理课程中，教师可以通过讲解管理理论和方法，融入社会责任和领导力培养的教育。例如，在讲到企业社会责任时，教师不仅介绍企业社会责任的概念和重要性，还引导学生思考企业如何在追求经济效益的同时，积极履行社会责任，推动社会进步。通过案例分析、角色扮演等方式，培养学生的社会责任感和领导力，鼓励他们在企业管理中注重人文关怀、环境保护和社会公益。

5.6　两课设计优秀范例

在探索与构建高效两课设计的路径过程中，寻找并学习优秀的课程设计与课堂设计案例是一条行之有效的路径。本书精选了两个优秀范例：一是课程设计（教学大纲），它是教学的蓝图，为整个课程提供了清晰的框架与目标；二是课堂设计（教案），它则是教学实施的详细规划，确保了每一堂课的精准执行与互动效果。这两个范例彰显了教育者对课程内容的深刻理解与创新整合，在此表示感谢。

然而，这些范例虽优秀，却仅作为参考而存在。教育是一项高度个性化与情景化的工作，它要求教育者不仅要深入理解课程内容，更要精准把握学生的特点与需求，以及所在学校的特定要求与课程性质。因此，在借鉴这些范例时，教育者应保持批判性思维，结合自身的教育实践，灵活调

整与创新，以期制定出最适合自己、最能激发学生潜能的"两课"设计
方案。

5.6.1 课程设计优秀案例

本小节选取了成都锦城学院周老师的 C 语言程序设计课程设计教学大
纲作为范例供为参考。

5.6.1.1 学情分析

周老师基于学期分析制定课程目标，设计三个阶段的学情调查：课前
阶段、期中阶段、期末阶段。

（1）课前学情调查。

本课程的学生为大一新生，教师在第 1 个教学周内进行课前学情问卷
调查，了解学生的计算机基础知识、计算机操作能力、编程基础等学情，
并加以统计供后续分析使用，部分分析截图如表 5.3 所示。

表 5.3 学情分析

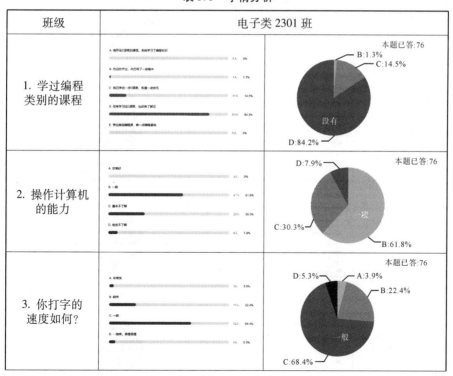

表5.3(续)

班级	电子类2301班
4. 对《C语言程序设计》这门课感兴趣	本题已答:76 C:5.3% B:40.8% A:53.9% 感兴趣
5. 希望老师如何管理课堂	本题已答:76 C:5.3% A:17.1% B:77.6%
6. 是否能接受课前预习?	本题已答:76 C:1.3% D:1.3% A:34.2% 非常接受 接受 B:63.2%
7. 课外学习这门课的时间?	本题已答:76 D:3.9% E:1.3% C:22.4% A:26.3% 1-2h >5h 2-5h B:46.1%
8. 学好C语言的方法	本题已答:76 E:5.6% D:17.3% 做题 听讲 A:26.7% 自主学习 实践 C:25.8% B:24.6%
9. 对期末成绩期望值	本题已答:76 D:3.9% E:1.3% C:21.1% >70 >90 A:30.3% >80 B:43.4%

表5.3（续）

班级	电子类 2301 班	
10. 期望的课程收获		

经课前学情调查发现，电子信息类大一学生，基本上没有计算机编程的基础知识，他们热爱实操胜于理论，对如何学好课程有清楚的认识，对课程成绩、竞赛、考级等都有明确的目标，能做到课前预习和课后学习。因此，教师应从零开始，从多维度引导学生，制定成长地图，将实践增强，以上机、设计项目、竞赛等多种形式逐步引导学生展开课内竞赛，在程序设计的殿堂中渐入佳境。在课内竞赛中，教师还应选择适合竞赛的优秀学生，进行赛课融合培养。

（2）期中学情调查。

教师于8~10教学周从课程进度快慢、课程教学方法是否适应、教学内容难易度、课堂的收获、学生自我评价、对教学的建议等角度来进行调查，对课堂效果进行反馈，促进学生学习效果的提升。

（3）期末学情调查。

教师于15~16教学周从课程目标达成度、学生自我评价、老师的建议、对课程的建议等角度来进行调查，分析课程达成度。

本课程在大一上学期开设，课时有限，学生没有任何计算机操作及编程基础，所以为了让学生听懂，教师在课堂上对知识点讲解比较细致，学生实操时间不足。而在课后，学生学习的自觉性参差不齐，学习有畏难情绪。

在本学期的C语言课程中，教师实施高阶教学+深度学习的教学方法，从知识、能力和思维三个维度渐进式、渗透式培养学生，提升学生对知识的理解，提升学生编程应用实践与迁移能力，创新创造思维。在课程知识选取时，依据有用的原则，将航天等社会焦点问题作为案例，结合视频、动画、图片等形式将知识变得有趣。围绕岗位调查中对应的职位技能需求对课程内容进行剪裁重组，在课堂测验和作业中加入经典的笔试和面试题、软件类比赛，例如 ACM、蓝桥杯题目，按照软件工程开发的基本逻辑和步骤，实施教学实践，推动学生就业。在课程中融入软件工程的思想，结合了数学、图形图像等跨学科知识。在课程设计环节，指导学生设计游戏，将学生打游戏的兴趣转化为设计游戏的兴趣，帮助学生在学习中找到成就感，激发学生学习的内驱力。

本课程学情分析分阶段进行，设计得比较完整。

5.6.1.2　确定教学目标

课程的设计目标遵循"一基两轴三阶"。"一基"即以知识为基础；"两轴"指以提升技能和思维为目标；"三阶"指的是实现低阶到中阶再到高阶的提高。

本课程以项目驱动的方式开展。课程中运用了翻转课堂，采用灵活的教学方式开展，追求多维度（知识、思维、能力）培养目标，不仅有记忆、理解等低阶要求，更体现中、高阶（运用、分析、评价、创新）要求。

（1）知识目标。

①了解 C 语言的发展与应用背景；

②理解 C 语言的基础语法，包括标识符、关键字、常量、变量、运算符、表达式、语句；

③重点掌握 C 语言的数据存储，包括基本类型、数组、指针；

④重点掌握三种控制结构的语法、语义及使用规范；

⑤重点掌握数组的使用；

⑥重点掌握函数的定义、声明与调用；

⑦掌握局部变量与全局变量的使用；

⑧重点掌握指针的使用。

达成说明：通过学习 C 语言，学生可以了解计算机科学的基本原理和编程的基础概念，如变量、数据类型、控制结构、函数等。这些知识是后续学习复杂编程技术和计算机科学理论的基础。

（2）能力目标。

低阶能力：①搭建并使用 C 语言开发环境；②用流程图描述算法的方法；③针对简单问题设计、编写、调试和运行 C 语言程序；④掌握程序错误的分析与排查方法。

中阶能力：①熟练运用结构化程序设计思想，针对单一问题设计、调试和优化 C 语言程序；② 能够熟悉应用项目的开发流程，掌握项目开发规范。

高阶能力：①应用程序设计的逻辑思维方法去分析复杂问题的能力；②设计模块化程序，分析、解决复杂问题的综合实践能力。

达成说明：C 语言程序设计课程通常会涵盖各种算法和数据结构，如排序、搜索、链表、树等。通过学习和实践，学生可以培养分析和解决实际问题的能力，学会如何将复杂问题分解为更小的、更容易管理的部分，并使用编程技术来解决它们。

（3）思维目标。

①程序设计的逻辑思维；

②辩证的批判思维；

③跨学科的迁移性思维；

④创新与创造性思维。

达成说明：a. 掌握有效的沟通技巧。在学习 C 语言的过程中，学生通常需要与同学合作完成项目或团队任务，这可以培养他们在团队中有效沟通的技巧，包括清晰地解释想法、有效地听取他人的意见、协调团队成员之间的合作。这些技巧在他们的职业生涯中会非常有用。b. 培养自主学习和终身学习能力。C 语言是一种通用且历史悠久的编程语言，不断有新的库和框架出现。通过学习 C 语言，学生可以培养自主学习和终身学习的能力，了解如何找到新的资源、学习新的技术和适应变化的环境。

5.6.1.3 明确课程作用与衔接

C 语言程序设计课程是电子信息工程等专业的专业基础课程，为必修课程。它在电子信息工程等专业人才培养体系中是专业核心技能的基础，为学生提供了编程和计算机科学理论的基本理解，让学生理解计算机如何工作，以及如何使用编程语言来控制计算机。通过学习 C 语言，学生可以更好地理解计算机硬件和软件的工作原理，这对于他们后续的学习和职业发展都非常重要。

（1）前序课程。

大学计算机基础：该课程为 C 语言程序设计课程的开展奠定了知识基础，为程序设计课程的学习提供知识储备。

（2）后续课程。

①电子类专业后续课程。

程序设计进阶：C 语言程序设计课程涵盖了计算机编程的基本概念、语法和技巧。通过学习 C 语言程序设计，学生可以掌握计算机编程的基本知识和技能，包括变量、数据类型、控制结构、数组、指针、文件操作等。而程序设计进阶课程是在 C 语言程序设计的基础上，进一步深入探讨编程技术和程序设计思想。通过学习程序设计进阶课程，学生可以更深入地理解编程技术和程序设计思想，提高编程能力和解决问题的能力。因此，C 语言程序设计是程序设计进阶课程的基础，只有先掌握基本的编程知识和技能，才能更好地理解和应用更高级的编程技术和思想。

数据结构：在学习数据结构之前，学生需要先掌握基本的编程知识和技能，C 语言程序设计课程可以提供这些基础知识。C 语言程序设计课程为该课程的学习奠定了良好的程序设计基础。通过本课程的学习，学生在程序设计思想、基本语法、设计流程、算法等方面进行了知识储备，也具备了一定的上机实践能力，这些都为数据结构课程奠定了学习基础。同时，数据结构课程中的算法也可以帮助学生更好地理解 C 语言中的一些概念和技巧，例如指针和动态内存分。

单片机原理与应用：本课程是单片机应用开发的重要工具，C 语言是一种通用的编程语言，具有高效、灵活和可移植的特性，非常适合用于嵌入式系统的开发，特别是单片机编程。通过 C 语言的灵活性和高效性，可以实现对单片机的控制和应用开发。在单片机开发中，掌握 C 语言的基本语法和数据结构，了解单片机的工作原理和常见应用案例，对于提高开发效率和代码质量非常重要，为学生成长为复合型、应用型人才打下基础。

②计算机类专业后续课程。

C++面向对象程序设计：本课程为学生提供良好的程序设计基础，打下程序设计思想、流程、算法方面的学习基础。

单片机原理与应用：本课程是单片机应用开发的重要工具，为学生夯实结构化程序设计思想、算法以及上机调试程序的能力，为学生成长为机电一体化复合型人才打下基础。

③ 机械类专业后续课程。

微机原理与接口技术：本课程的结构化设计、数组、函数等知识为学生理解和掌握汇编程序设计奠定了良好的基础，为深入理解计算机接口技术打下基础。

单片机开发：本课程是单片机应用开发的重要工具，为该课程提供结构化程序设计思想、算法以及上机调试程序的能力，为学生成长为机电一体化复合型人才打下基础。

数控技术：本课程为机械专业学生学习数控技术提供编程思想和方法，为数控编程提供算法、流程的基础和知识储备。

可编程逻辑控制器：本课程为该课程提供控制系统设计的基础，通过本课程的学习便于学生掌握梯形图，掌握顺序控制系统的设计思想和流程。

5.6.1.4 课程内容及学时分配

（1）课时分配。

C 语言程序设计课时分配如表 5.4 所示。

表 5.4　C 语言程序设计课程课时分配

理论知识课	学时
实验实训课	24
习题（含课程论文）课	3
讨论课	3
辅导答疑课	32（课外）
阶段性测验	4
课程设计（大型作业）	8
课程拓展	2
机动	0

（2）课程重难点。

①课程重点：C 语言程序的运行环境和运行 C 语言程序的方法；C 语言程序的几种基本数据类型；不同类型数据间的混合运算规则；表达式的计算；顺序结构程序的逻辑；数据的输入/输出；分支结构；多分支结构；循环结构；多重循环结构；循环结构的辅助控制；一维数组的定义及使用；排序与查询；二维数组的定义及使用；字符数组的定义及使用；函数的定义与调用方法；指针的定义及运用。

②课程难点：编程的基础语法；对计算机语言的理解；不同类型数据

间的混合运算；运算符的优先级与结合性；多分支、嵌套分支结构的使用；循环结构、多重循环结构；辅助控制语句；排序与查询；字符串的处理；函数的建立及使用；递归调用；指针概念及使用；结构化编程。

（3）课程学习路线图。

课程学习链路图如图5.2所示。

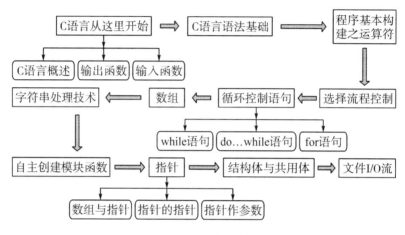

图 5.2　课程学习链路图

（4）主要内容。

核心内容的思维导图如图5.3所示。

5.6.1.5　中高低阶顶层设计

（1）低阶。

知识要求：C语言的基础知识，主要包括数据类型、常量、变量、表达式、语句、输入输出、三种控制结构等。

能力要求：①解决基础问题的能力。利用程序设计思维，针对简单问题进行分析、算法设计、算法描述、程序实现、程序错误排查、程序优化的能力；②表达能力。

思维培养：①接受性思维。②简单逻辑思维。

（2）中阶。

知识要求：①综合项目的需求分析、结构化设计等扩充知识；②拓展四川省软件信息技术大赛的基础算法题目知识；③拓展一些软件开发岗位的考试知识。

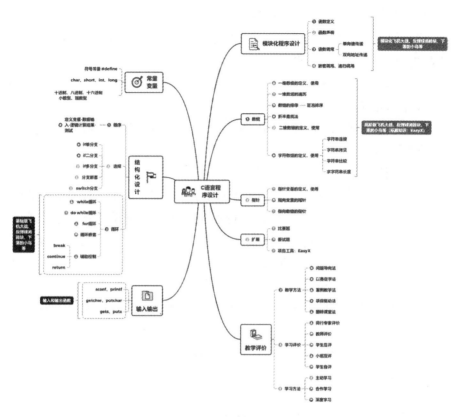

图 5.3　核心内容的思维导图

　　能力要求：①解决复杂问题的能力：应用项目的开发流程，进行程序分析、程序设计、程序错误排查、程序优化，解决复杂问题的能力；②使用多样化方法解决问题的创新能力；③团队协作能力综合能力；④表达能力。

　　思维培养：①逻辑思维；②跨学科的迁移。

　　（3）高阶。

　　知识要求：C 语言的进阶知识，包括数组、函数、指针等。

　　能力要求：①利用模块化的思想，针对单一问题算法设计、算法描述、程序实现、程序错误排查、程序优化的能力；②表达能力。

　　思维培养：①复杂逻辑思维；②批判性思维；③创新与创造性思维；④自我管理、端正的学习态度、自我反思、责任与进取心等素养。

5.6.1.6　教学方法和手段

课堂讲授：多媒体课件、部分板书、案例教学法、问题导向法、项目驱动法、以赛促学法、翻转课堂等。

（1）多样化教学法。

①学习路径图法。

通过创建清晰的学习路径图，帮助学生了解他们需要学习的内容以及学习的顺序和重点。

②案例教学法。

讲解新知识点的时候，结合图示、动画等素材，采用具有感染力的语言，融入生活，学习实际案例，进行形象化讲解，按总—分—总模式讲授。根据现实问题，选取一些典型的案例，围绕案例进行教学内容设计，提升学生分析和解决问题的能力。

③计算思维教学法。

通过教授学生如何建模、模拟、优化问题来解决现实世界中的问题。

④思维导图法。

通过绘制思维导图来帮助学生组织和表达他们的思路和想法，提高他们的思维能力和创新能力。

⑤ 问题导向法。

每个章节的内容都由具体的问题引入，以引导学生思考，激发学生学习知识的兴趣。

⑥线上线下翻转课堂法。

通过锦城在线、雨课堂等实现课堂翻转和课程拓展。将课程中的部分基础知识内容的学习转移到线上，以"微课程"为载体，积极开展线上翻转课堂教学实践，培养学生思维的独立性和学习的自主性；通过创建线上教学环境，激发学生的学习积极性，提高学生的学习效率，充分发挥学生的个性特长，促进学生个性化学习；转变教师教学行为，形成线下"先学后教"（翻转课堂）的课堂教学模式，让教师适应学生，让教师辅助学生。

⑦项目驱动法。

首先，将 C 语言小游戏项目分为几个层次，以 C 语言游戏项目贯穿课程各个章节，进行知识与能力驱动，逐步引导学生对游戏进行初步设计，然后组织学生分析讨论游戏的扩展与优化，提出解决方案，逐步完成各个版本的游戏设计，培养学生深度学习，运用知识解决实际复杂问题的能力。

⑧以赛促学法。

a. 结合专业人才培养目标，积极鼓励并指导学生参加程序设计大赛、四川省软件信息技术大赛，进行计算机等级考试，进行双证培养，激发学生学习的动力，引导学生深度学习，提升学生就业的能力。

b. 每个实验的内容和测验的内容都按照学生完成的先后顺序和正确情况进行打分，并单独奖励前 10% 左右先完成、正确率 100% 的学生。课后依托 C 语言比赛平台，积极推进学生参加信息技术大赛、计算机等级考试、学院程序设计大赛等活动，要求人人参赛，实现赛促学。

⑨问题导向法。

每个章节的新知识，都提出要解决的问题，以解决问题为方向引导学生学习新知识。

⑩游戏化教学法。

在教学中融入游戏元素，通过游戏的方式进行知识传授和学习。通过设置竞赛、奖励等机制，激发学生的竞争欲望和学习兴趣，提高他们的参与度和学习效果。

⑪在线闯关与评测法。

使用 educoder 在线实验教学平台，实现实验在线评测，对学生的程序进行检测、查重、判分等。利用关卡挑战激励学生的学习兴趣和学习动力，在平台上开展教学课堂竞赛。

（2）信息化教学手段。

①使用锦城在线、学习通进行课程管理与课程投屏互动，互动方式主要分为签到、选人、问卷、随堂练习、主题讨论、抢答、分组任务等。

②使用雨课堂进行课堂教学管理与互动，互动方式分为客观题互动、主观题互动；管理方式分为知识点词云图、弹幕互动、投票互动等。

③使用 educoder 实践在线平台、C 语言编程网在线学习平台辅助课堂学生实践、竞赛等活动的开展。

5.6.1.7 课程思政的融入

程序设计是人工智能时代、5G 时代的人才不可或缺的基本技能，是学生未来职业生涯的关键保障。从 C 语言程序设计课程引发学生的职业理想，从职业理想到爱国主义教育，从爱国主义教育再到社会主义理想是一个以小见大的过程。教师要通过引导学生多阅读相关科技前沿报道，多角度了解计算机前沿技术，多了解发达国家发展现状，自我体会我国与发达国家之间的差距，培养学生强烈的爱国情怀，激励学生奋发学习、刻苦钻研，树立职业理想和家国使命感。C 语言课程理论知识中语法繁多且枯燥，逻辑性要求高，教师要在课堂教学中通过介绍本领域的杰出人物事迹来激发学生不懈努力，坚持创新。例如：在讲解 C 语言发展史时，介绍布莱恩柯林汉 80 岁了还在 github 上更新代码。在讲解杨辉三角形时，可以引出南宋杰出的数学家杨辉，他著有《详解九章算法》，他整理杨辉三角形优先于法国数学家帕斯卡近 400 年，这是我国数学史上的伟大成就。杨辉分析了杨辉三角形的模型特点，确定数组结构，再到发现递归规律，确定推演公式。C 语言的入门较难，教师可以在此过程中培养学生的工匠精神，将知识夯实，精技强能，本事过硬。

5.6.1.8 课程实验实践环节设计

本课程针对应用型人才培养的课程实践运用项目、内容和方式，具体项目覆盖的知识点要明确，体现知识的集成性和对学生综合运用知识能力、解决实际问题和复杂问题能力的训练。

本课程利用 educoder 在线实践平台，以闯关的方式安排了 15 个模块的实验。主要包括：

（1）C 语言上机环境。

内容：熟悉 VC 6.0（或其他版本）、C-Free 等编译环境。

要求：熟练掌握 VC 6.0（或其他版本）及 C-Free 的使用。

（2）基本数据类型。

内容：熟悉各类运算符的运算规则以及常量、变量的使用。

要求：熟练使用各类运算符、常量和变量。

（3）顺序结构程序设计（运算符与表达式）。

内容：熟悉 C 语言中的基本数据类型、变量和常量的使用。

要求：熟练掌握 C 语言中变量、常量的定义和使用。

（4）顺序结构程序设计（C 语句与输入输出）。

内容：练习 scanf、printf 的使用。

要求：熟练掌握输入、输出库函数的使用。

（5）选择结构程序设计（if 结构）。

内容：练习 if 单分支、双分支、多重分支的使用。

要求：熟练掌握 if 结构的应用。

（6）选择结构程序设计进阶（if 嵌套、switch）。

内容：练习 if 嵌套结构、switch 结构。

要求：熟练掌握 if 嵌套、switch 结构语句的应用。

（7）循环结构程序设计（循环、循环嵌套）。

内容：练习三种循环结构、循环的嵌套、辅助控制。

要求：熟练掌握三种循环结构的应用；熟练掌握循环结构嵌套、辅助控制的应用。

（8）一维数组。

内容：练习一维数组的定义、初始化、数组元素的访问。

要求：熟练掌握一维数组的使用。

（9）二维数组。

内容：练习二维数组的定义、初始化、数组元素的访问。

要求：熟练掌握二维数组的使用。

（10）字符数组和字符处理库函数。

内容：练习字符数组的定义、初始化、数组元素的访问、字符处理库函数。

要求：熟练掌握字符数组操作、字符处理库函数的应用。

（11）函数定义及调用。

内容：练习函数的定义、调用、声明、参数传递。

要求：熟练掌握函数的定义、调用、声明、参数传递机制。

（12）函数嵌套和递归调用。

内容：练习函数嵌套和递归。练习局部变量、全局变量的定义和使用、明确各自的作用域。

要求：熟练掌握函数嵌套、递归调用；熟练掌握局部变量、全局变量在程序中的使用。

（13）数组的应用、排序与查询。

内容：练习数组的排序、查询、数组的综合应用。

要求：熟练掌握数组的排序、查询等算法，数组做函数参数的应用。

（14）指针程序设计。

内容：练习指针的基础应用。

要求：熟练掌握指针的概念、指针变量的定义和初始化、指针与变量的关联。

（15）综合项目设计。

内容：综合项目设计。

要求：熟练运用所学知识，进行项目分析、设计、调试与优化，进行深度学习，运用所学知识解决复杂问题，实现高阶教学目标。

5.6.1.9　课程作业设计

（1）作业测验说明。

本课程共计4学分，64学时，共设计作业16次，测验14次，专题实验14项，多样化项目设计3次，一课一文1次。

测验题类型：单选题、多选题、填空题、问答题。

作业题类型：设计类编程题、综合类编程题。

（2）典型作业。

①设计类课后作业。

内容示例：

a. 输入学生成绩，输出所对应的成绩等级，90分以上为优秀，80分以上为良好，70分以上为中，60分以上为及格，60分以下为不及格。

b. 通过键盘输入为数组每个元素赋值，对数组元素进行排序，以从小到大的顺序输入数组每个元素的值。

c. 利用冒泡法、选择法对数组元素进行排序，按照从小到大的顺序进行输出。

d. 自定义一个具有两个形式参数的函数，在函数体内完成形参的交换。

e. 自定义两个函数sub1和sub2，在主函数中调用sub1函数，在sub1函数内调用sub2函数。

f. 自定义一个函数用于计算n的阶乘值。

要求：独立思考，画出流程图，应用所学知识解决问题，上机完成编码实现并进行验证。

②综合性题目。

内容：完成一个学生信息管理系统。

要求：培养学生知识应用和创新能力。需要学生作出需求分析，划分功能模块，完成各功能模块的设计，提交设计文档和源代码。综合性题目展示如图5.4所示。

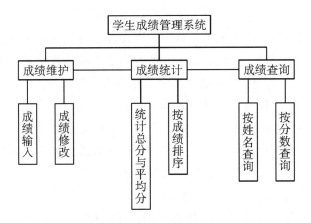

图 5.4　综合性题目展示

③竞赛题目。

高阶作业采用 ACM 考题/蓝桥杯等学科竞赛的考题，如图 5.5 所示。

题目 1163：排队买票

时间限制：1s 内存限制：128MB 提交：3906 解决：1798

┃ 题目描述

有M个小孩到公园玩，门票是1元。其中N个小孩带的钱为1元，K个小孩带的钱为2元。售票员没有零钱，问这些小孩共有多少种排队方法，使得售票员总能找得开零钱。注意：两个拿一元零钱的小孩，他们的位置互换，也算是一种新的排法。（M<=10）

┃ 输入格式

输入一行，M, N, K（其中M=N+K,M<=10）

┃ 输出格式

输出一行，总的排队方案

┃ 样例输入

4 2 2

图 5.5　学科竞赛考题展示

5.6.1.10　课程考核和评价设计

（1）教学管理。

本课程在教学过程中，从以下方面进行教学管理：

①答疑：每周二、四中午 12:10—13:40；地点：行政大楼西 634。

②执行上下课礼仪。

③上课必须带书包、教材、笔、笔记本、练习本。

④不准将食物、牛奶等带入教室，下课注意带走自己的物品和座位处的垃圾，注意半闭灯、空调、门窗，助教同学上课前开设备，下课后关设备。每班选 2~3 名同学作为助教同学，热心为大家服务，带动大家学习。

⑤课堂考勤：提前 5 分钟进入教室做课前准备，不迟到、不早退、不旷课，不玩手机和游戏，违纪者没收手机，不吃东西，不大声喧哗，所有扰乱课堂的行为都会扣考勤分，有事请假。病假需由同学代交假条，事假必须提前自己交假条，假条必须由辅导员老师签字。

⑥上课期间出入课堂须告知教师。

⑦课堂上有不清楚的可以举手提问，课间提问，还可以在锦城在线、网上提问，或者办公室答疑。

⑧课堂参与：积极参与课堂学习，能够认真做好笔记、主动思考、积极回答问题、参与讨论；上机课认真完成上机实验；不带手机进课堂。

⑨课后学习：认真完成课后作业与实践，能够主动通过锦城在线进行课程学习，完成相关的学习任务。

⑩课堂练习、课堂测验、上机作业、课外作业：按时独立完成。若有不交、雷同、上网抄袭行为，本次成绩为 0，违纪 3 次，平时成绩为 0。

（2）平时成绩。

按学院要求，第一堂课，公布教学大纲，讲明本课程和相关课程的关系，本学期课时数，本课程的发展前景及前沿技术应用，以及推荐相关的学习书籍等。同时宣布课堂纪律，和成绩考核方式。具体的成绩评定措施如下：

考勤与课堂表现（20 分）+课外作业（20 分）+测验成绩（30 分）+一课一文（30 分）

①考勤与课堂表现。

a. 考勤。

考勤基础分 20 分。迟到、早退一次扣 3 分，缺勤一次扣 5 分。请假条必须在上课前一天上交，每堂课请假率不超过 10%。课堂上不许做和课程无关的事情（吃东西、上网、打游戏、听音乐、看电影、发短信、接听手机等），违纪每次考勤扣 3 分。

b. 课堂表现。

回答问题答对加 1~5 分，答错视情况扣 0~2 分；

课堂互动题，正确一次计 1 分；

主动参加面对面答疑：主动找老师面对面答疑一次，计 1 分；

在线讨论区有效互动一次，计 1 分；

在线任务点未按时完成一次，扣 1~2 分；

课堂练习做得又快又正确，计 1~3 分；

本课程零请假，零违纪，作业和测验全部按时完成，计 3~5 分，体现自制力、责任心，计 1~5 分；

协助本门课程助教工作，体现社交力、领导力、责任心，计 1~5 分。

②测验。

根据测验结果考核知识或技能的掌握程度以及完成情况评分。期中测验涵盖在测验成绩中。

③作业。

每次作业百分制，根据作业完成度和正确程度评分，为所有作业的平均。

④一课一文。

一课一文，即高阶教学：30 分。包括高阶教学的课前自学、课堂小组讨论、综合设计等过程评价。

高阶教学评价，通过设置 L PBL 小组任务，进行小组评价：教师评价（30%）+组间评价（40%）+组内互评（20%）+自评（10%）（评价维度要点：专业知识与技能素养、社交力、亲和力、领导力、自制力、责任心、创新力）。

高阶教学反馈：学生学会了主动学习，查阅文献，深度学习与讨论，综合设计与应用，能够处理复杂问题，形成高阶思维，收获很大。作品进一步完善，可以融入人工智能、图形图像等多学科知识，形成专业的比赛作品。

教师评价与组间评价观测点：汇报 PPT 质量（15%）+团队合作度（15%）+汇报效果（15%）+互动情况（15%）+任务质量（40%）。

组内互评观测点：主动学习（30%）+合作学习（30%）+深度学习（40%）。

上机实验包括上机考勤、操作任务完成情况评价，教师根据完成的态度、掌握知识的程度、速度以及完成情况进行评分。

学科成绩凡符合以下任一条件，即为"不及格"：

　　a. 考勤缺课超出 3 次，迟到早退超过 4 次。

　　b. 实验任务完成率低于 70%。

　　c. 实验程序格式混乱、质量低下或雷同。

　　d. 作业、测验缺 3 次及以上，雷同 3 次及以上。

　　（3）期末考试。

　　①考核方式。

　　期末考核方式为笔试、闭卷考核。

　　期末考核：针对各章节的教学要求中理解、掌握的部分来重点考核。其中初阶知识、能力、思维占 40%，中阶知识、能力、思维占 30%，高阶知识（涉及课外辅导资料，有课外题与一题多解开放题）、能力、思维占 30%。试题从能力和思维两个轴，分"三阶递进"进行命题。低阶是教学最低标准，要求学生看得懂程序；中阶是绝大多数学生能达到的标准，要求学生会修改程序；高阶是课程终极标准，要求学生会独立设计程序。

　　②考核知识范围。

　　期末考试重点考查的知识点：

　　标识符、关键字；数据类型、变量、常量；运算符；输入输出函数；if 结构、switch 语句；while 循环、for 循环、for 循环的嵌套；continue、break、return 语句；一维数组、二维数组、字符数组、字符串处理函数；函数定义、声明、调用、嵌套调用、递归；局部变量、全局变量、静态变量；二分法查找、选择法排序、冒泡法排序、指针与变量

　　（4）综合成绩。

　　期末成绩（50%）+平时成绩（50%）= 最终成绩

　　注意：平时成绩和期末考试成绩都必须在 50 分以上。若平时成绩低于 50 分，本门课程直接重修，没有考试资格。

　　正如前文所述，所提供的案例仅为启示与参考，旨在拓宽教师课程思政设计的思路。在实际操作中，教师需深刻理解并灵活应用"两课"设计框架的核心要点，对课程进行深度且个性化的设计。这一设计过程应充分考虑不同专业的学科特性及学生的多元化需求，通过创新教学方法与内容，确保思政教育能够精准对接学生的成长需要，从而培养出既具备专业知识技能，又拥有高尚道德情操的新时代人才。

5.6.2　课堂设计优秀案例

　　本小节选取了经济法课程的"权益缘起，消法护航"章节内容教案作

为课堂设计优秀案例展示，供读者参考。

5.6.2.1 学情分析

教师在课前对学生关于本章节学习兴趣点、疑惑点的进行收集，总结出高频关注的话题，如图5.6所示。

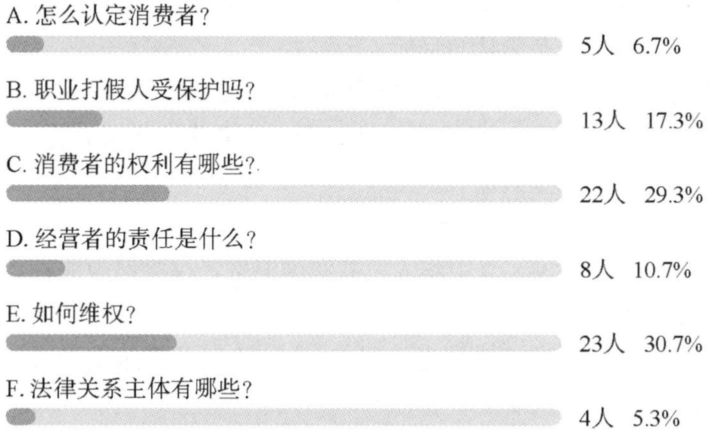

A. 怎么认定消费者？
5人 6.7%

B. 职业打假人受保护吗？
13人 17.3%

C. 消费者的权利有哪些？
22人 29.3%

D. 经营者的责任是什么？
8人 10.7%

E. 如何维权？
23人 30.7%

F. 法律关系主体有哪些？
4人 5.3%

图5.6 高频关注的话题

结合《中华人民共和国消费者权益保护法》与学生社会生活经验紧密相关的特点，本章节的讲授会更侧重问题导向、情景模拟、实践调研、案例研讨等方法的使用。

内容方面，根据学生高频兴趣点，①在教学中增补"职业打假人"典型案例的讲解，并以此引导学生思考消费者概念认定的原因、引出消费者权益保护价值和《中华人民共和国消费者权益保护法》的意义等思政主题；②设计学生分组研讨环节，讨论其在网络购物中踩雷的经历，通过学生自主查阅相关法条，进行"踩雷经历"与"具体消费者权利"的对应。

5.6.2.2 教学目标的设定

（1）知识目标：①《中华人民共和国消费者权益保护法》的基本原理；②消费者权利的与经营者义务的法律界定；③《中华人民共和国消费者权益保护法》中的救济；④相关法律主体的责任。

（2）能力目标：①通过学习，使学生能够掌握《中华人民共和国消费者权益保护法》的核心内容，并能运用法律理论解决实际问题。②通过混合教学的教法以及主动学习的学法，提高学生的认知维度的思维能力，并锻炼其交流、沟通、表达和思辨等能力。③通过《中华人民共和国消费者权益保护法》与市场规制法其他章节的联动，通过典型案例和热点话题的探讨，促进学生的系统性思维和整体认知，提升其法律意识和综合素养，提高其学科交叉能力及创新思维能力。

（3）思维目标：通过课堂讨论的差异化教学、扩展知识学习及课后任务拓展，帮助学生在掌握记忆、理解、应用的初级认知目标后达到分析、评价、质疑、创新的高阶认知目标。

（4）素养目标：在知识讲授时穿插显性、隐性、显隐结合的思政教育，培养学生的求知欲、责任感、目标感、共情感，从而成为德法兼修、全面发展的财会应用型人才。

5.6.2.3 教学内容的设计

（1）低阶知识要点：《中华人民共和国消费者权益保护法》的基本原理、消费者权利的法律界定。

（2）中阶知识要点：消费者权利、《中华人民共和国消费者权益保护法》的性质、经营者义务。

（3）高阶知识要点：各类主体的社会责任、道德责任和法律责任。

（4）教学重点：《中华人民共和国消费者权益保护法》的基本原理，消费者权利的界定、各类主体保护消费者的义务。

（5）教学难点：消费者权利、经营者义务、《中华人民共和国消费者权益保护法》中的救济。

5.6.2.4 教学方法的设计

借助学习通，以讲授、讨论、案例等教学方法体现教师的导向作用及学生的主体地位；注重在过程中的理论精讲、情景构建、思维调动和精神浸润；注重思政教育的显隐性穿插。

5.6.2.5 教学进程设计

（1）引出课程（7分钟）。

展示同学的课前兴趣点、激发本堂课兴趣，引入《中华人民共和国消费者权益保护法》基本原理。

（2）案例讲解（5分钟）。

职业打假人案例讲解，引出为什么要执着于消费者概念认定的话题。

（3）思政融入（3分钟）。

讲解"消费者权益保护的价值"的思政主题。

（4）概念的讲解（3分钟）。

讲解消费者权利。

（5）课堂研讨（16分钟）。

购物遭遇与权利对应，分为小组讨论、展示汇报等环节。

（6）讲解知识点（6分钟）

讲解经营者义务及《中华人民共和国消费者权益保护法》救济内容，引出相应思政观点。

（7）课程总结（5分钟）

课程总结，引发思考，布置作业。

5.6.2.6 课堂管理设计

（1）在课程开始前，向学生明确课堂纪律要求，包括准时上课、不迟到早退、课堂内保持安静、尊重他人发言等。

（2）对于遵守纪律、积极参与课堂讨论的学生给予表扬或加分奖励；对于违反纪律的行为，采取适当措施进行纠正，如口头提醒、课后约谈等，确保课堂秩序。

（3）根据课堂实际情况，灵活调整教学策略，如通过提问、互动等方式引导学生集中注意力，减少课堂纪律问题。

（4）关注学生的情感需求，及时察觉并处理学生的情绪波动，如焦虑、沮丧等，通过倾听、安慰等方式帮助学生调整心态。

5.6.2.7 评价方式的设计

（1）通过课前兴趣点、疑惑点收集情况评价学生的课前准备情况，表现优秀者计入平时成绩。

（2）通过观察课堂反应、设置课堂提问等方式考查学生对于本节知识的掌握。

（3）通过小组讨论和汇报情况考查学生交流、沟通、表达和思辨等能力（回答表现计入平时成绩）。

（4）评阅课后思政拓展任务的完成情况（记录作业、高阶能力及思政维度分数）。

5.6.2.8 作业的设计

课堂最后发布的学研报告撰写任务，要求学生自选一个或多个《中华人民共和国消费者权益保护法》相关主体，自行检索论文、案例等资料，从责任、道德、法律等方面进行分析研究，形成报告。

5.6.2.9 课外读物的设计

（1）学习通上传的课件、视频等资料。

（2）根据"职业打假人"案例拓展补充的学习《中华人民共和国食品安全法》等法律法规的相关资料。

课堂设计的展现形式多种多样，这源于不同学校和学科的独特需求与特点。因此，在设计过程中，教师应避免简单地硬套模板，而是应当结合课程的具体实际，进行有针对性的创新。教师可以从其他成功的课堂设计案例中汲取灵感，学习其优点，同时也要注意避免其不足。通过灵活运用各种设计元素，结合课程特点和学生需求，教师可以打造出更具个性化和实用性的课堂设计，为学生的学习提供更好的支持和引导。因此，课程设计不应被束缚于固定的模板，而应是一个不断创新和发展的过程，旨在更好地满足学生的学习需求，提升教学质量和效果。

6 新技术赋能的数字教学技术

6.1 数字技术概述

2022年10月，党的二十大报告明确提出要"推进教育数字化"和"培养高素质教师队伍"。2022年12月，教育部发布《教师数字素养》教育行业标准，明确了教师数字素养框架，规定了数字化意识、数字技术知识与技能、数字化应用、数字社会责任、专业发展共五个维度的具体要求。新技术的不断涌现，如人工智能、大数据、虚拟现实（VR）、增强现实（AR）和物联网（IoT），不仅为教学资源的开发和传播提供了更加多样化的形式，也显著提升了教学过程的互动性、个性化和适应性。这些技术的应用不仅推动了教育公平的实现，还为教学内容的深度挖掘与创新提供了新的可能性。在这场数字化转型中，教师的角色也从知识的单向传递者转变为学习的引导者与促进者。探索和实践这些新技术如何赋能教育，不仅是提升教学效果的关键，也是适应未来教育需求的必由之路。

6.1.1 高校教学数字化的背景

随着科技的不断进步和全球信息化的飞速发展，高校教学数字化已成为教育领域的重要趋势。这一变革不仅改变了传统的教学方式，更对高等教育的质量、效率和未来发展产生了深远影响。高校教学数字化的背景，涉及技术进步、社会需求、政策支持和教育改革等多个方面。

（1）信息技术的发展。近年来，信息技术的迅猛发展为高校教学数字化提供了强大的技术支撑。人工智能和机器学习技术的发展为高校教学数字化带来了新的可能性。例如，智能教学系统可以根据学生的学习进度和反馈，提供个性化的学习路径和资源推荐①。此外，自然语言处理、图像识别等技术也在逐渐应用于教学辅导和评估。虚拟现实（VR）和增强现实（AR）技术的发展，使得高校教学变得更加生动、直观②。通过模拟真实场景或构建虚拟实验室，学生可以在沉浸式的环境中进行实践操作和学习，从而提高学习效果。

（2）人才需求结构的变化。随着经济的转型升级和产业结构的调整，社会对人才的需求也在发生变化。高校需要培养具备创新能力、实践能力和国际视野的高素质人才，以满足社会发展的需求。数字化教学作为一种新型的教学模式，有助于提高学生的综合素质和适应能力。在信息化社会，知识更新速度加快，终身学习已成为每个人的必备能力。高校教学数字化为学生提供了随时随地学习的可能性，满足了人们对终身学习的需求。数字化教学有助于缩小地域和城乡之间的教育差距，实现教育资源的均衡分配。通过网络教学平台，偏远地区的学生也可以接触到优质的教育资源，从而提高教育的公平性和普及率。

（3）政府政策的引导。近年来，各国政府纷纷出台政策，鼓励和支持高校教学数字化。例如，中国政府提出了"互联网+教育"战略，推动信息技术与教育教学的深度融合；美国政府则通过《教育技术规划》等文件，引导高校进行数字化教学改革。政府通过设立专项资金、提供税收优惠等措施，支持高校进行数字化教学的建设和发展。这些资金的投入为高校购买先进的教学设备、开发优质的教学资源提供了有力保障。政府还通过完善法规制度，规范高校教学数字化的发展。例如，政府通过制定网络教育质量标准、加强网络教育监管等，确保数字化教学的质量和效果。

（4）传统教学模式的局限。传统的高校教学模式存在着诸多局限，如教学资源有限、教学方法单一、学生参与度低等。数字化教学作为一种新型的教学模式，有助于突破这些局限，提高教学效率和质量。教育理念的创新，数字化教学推动了教育理念的创新。以学生为中心的教学理念逐渐取代以教师为中心的传统模式，注重学生的个性化发展和实践能力的培养。随着全球化的加速发展，教育国际化已成为高校发展的重要趋势。数字化教学有助于高校与国际接轨，引进优质的教育资源，提高国际竞争力。

---

① 戴细梅. 数字化的教学项目管理系统应用 [J]. 集成电路应用，2024，41（6）：413-415.
② 梁庆婷，管智超. 数字技术赋能高校思政课教学的逻辑理路与实践进路 [J]. 高教学刊，2024，10（33）：13-16.

高校教学数字化是技术进步、社会需求、政策支持和教育改革等多方面因素共同作用的结果。在未来的发展中，高校应继续深化数字化教学改革，探索更加高效、便捷的教学模式，为培养高素质人才、推动社会进步做出更大贡献。

6.1.2　高校教学数字化的意义

高校教学数字化的意义深远且重大，它不仅是信息技术在教育领域的应用，更是高等教育适应时代发展的必然选择。以下是高校教学数字化的主要意义。

（1）提升教学质量与效率。数字化教学能够充分利用多媒体、网络等信息技术手段，将文字、图片、音频、视频等教学资源融合在一起，形成图文并茂、声像俱佳的教学内容，从而激发学生的学习兴趣，提高教学质量。同时，数字化教学还能实现教学资源的共享和优化配置，减少重复劳动，提高教学效率。

（2）促进教育公平。数字化教学打破了时间和空间的限制，使得不同地区、不同背景的学生都能获得优质的教育资源。这种教学方式能够为偏远地区和弱势群体提供更多的教育机会，有助于缩小教育差距，促进教育公平。

（3）推动教育改革和创新。数字化教学作为一种新兴的教学方式，具有灵活性、互动性和个性化等特点。它能够推动高校教学改革和创新，探索新的教学模式和方法。同时，数字化教学还能促进教师角色的转变和教学能力的提升，使教师更好地适应新时代的教育需求。

（4）培养学生的信息素养和自主学习能力。在数字化教学环境中，学生需要掌握一定的信息技术技能来获取和处理信息，这一过程不仅培养了学生的信息素养，还提高了他们的自主学习能力。同时，数字化教学资源丰富多样，有助于学生开展探究式学习和协作式学习，培养创新精神和批判性思维。

（5）增强师生互动与生生互动。数字化教学平台提供了多种交流工具，如在线讨论区、即时通信工具等，使得师生之间、生生之间的交流变得更加便捷和高效。这种互动有助于教师及时了解学生的学习情况，调整教学策略，同时也有助于学生之间互相学习、互相启发。

（6）优化教学管理与评价。数字化教学使得教学管理和评价变得更加科学、客观和全面。通过数字化教学平台，教师可以方便地跟踪学生的学习进度、了解学生的学习效果；同时，学生也可以对教师的教学质量进行实时反馈和评价。这些数据和信息有助于教学双方及时了解问题并进行改进。

高校教学数字化对于提升教学质量与效率、促进教育公平、推动教育改革和创新、培养学生的信息素养和自主学习能力、增强师生互动与生生互动以及优化教学管理与评价等方面都具有重要意义。随着信息技术的不断发展和普及，高校教学数字化将成为未来高等教育发展的重要趋势。

6.2 数字化课程设计

6.2.1 推动数字化课程设计的必要性

提升教师的数字化教学能力，使教师能够熟练掌握数字化教学工具，如在线教学平台、多媒体制作软件等，能够灵活运用数字化手段进行教学设计和实施。

培养教师的数字化教学资源开发能力，培训教师掌握数字化教学资源的开发、整合和共享技能，如制作微课、教学动画等，丰富教学内容，提升教学质量。

强化学生的数字化学习能力，通过培训，使学生能够适应数字化学习环境，掌握数字化学习技能，如在线协作、信息检索、数字化作品创作等。

推动教学模式的创新，鼓励教师尝试和运用新的数字化教学模式和方法，如翻转课堂、混合式教学等，推动高校教学的变革和发展。

提高教学效果和学习体验，通过数字化手段提供更加个性化、生动有趣的学习体验，激发学生的学习兴趣和主动性，提高教学效果和学生的学习满意度。

加强数字化教学环境下的师生互动，培训教师和学生掌握数字化环境下的互动技巧，促进师生之间的实时交流和反馈，提升教学效果。

6.2.2　常见的数字化课程设计方法

（1）逆向设计法。

明确课程的核心目标和学习成果，确定学习者是否达到目标（形成性评价、总结性评价），设计与目标一致的教学活动、资源和内容。

（2）ADDIE 模型。

该模型是数字化课程设计中常用的系统化方法，包含以下五个阶段。

A（分析）：分析学习者需求、课程目标、环境等。

D（设计）：制定教学目标、内容框架、互动设计等。

D（开发）：开发数字化资源，如视频、互动课件等。

I（实施）：将课程内容部署到学习平台，供学习者使用。

E（评价）：评估课程效果，持续改进。

（3）情景化学习设计。

将课程内容与真实生活、工作场景结合，增强学习者的实践能力。使用案例分析、虚拟仿真、角色扮演等方法开展适合职业教育、工程、医学等领域的课程设计。

（4）混合式学习设计。

将线上学习与线下课堂结合，充分发挥两者优势。线上部分：自学视频、讨论论坛、在线测验。线下部分：课堂互动、项目讨论、实践应用。翻转课堂是混合学习的重要形式。

（5）微学习设计。

将知识点拆分为短小的学习单元（3~10 分钟），便于学生快速学习和复习。微学习的常见形式：短视频、动画、图表、测试等。微学习适合碎片化学习场景，如移动端学习。

6.2.3　数字技术在课程设计中的应用

视觉呈现。通过图像、动画和视频等视觉元素，可以生动形象地展示教学内容，帮助学生更好地理解和记忆[①]。例如，在物理课程中，可以使用动画来演示物理现象和原理，使学生更直观地理解物理概念和规律。

音频元素。音频元素可以用于提供背景音乐、声音效果和讲解等，增

---

① 李蕾，王圣童. 交互艺术教学中视觉语言的构建与审美情感表达 [J]. 教育理论与实践，2022，42（18）：56-59.

强学习氛围和提供额外的信息。例如，在历史课教学中，可以通过音频讲述历史事件和人物，使学生更深入地了解历史背景和文化内涵。

交互式元素。交互式元素如交互式图表、交互式模拟实验等可以激发学生的学习兴趣和主动性，帮助他们更好地掌握知识①。通过交互操作，学生可以亲自动手进行实验和探索，加深对知识的理解和应用能力。

虚拟环境。利用虚拟现实技术创建虚拟的学习环境，让学生在其中进行沉浸式学习，可以提供更真实的学习体验，帮助学生更好地理解和应用所学知识。例如，在地理课教学中，可以使用虚拟现实技术来模拟地理环境，让学生在虚拟环境中进行地理考察和学习。

需要注意的是，在多媒体元素的应用过程中，应根据课程目标和学生的特点进行选择和设计，确保多媒体元素与教学内容相契合，能够提供有效的学习支持。同时，还需要考虑多媒体元素的使用时机和方式，避免过度使用或滥用多媒体元素而导致学生的学习负担增加或注意力分散。

此外，随着数字媒体技术的不断发展，新的多媒体元素和应用方式也将不断涌现。因此，课程设计者需要保持对新技术和新应用的关注和学习，以便能够充分利用最新的多媒体元素来提升课程设计的质量和效果。

6.2.4 AI 赋能数字化课程设计

6.2.4.1 AI 赋能数字化课程设计的理论基础

AI 赋能数字化课程设计的理论基础，是一个涉及技术、教育和心理学等多学科的综合性议题②。首先，我们需深入理解 AI 技术的核心原理及其在教育领域的潜在应用。AI，即人工智能，其基础在于对数据的深度挖掘与智能分析。通过机器学习、深度学习等先进技术，AI 能够从大规模、多样化的数据集中提取有价值的信息，构建精准的预测模型，并据此做出智能决策。在数字化课程设计中，AI 的这一核心能力被赋予了新的使命——通过分析学生的学习行为、成绩数据以及情感反馈，AI 能够揭示学习过程中的潜在规律，预测学习成效，从而为每个学生提供个性化的学习路径和资源推荐。AI 技术的另一个重要特点是其强大的自适应能力。在数字化课

---

① 季瑜，杨雅，詹泽慧. 人机共创的教学特征：认知发展与角色交互研究［J］. 开放教育研究，2024，30（6）：88-101.

② 朱俊杰，薛永飞，周国雄，等. AI 赋能"自动化系统综合课程设计"探索［J］. 实验室研究与探索，2024，43（10）：142-146.

程设计中，这意味着 AI 系统能够根据学生的实时学习反馈，动态调整学习内容的难度、进度和呈现方式，以最大限度地满足学生的个性化需求①。例如，当 AI 系统检测到学生在某个知识点上存在困惑时，它会立即调整教学策略，提供额外的解释、示例或练习题，帮助学生克服难点。这种自适应能力不仅提高了学习的效率和效果，还增强了学生的学习体验和满意度。此外，AI 技术还具备强大的交互性和情境感知能力。在数字化课程设计中，AI 可以通过自然语言处理、语音识别和计算机视觉等技术，与学生进行实时互动，模拟真实的教学场景，提供沉浸式的学习体验。例如，AI 教师可以根据学生的提问和反馈，即时生成相应的解答和反馈，甚至可以通过虚拟现实技术创建虚拟实验室或教学场景，让学生在模拟环境中进行实践操作和探究学习。这种交互性和情境感知能力使得数字化课程设计更加生动有趣，也更容易激发学生的学习兴趣和积极性。

综上，AI 赋能数字化课程设计的理论基础涉及技术、教育和心理学等多学科的知识和理论。通过深入理解 AI 技术的核心原理和应用实践、借鉴教学设计理论与学习心理学的理论成果以及探索 AI 技术在教育领域的应用经验和实践启示，我们可以为数字化课程设计提供更加科学、有效和个性化的解决方案。随着 AI 技术的不断发展和普及，相信未来数字化课程设计将会迎来更加广阔的发展前景和无限的可能性。

6.2.4.2 AI 技术在数字化课程设计中的核心应用

在数字化课程设计的浪潮中，AI 技术扮演着至关重要的角色。AI 不仅为课程设计提供了强大的技术支持，还推动了教育模式的创新和升级。以下是 AI 技术在数字化课程设计中核心应用的五个方面，旨在深入剖析其如何重塑教育生态，提升教学质量和学习效果。

（1）个性化学习路径的精准设计。

个性化学习路径是 AI 赋能数字化课程设计的核心亮点之一。传统教育模式往往采用"一刀切"的教学方式，难以满足学生的个性化需求。而 AI 技术通过收集学生的学习行为、兴趣偏好、能力水平等多维度数据，能够精准分析每位学生的学习特点，从而为其量身定制个性化的学习路径。例如，一些在线教育平台利用机器学习算法，根据学生的历史学习记录和实时反馈，动态调整课程内容的难度和进度。对于学习能力较强的学生，系

---

① 欧志刚，刘玉屏，覃可，等. 人工智能多模态教学资源的生成与评价：基于 AIGC 在国际中文教育的应用 [J]. 现代教育技术，2024，34（9）：37-47.

统会推荐更具挑战性的学习内容；而对于学习进度较慢的学生，系统会提供更多辅助材料和练习题，帮助其巩固基础知识。这种个性化的学习路径不仅提高了学习效率，还增强了学生的学习动力和自信心。此外，AI 技术还能根据学生的学习风格和偏好，推荐适合他们的学习资源和工具[①]。例如，对于喜欢视觉学习的学生，系统可以推荐更多包含图表、图片和视频的课程材料；而对于喜欢动手实践的学生，系统可以提供更多实验和模拟操作的机会。这种个性化的学习体验让学生在学习过程中感受到更多的自主权和掌控感，从而更加积极地投入到学习中去。

（2）智能答疑与辅导系统的实时互动。

在学习过程中，学生难免会遇到各种疑问和难题。传统模式下，学生可能需要等待老师或同学的解答，这不仅浪费了时间，还可能影响学习效果。而 AI 技术则能够通过智能答疑与辅导系统，实现与学生的实时互动和即时反馈。智能答疑系统通常基于自然语言处理（NLP）技术，能够理解学生的提问并给出准确的回答。无论是数学公式、物理定律还是历史知识，AI 都能迅速提供相关的解释和例证。这种即时的答疑解惑不仅提高了学生的学习效率，还培养了他们的自主学习能力和问题解决能力。除了答疑功能外，AI 辅导系统还能为学生提供个性化的学习建议和辅导。例如，当学生在某一知识点上反复出错时，系统会智能地识别出这些问题，并推荐相关的练习和讲解视频，帮助学生攻克难关。同时，AI 还能监测学生的学习进度和成效，及时发现潜在的学习障碍，并提供针对性的辅导和支持。

（3）虚拟助教与学习伙伴的智能化陪伴。

虚拟助教和学习伙伴是 AI 技术在数字化课程设计中的又一重要应用。它们能够模拟教师的真实教学行为，与学生进行自然的对话和交流，提供个性化的辅导和支持。这种智能化的陪伴不仅减轻了教师的负担，还为学生创造了一个更加生动、有趣的学习环境。

虚拟助教通常具备丰富的知识储备和灵活的应对能力。它们能够根据学生的提问和需求，提供准确、全面的解答和指导。无论是课程内容的讲解、学习方法的建议还是考试技巧的分享，虚拟助教都能游刃有余地应对。同时，它们还能根据学生的学习进度和反馈，动态调整教学策略和难

① 胡钦太，伍文燕，冯广，等.人工智能时代高等教育教学评价的关键技术与实践［J］.开放教育研究，2021，27（5）：15-23.

度水平，确保学生能够跟上教学节奏并取得良好的学习效果。

学习伙伴则更加注重与学生的互动和合作。它们能够模拟真实同学的角色，与学生一起参与讨论、协作完成任务和挑战。这种互动不仅增强了学生的社交能力和团队合作精神，还激发了他们的学习兴趣和创造力[①]。例如，在一些在线编程课程中，学习伙伴可以与学生一起编写代码、调试程序并分享解决方案。这种共同学习和成长的过程让学生感受到了更多的成就感和归属感。

（4）学习成效的智能评估与反馈。

学习成效的评估是教育过程中不可或缺的一环。然而，传统的人工评估方式往往存在主观性强、效率低下等问题。而 AI 技术则能够通过智能评估系统，实现对学生学习成效的客观、全面评估，并提供即时的反馈和建议。智能评估系统通常基于大数据分析技术，能够收集并分析学生的学习数据和行为特征。通过对这些数据的深入挖掘和分析，系统能够准确地评估学生的学习进度、掌握程度以及存在的问题和不足。同时，系统还能根据评估结果为学生提供个性化的学习建议和反馈报告。这些报告不仅包含了学生的得分情况和学习表现分析，还指出了他们在哪些方面存在不足以及如何改进的建议。这种智能评估与反馈机制不仅提高了评估的准确性和效率性，还促进了学生的自我反思和持续改进。学生可以根据自己的评估结果和反馈报告，了解自己的学习情况和进步空间，有针对性地调整学习策略和方法。同时，教师也可以根据这些数据和报告，更好地了解学生的学习需求和问题，从而提供更加精准的教学指导和支持。

（5）跨学科融合与综合应用能力的提升。

AI 赋能数字化课程设计不仅涉及 AI 技术本身的发展和应用，还需要与教育学、心理学等多学科进行跨学科融合和综合应用。这种跨学科的融合不仅丰富了课程设计的内容和形式，还提升了学生的综合应用能力和创新思维。例如，在设计个性化学习路径时，需要结合学生的学习心理学特点和认知发展规律。AI 技术通过分析学生的学习行为和反馈数据，了解他们的兴趣偏好、学习风格和能力水平等信息，并据此制定符合他们认知特

---

① 吴立宝，曹雅楠，曹一鸣. 人工智能赋能课堂教学评价改革与技术实现的框架构建［J］. 中国电化教育，2021（5）：94-101.

点的学习路径①。同时，AI 技术还可以结合教育学原理和教学方法的应用，为学生提供更加科学、有效的学习指导和支持。在开发智能教学助手时，也需要考虑教育学原理和教学方法的应用。智能教学助手应该能够模拟真实教师的教学行为，与学生进行自然的对话和交流，并提供个性化的辅导和支持。这需要对教育学原理有深入的理解和把握，以确保智能教学助手的教学质量和效果。此外，跨学科融合还可以促进 AI 技术在其他领域的应用和创新②。例如，在医学领域，AI 技术可以用于辅助诊断和治疗方案的制定；在金融领域，AI 技术可以用于风险评估和投资建议的制定等。这些跨领域的应用不仅拓展了 AI 技术的应用范围，还促进了相关学科的发展和进步。

AI 技术在数字化课程设计中发挥着越来越重要的作用。通过个性化学习路径的精准设计、智能答疑与辅导系统的实时互动、虚拟助教与学习伙伴的智能化陪伴、学习成效的智能评估与反馈以及跨学科融合与综合应用能力的提升等核心应用，AI 技术正在重塑教育生态，推动教育模式的创新和升级。未来，随着 AI 技术的不断发展和普及，相信数字化课程设计将会迎来更加广阔的发展前景和无限的可能性。

6.3 网络课程与在线教学

6.3.1 网络课程概述

（1）网络课程的概念。

网络课程是通过网络表现的某门学科的教学内容及实施的教学活动的总和③。它包括按一定的教学目标、教学策略组织起来的教学内容和网络教学支撑环境，其中网络教学支撑环境特指支持网络教学的软件工具、教

---

① 董艳，陈辉. 生成式人工智能赋能跨学科创新思维培养：内在机理与模式构建 [J]. 现代教育技术，2024，34（4）：5-15.

② 袁毅，季泽豪. 人工智能跨学科特性研究：文献计量分析的视角 [J]. 图书馆杂志，2022，41（6）：46-52.

③ 李克东. 新编现代教育技术基础 [M]. 北京：北京师范大学出版社，2006：89.

学资源以及在网络教学平台上实施的教学活动①。网络课程是信息时代条件下课程新的表现形式，具有交互性、共享性、开放性、协作性和自主性等基本特征②。

此外，网络课程可以基于 Web 进行，即在因特网上通过网络浏览器来学习。它可以包括课程视频、PPT、文字、图表等多种形式，以及在线测试、在线讨论等交互式教学方式。学生可以通过电脑、手机、平板电脑等设备随时随地进行自主学习。

网络课程并不只是简单地将传统课程内容搬到网上，而是需要针对网络教学的特点和需求，进行专门的教学设计、内容组织和活动安排。同时，网络课程也需要充分利用网络技术和在线教学平台的优势，提供丰富多样的教学资源和学习支持服务，以满足学生的学习需求，提升学习效果。

（2）网络课程的基本构成。

教学内容系统：这是网络课程的核心部分，包括了按一定的教学目标、教学策略组织起来的教学内容，通常以多媒体课件的形式来表现。

虚拟实验系统：网络课程可能包含虚拟实验系统，以模拟实际实验环境，供学生进行实验操作。

学生档案系统：记录学生的学习进度、成绩等信息，方便学生进行自我管理和教师进行教学管理。

诊断评价系统：通过测试、作业等方式对学生的学习效果进行评价，以便及时调整教学策略。

学习导航系统：引导学生进行学习，帮助学生找到所需的学习资源和信息。

学习工具系统：提供如笔记本、书签、电子邮件等工具，方便学生进行学习。

协商交流系统：如讨论区等，供学生之间、学生与教师之间进行交流和讨论。

① 瞿乐，杜茹.高校思政教育网络课程开发创新研究［J］.中国高等教育，2023（6）：27-30.

② XUAN Z, SONGLIN W . The application of "Problem-Based Learning + Flipped Classroom" teaching model in bilingual education ［J］. Journal of Contemporary Educational Research，2024，8（11）：215-221.

开放的教学环境系统：网络课程的学习环境应当是开放的，允许学生随时随地进行学习，同时也能接受外界的信息和资源。

此外，网络课程还包括网络教学支撑环境，主要由支持网络教学的软件工具、多媒体课件及其他教学资源以及网络教学活动等构成。网络课程并不只是简单地将传统课程内容搬到网上，而是需要针对网络教学的特点和需求，进行专门的教学设计、内容组织和活动安排①。

（3）网络课程的特征。

交互性：网络课程具有良好的交互功能，能让学生在网络环境下进行人机交互学习，这是网络课程非常重要的一个特征。

共享性：网络课程具有信息资源共享的特点。通过互联网，可以实现全球性的资源共享，为学习者提供方便、快捷、经济的资源共享方式。

开放性：网络课程具有结构开放的特点。它不仅可以为学习者展示自身蕴含的固定的教学内容和教学资源，还可以将链接扩展到整个互联网上与课程相关的资源，使学习者能够最大限度地获取所需的信息资源。此外，网络课程的开放性还使教师可以随时更新教学内容和教学信息，也使学习者可以对课程的教学内容和教学资源进行重组和改造。

自主性：网络课程具有自主学习的功能，使学习者按照一定的教学目标和要求，采取适当的学习策略，进行网上学习活动，并在网上进行自主学习评价，获得反馈信息。网络课程要求学生具备较强的自主学习能力，才能有计划地学习、自觉地监控自己的学习过程。

协作性：网络课程具有协作学习的功能，学习者可以不受时空的限制，不仅能够进行交流研讨，还可以利用适当的软件工具支持协同创作，使分布在不同地区的学习者与教师之间实现一对一、一对多、多对多的信息交流。

（4）网络课程的类型。

网络课程的类型多样，根据不同的分类标准，可以有不同的类型。以下是一些常见的网络课程类型。

直播课程：这类课程是实时的，教师和学生同时在线，通过直播平台进行互动教学。

录播课程：这类课程是教师事先录制好的视频，学生可以在任何时

---

① 谷志群，纪越峰，顾仁涛."人工智能+X"教学模式下智能信息网络课程建设［J］.高等工程教育研究，2021（4）：93-97.

间、任何地点观看，不受时间和地点的限制。

MOOC（大规模开放在线课程）：MOOC 是一种面向全球学习者的在线课程，通常由知名大学或机构提供，课程内容涵盖各个领域。

SPOC（小规模限制性在线课程）：与 MOOC 相比，SPOC 的规模较小，通常针对特定的学习者群体，如某所大学的学生或某个机构的员工。

微课：微课是一种以短视频为主要载体的网络课程，通常针对某个具体的知识点或技能进行讲解和演示。

翻转课堂：翻转课堂是一种将传统课堂与在线学习相结合的教学模式，学生在课前通过在线视频等学习资源预习课程内容，课堂上则进行深入的讨论和实践[1]。

混合式课程：混合式课程是将在线学习与面对面教学相结合的课程模式，学生可以在线学习部分课程内容，同时也需要参加面对面的教学活动。

此外，还有以下几种分类方式：

从表现形式来看，网络课程可以分为三种类型：授课型、自主学习型、协作探究型。授课型课程以教师讲授为主，视频的声音和图像清晰，文本简明，重点和难点突出，起到良好的导学作用；自主学习型课程强调人机互动式学习，以文本为主要表现形式，适当辅以声音和图像，满足学生个性化学习的需要；协作探究型课程则注重学习者之间的交流和合作，通过共同完成任务或项目来深化对知识的理解和应用。

从课程内容和学习目标来看，网络课程可以分为以学习活动为中心的课程、以群体智能创生为核心的联通主义学习课程、强人机交互的游戏化学习课程等类型。这些课程类型各有特点，旨在满足不同学习者的需求和目标。

6.3.2　网络课程的设计原则

（1）个性化设计原则。

网络课程要体现学生学习的个性化，学生是学习的认知主体，学习的过程是学生主动探索、发现问题、意义建构的过程。所以，要重视学生作

---

① DENG R , GAO Y . Effects of embedded questions in pre-class videos on learner perceptions, video engagement, and learning performance in flipped classrooms [J]. Active Learning in Higher Education, 2024, 25（3）：473-487.

为认知主体的作用，体现学生个性化学习的特点，发挥学生在学习中的首创精神。

（2）多媒体化设计原则。

由于互联网向宽带、高速发展，加上网络传输及流媒体技术的进步，使网络课程中多媒体教学内容的高效率传输成为可能。为提高学生的学习兴趣，网络课程应根据教学需要提供图、文、声、像、动画等并茂的教学内容。

（3）互动性设计原则。

一方面，网络课程将课程内容以超文本方式呈现，提供良好的导航系统和功能，赋予学生串联知识和网络浏览的自主权。另一方面，设计灵活多样的学生练习和训练内容，提高网络课程的交互性。

（4）教育性原则。

网络课程的开发，首先，要认真选择教材。教材内容应深入浅出、通俗易懂，以便于网络课程的制作和教师讲授。其次，要重视教学设计，注意分析学生的特征、分析教学目标和教学内容的结构、设计符合学生认知心理的知识表现形式，设计能够促进学生知识建构的学习策略。

（5）艺术性原则。

软件界面要美观，符合学生的视觉心理；设有导航栏目，操作要简单，不需要大量的预备技能；提示信息要详细、准确、恰当。

此外，网络课程设计还需要遵循目标导向、学生中心、内容科学、结构合理、技术适用等基本原则，以满足学生的学习需求和提升学习效果为目标。

6.3.3 网络课程的设计与开发流程

网络课程的设计与开发流程可以分为以下几个主要阶段，如图 6.1 所示。

此外，还有一些具体的开发流程，如设计创意、素材准备、产品合成、产品测试、产品交付、软件维护等，这些步骤主要关注课程的具体制作和技术实现。

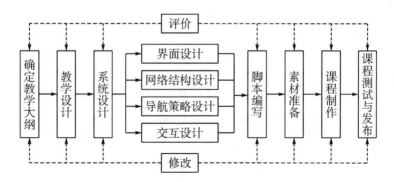

图 6.1 网络课程的设计与开发流程

6.3.4 网络课程的教学支持平台

（1）常见的网络课程教学支持平台。

网络课程教学支持平台是指通过网络实施课程教学的学习管理软件系统，它是一套用来建立、存储、组织、管理、维护、追踪及提供个性化课程学习对象的软件系统。常见的网络课程教学支持平台如表 6.1 所示。

表 6.1 常见的网络课程教学支持平台

平台名称	简介	网址
Blackboard	Blackboard 是一个由美国 Blackboard 公司开发的数位教学平台。数位教学意指数字化教学，老师和学生可以在多媒体、网络组成的平台内进行各种课程方面的交流。Blackboard 在线教学管理系统，正是以课程为中心集成网络"教""学"的环境。教师可以在平台上开设网络课程，学习者可以自主选择要学习的课程并自主进行课程内容学习。不同学习者之间以及教师和学习者之间可以根据教、学的需要进行讨论、交流	https://www. black-board.com/
OLAT	OLAT（online learning and training：在线学习与练习）是一个基于 Web 的开源学习管理系统（LMS）和内容学习管理系统（LC-MS）	http://www.olat.org

表6.1(续)

平台名称	简介	网址
Moodle	Moodle 是一个开源课程管理系统（CMS），也被称为学习管理系统（LMS）或虚拟学习环境（VLE）。它已成为深受世界各地教育工作者喜爱的一个为学生建立网上动态网站的工具。为了正常运行 Moodle，它需要被安装在 Web 服务器上。Moodle 平台界面简单、精巧，使用者可以根据需要随时调整界面，增减内容。课程列表显示了服务器上每门课程的描述，包括是否允许访客使用，访问者可以对课程进行分类和搜索，按自己的需要学习课程	http://moodle.org
Sakai	Sakai 是一个自由、开源的在线协作和学习环境，由 Sakai 成员开发和维护。Sakai 提供一组软件工具来帮助需要开发一个共同用于协作或学习环境的研究院校、商业组织和自主群体创建一个用于协作的网站。Sakai 的协作和学习环境是一个免费、共享源代码的教育软件平台，主要用于教学、研究和协作。Sakai 是一个类似于 moodle 的课程管理、学习管理系统，以及虚拟学习环境。Sakai 是一基于 Java 的面向服务的应用程序，具有可靠性、协作性和可扩展性	http://www.sakaiproject.org

除了以上常见的网络课程教学支持平台外，本书介绍一些目前主流的网络课程设计平台，例如雨课堂、学习通等。

（2）雨课堂。

雨课堂是一款由清华大学和学堂在线共同研发的智慧教学工具，旨在通过云计算技术为教学过程提供数据化和智能化的信息支持①。它连接了师生的智能终端，对课前、课上、课后的各个教学环节进行了创新性的体验提升。雨课堂支持教师通过 PPT 和微信向学生推送预习资料，包括 MOOC 视频、习题和语音，实现课前预习。在课堂上，学生可以通过扫码签到、实时答题和答疑弹幕等方式参与互动，从而为传统课堂教学提供了一种全新的师生互动解决方案。此外，雨课堂还能提供个性化报表和自动

---

① LV H，TANG L，LUO G，et al. Rain Classroom and PAD class blended learning mode effectively improves teaching quality in a surgical nursing course ［J］. American Journal of Translational Research，2024，16（1）：200-207.

任务提醒，帮助教师和学生更好地理解教学过程和学生的学习状况①。该教学工具的应用被认为对提高课堂教学质量和学生的创新意识有积极的推动作用。目前已经在多所高校得到应用，具体来说，有上千个高校班级采用"雨课堂"模式授课，包括清华大学、北京大学、复旦大学、斯坦福大学、麻省理工学院、加州大学伯克利分校等国内外几所顶尖高校的优质课堂。

此外，雨课堂还在其他一些高校得到了应用，如华东师范大学、厦门大学、西南财经大学、西安电子科技大学、重庆大学、河北工业大学、云南大学等。这些高校在教学楼计算机中全部实现了雨课堂的预装，推动了智慧教学时代的发展，助力教育教学改革。雨课堂主要使用步骤如下。

Step 1：准备工作。

安装成功，找到雨课堂；雨课堂是内置在 PPT 中的一个小插件，打开 PPT，在顶部菜单栏中即可看到雨课堂，如图 6.2 所示。Windows XP SP3 及以上版本 PPT：Office2010 及以上版本的软件；一部安装了微信的手机。

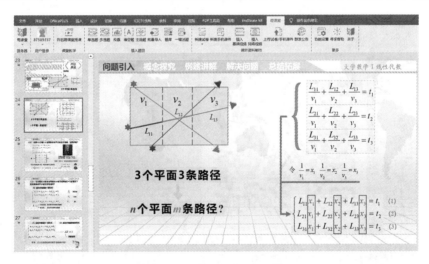

图 6.2　雨课堂插入 PPT 界面

① 董桂伟，赵国群，郑超，等. 基于雨课堂的虚拟仿真实验教学模式设计与实践 [J]. 实验室研究与探索，2021，40（10）：215-218.

雨课堂授课准备阶段，如图 6.3 所示；雨课堂授课开始阶段，如图 6.4 所示。

Step 2：使用雨课堂授课。

图 6.3　雨课堂授课准备阶段

图 6.4　雨课堂授课开始阶段

在原有 PPT 不做任何补充的情况下，教师可以直接【开启雨课堂授课】实现以下功能：扫码签到、PPT 同步到学生手机、弹幕互动、随机点名。

雨课堂 PPT 中插入题目，如图 6.5 所示；雨课堂手机端演示，如图 6.6 所示。

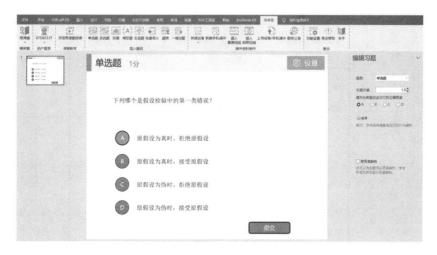

图 6.5　雨课堂 PPT 中插入题目

课上玩转雨课堂：随堂习题，点击【发送此题目】，直接或限时发送单个习题。教师发送习题后，手机端出现学生答题实况。点击【更多】，随时调出课堂二维码或进行随机点名。点击【课堂动态】，可以查签到、发试卷、开弹幕、看投稿。

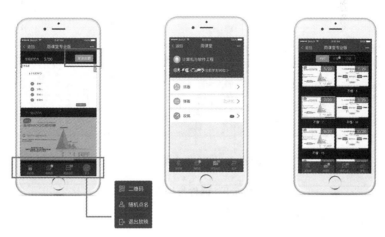

图 6.6　雨课堂手机端演示

Step 3：制作课下推送课件。

雨课堂制作课下推送课件，如图6.7所示；课件推送发布，如图6.8所示。

图 6.7 雨课堂制作课下推送课件

图 6.8 课件推送发布

Step 4：制作试卷。

推送课件至班级流程：上传课件至手机，保存至个人课件库，可从手机上随时调用；手机端收到并预览；添加语音讲解；发送至所选班级；学生收到手机推送。

在网页端新建试卷可通过点击【资源库】→【试卷库】→【新建试卷】。新建试卷后可在线添加习题，习题类型涵盖单选题、多选题、判断题、填空题、投票和主观题。新建试卷，如图 6.9 所示。

图 6.9　新建试卷

每种题型的题干和选项均支持文本的加粗、倾斜、下划线，支持插入公式和代码，支持插入网络和本地图片、学堂云云盘和本地音频。任何题型均支持设置分值、设置答案解析。

此外，点击【批量导入】之后下载 word 或 excel 模板，根据模板编辑好 word 或 excel 习题，再批量导入。批量导入试题，如图 6.10 所示。

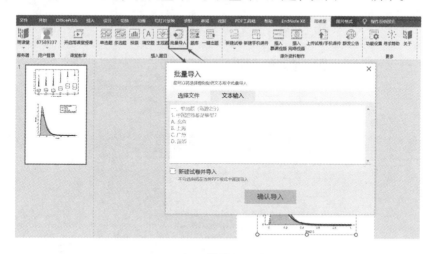

图 6.10　批量导入试题

完成的试题，教师可以直接发送给学生，也可以在课堂授课时从试题库中调取，进行随堂考试。

（3）学习通。

学习通是由北京世纪超星信息技术发展有限责任公司于 2016 年开发的一

款集移动教学、移动学习、移动阅读、移动社交于一体的免费应用程序，仅支持移动端（Android／iOS／Harmony OS）。2019 年 12 月 24 日，学习通通过了教育部备案，备案号为教 App 备 1100163 号。学习通主要使用步骤如下。

Step 1：打开学习通，进入【课程】，选择要管理的课程，点击右上角【设置】即可进行课程设置。

编辑管理课程界面，如图 6.11 所示。

图 6.11　编辑管理课程

Step 2：进入课程【设置】界面，老师可以进行简单的班级管理、课程考核权重管理、教师团队管理、课程活动管理等。进入【班级管理】界面后，可以左滑修改班级名称，也可以将班级分配给某一位老师，分配后的班级只有其可以管理。

班级管理界面，如图 6.12 所示。

图 6.12　班级管理

进入课程【设置】界面，老师可以进行简单的班级管理、课程考核权重管理、教师团队管理、课程活动管理等。【成绩权重设置】：可以设置课程学生的综合成绩组成，系统提供多种权重，如【师生互动】中每一项设置的奖励分（即课堂积分）也可以作为权重的一部分。

成绩权重及课堂互动设置，如图 6.13 所示。

图 6.13　成绩权重及课堂互动设置

进入课程【设置】界面，老师可以进行简单的班级管理、课程考核权重管理、教师团队管理、课程活动管理等。【教学团队管理】：建课老师可以将其他老师加入课程教学团队，或者助教团队，点击【添加】，输入被添加人的手机号搜索即可。教师团队：其他老师有权限编辑章节内容。助教团队：其他老师不能编辑章节内容，可以添加课程【资料】。

教学团队管理，如图 6.14 所示。

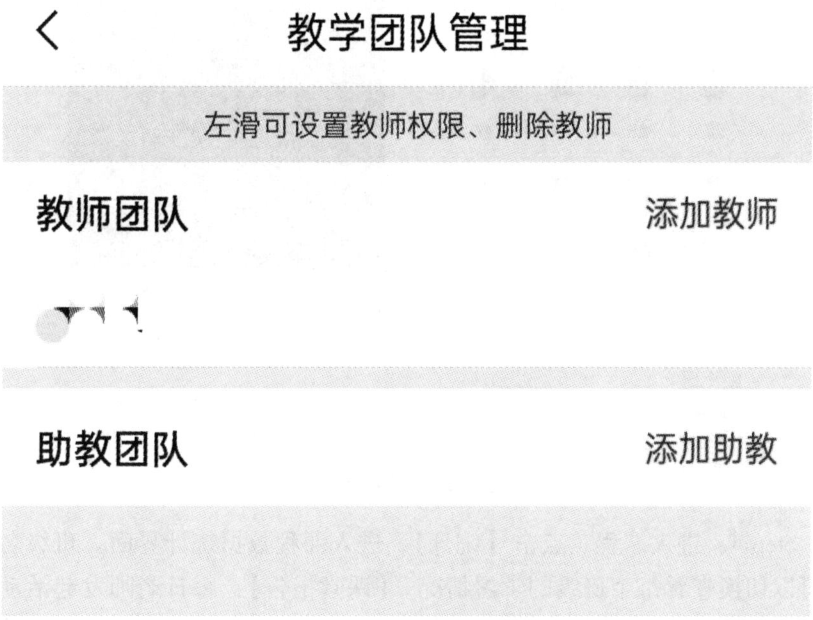

图 6.14 教学团队管理

进入课程【设置】界面，老师可以进行简单的班级管理、课程考核权重管理、教师团队管理、课程活动管理等。【克隆本课】：可以将本课程克隆给其他老师，或者自己备份。克隆后的课程就相当于一门全新的课程，内容可以随便更改。【显示课程封面】：在课程界面显示课程的封面。【课堂活动自动保存到其他班级】：老师在 A 班发布的活动自动保存在 B 班，老师可以进入 B 班直接开启相同的活动，不用重新设置。【将本课发布为示范教学包】：其他老师在建课的时候可以直接引用课程内容，作为其自己的课程教学资源。

Step 3：进入课程，点击【通知】界面，即可给班级学生发布通知，通知中可以添加附件内容。老师可查看通知阅读情况，并设置未读提醒。

发布通知，如图 6.15 所示。

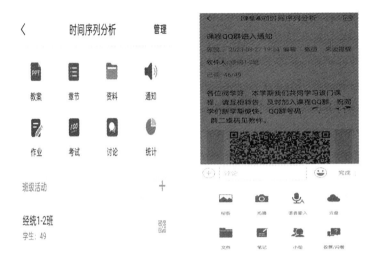

图 6.15　发布通知

Step 4：进入课程，点击【统计】，进入课程数据统计界面。班级名称处可以切换查看每个班级的学习情况。【课堂报告】：每日老师发起活动的日志报告。【成绩统计】：老师设置好课程权重比例后，学生的综合成绩分布情况。

统计及课堂报告，如图 6.16 所示。

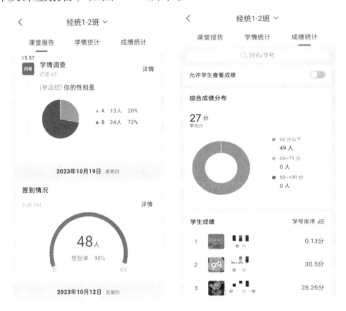

图 6.16　统计及课堂报告

进入课程，点击【统计】，进入课程数据统计界面。班级名称处可以切换查看每个班级的学习情况。【学情统计】：学生关于章节内容（视频、测验）的完成情况，课程访问时间段情况、讨论回复情况。

学情统计及任务点完成进度，如图 6.17 所示。

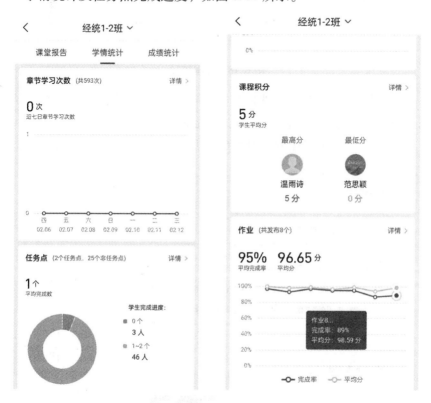

图 6.17 学情统计及任务点完成进度

Step 5：老师也可以进入电脑端管理课程。【我】中提供快速进入电脑端的网址，用学习通账号登录即可。登录后进入要管理的课程：班级管理、教师团队管理、课程设置、权重设置等。

课程管理，如图 6.18 所示。

图 6.18　课程管理

【首页】：可以快速了解课程的学习情况，如学生每个任务点的完成比例；点击【发放】下的【√】，可以设置章节的开放形式。

任务点设置及完成比例，如图 6.19 所示。班级管理，如图 6.20 所示。

图 6.19　任务点设置及完成比例

【管理】-【班级管理】：可以添加、移除学生、设置班级属性。

班级设置 ∨

班级人数上限 20000 学生 保存

☐ 推送活动通知至微信

☑ 允许学生加入

☑ 允许学生退课

☐ 对学生隐藏该班级

☐ 忽略视频拖拽及窗口切换（若学生已开始学习，不建议修改）

☑ 开启结课模式（学生进入结课模式，学习行为不会产生统计数据的增加）

☐ 显示专家答疑（勾选后，学生端显示"专家答疑"模块）第三方答疑 说明和举例

开放报名设置：　◉ 关闭报名　　⚪ 本校开放　　⚪ 全网开放

章节开放设置：　全部开放　全部隐藏　全部闯关模式

班级开放时间设置：［＿＿＿＿＿＿🕐］——［＿＿＿＿＿＿🕐］保存

非开放时间段内班级将进入结课模式，学生无法完成任务点、作业、章节测验。若延长开课结束时间，将自动关闭结课模式

班级所属学期：　［2023-2024第二学期　　　▼］

图 6.20　班级管理

【管理】-【课程管理】：可以设置课程是否允许试读；试读：不用登录加入课程，即可观看课程的内容。克隆课程：克隆后的课程可以编辑章节内容；映射课程：映射后的课程不能编辑章节内容。

课程管理，如图 6.21 所示。

图 6.21　课程管理

【统计】：可以切换班级查看各班学习情况。所有的教学数据可以一键导出。已发布任务点：可以查看每个任务点学生的完成情况；章节测验：

可以查看放在章节中的测验学生完成情况（正确率，各学生答题）；学生管理：查看某一个学生的课程学习情况；教学预警：给未达到教学目标的学生发布通知预警。

教学统计数据一键导出，如图 6.22 所示。

图 6.22　教学统计数据一键导出

【统计】：可以切换班级查看各班学习情况。成绩管理：可以查看学生的综合成绩及每项权重的成绩；可以设置权重。

成绩权重设置，如图 6.23 所示。

图 6.23　成绩权重设置

6.3.4 在线教学模式的类型

（1）同步在线教学。

同步在线教学是一种利用互联网技术，将教师和学生连接在一起，实现实时互动和同步学习的教学模式。在这种模式下，教师可以通过网络直播、视频会议等方式，将课程内容实时传输给学生，学生可以在线观看、听讲、提问和参与讨论，实现与传统课堂教学相似的学习效果。

同步在线教学打破了时间和空间的限制，使得学生可以随时随地参与学习，同时也给教师提供了更多的教学手段和教学策略。通过同步在线教学，教师可以利用多媒体教学资源，设计丰富多样的教学活动，激发学生的学习兴趣和学习积极性，提高教学效果。

此外，同步在线教学还可以实现个性化教学，根据学生的不同需求和特点，制订针对性的教学计划和方案，帮助学生更好地掌握知识和技能。同时，同步在线教学也为教师提供了更多的教学数据和反馈，帮助教师及时了解学生的学习情况和问题，调整教学策略和方法，进一步提高教学质量。

需要注意的是，同步在线教学需要稳定的网络连接和良好的教学平台支持，同时也需要教师具备一定的信息技术素养和在线教学能力。在实施同步在线教学时，需要充分考虑这些因素，确保教学的顺利进行和效果的达成。同步在线教学的可选平台有腾讯会议、钉钉、CCTalk 等。

（2）异步在线教学。

异步在线教学是一种在线教学模式，它允许教师和学生在不同的时间进行教学活动和学习活动，不需要双方同时在线。在这种模式下，教师可以通过在线学习平台发布课程的学习资源、学习材料、活动指导和作业等，引导学生开展独立自主的学习，进行团队协作学习。学生可以根据自己的时间安排，在任何地点通过在线学习平台进行课程学习、完成作业和参与讨论等。

异步在线教学具有灵活性和自主性的特点，学生可以自由地选择学习的时间、地点和方式，同时也需要学生具备较强的自主学习能力和自控力。而教师则可以通过平台提供的学习数据和反馈，了解学生的学习情况和问题，及时进行指导和帮助。

异步在线教学通常利用各种在线学习平台、教学管理系统、课程网站等工具实施，这些工具可以提供丰富的教学资源和交互功能，支持多种学习活动和评价方式。异步在线教学适合那些需要灵活安排时间、地点和进度的学习者，也适合那些需要自主掌控学习进度的学习者。

需要注意的是，异步在线教学虽然具有很多优势，但也存在一些挑战和问题。例如，需要教师和学生都具备较高的信息技术素养和在线学习能力；需要设计合理的教学策略和教学活动来激发学生的学习兴趣和积极性；需要加强师生之间的交流和互动，避免学习过程中的孤独感和缺乏动力等问题。

因此，在实施异步在线教学时，需要充分考虑这些因素，制订针对性的教学计划和方案，确保教学的顺利进行和效果的达成。同时，也需要结合同步在线教学的优势，根据课程内容和学生需求，灵活选择和应用不同的在线教学模式。

异步在线教学实施步骤如下：

①录制教学视频，并上传至网络学习空间。

②安排校内学生选课。

③单纯在线学习和线上线下翻转课堂学习两种类型。

④由专门教师组织线上线下学习活动。

⑤学生完成学习任务和测评后可获得学分。

异步在线教学可选平台有爱课程网、中国大学 MOOC、录播课平台、学堂在线等。

（3）基本学习社区的协作学习。

基本学习社区的协作学习是指在一个由学习者及其助学者（教师、专家、辅导者等）共同构成的团体中，成员们在学习过程中进行沟通、交流，分享各种学习资源，共同完成一定的学习任务，并在成员之间形成相互影响、相互促进的人际联系。基于学习社区的协作学习模式，如图 6.24 所示。

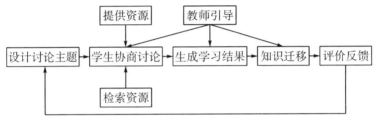

图 6.24 基于学习社区的协作学习模式

在这种学习环境中，学习者不是孤立地、被动地接受知识，而是积极地参与到学习过程中，与其他成员一起协作、讨论、解决问题。这种学习方式强调学习者之间的合作与互动，以及知识的社会建构性。

在协作学习过程中，学习者通过小组或团队的形式组织起来，共同分析、讨论和解决问题。他们共享知识和经验，相互支持和帮助，从而达到更深入地理解和掌握学习内容。同时，协作学习也有助于培养学习者的团队协作能力、沟通能力、批判性思维等高级认知能力。

总之，基本学习社区的协作学习是一种强调学习者之间合作与互动的学习方式，旨在通过共同的努力和知识的社会建构来提高学习效果，促进学习者的全面发展。

基本学习社区的协作学习可选平台有学习元平台、知乎平台、Knowledge Forum 平台等。

（4）基于学情分析工具的精准教学。

基于学情分析工具的精准教学主要指的是利用学情分析工具对学生的学习情况进行全面、深入的分析，从而根据每个学生的具体情况，制订个性化的教学计划和教学策略，以实现精准的教学目标，如图 6.25 所示。

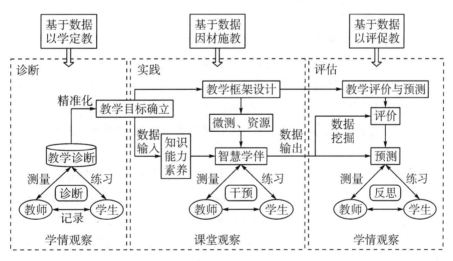

图 6.25 基于学情分析工具的精准教学模式①

---

① 祝智庭. 智慧教育新发展 [M]. 北京：教育科学出版社，2021：56-60.

学情分析工具可以通过收集学生的学习数据，包括学习成绩、学习行为、学习习惯等，进行数据挖掘和分析，为教师提供科学、客观的决策依据[①]。教师可以根据学情分析的结果，了解每个学生的学习特点、学习需求和学习难点，从而调整教学内容和教学方法，为每个学生提供适合他们的教学资源和教学支持。

精准教学强调在教学过程中，根据学生的学习情况和反馈，及时调整教学策略，以确保教学目标的精准实现[②]。通过学情分析工具，教师可以实时了解学生的学习进度和学习效果，及时发现学生的学习问题，进行针对性的辅导和干预，从而帮助学生克服学习难点，提高学习成绩。

因此，基本学情分析工具的精准教学是一种以学生为中心的、基于数据的教学决策和教学模式，旨在实现个性化、差异化的教学，提高教学效果和学生的学习成果，为教学预设提供基本依据与重要指导，为课堂教学活动的调节与生成提供重要反馈，为教学生成提供重要资源，为教学理论与学习理论的生成提供丰富素材与有益启发。

学情分析工具主要有"智慧学伴"、智学网、极课大数据、学科网、阿凡提等。

（5）翻转课堂。

翻转课堂，又称为颠倒课堂或反转课堂，是一种新型的教学模式。在这种模式下，教师在课前创建或选择微教学视频供学生在家中或课外观看学习，课堂上则通过师生协作探究、互动交流等活动来完成知识的内化。翻转课堂重新调整了课堂内外的时间，将学习的决定权从教师转移给了学生，使得学生能够更专注于学习，从而获得更深层次的理解，翻转课堂模式，如图6.26所示。

翻转课堂的特点包括教学视频短小精悍、教学信息清晰明确、重新建构学习流程等。在这种教学模式下，教师的角色从传统的知识传授者转变为学习引导者和促进者，而学生则由被动接收者转变为主动研究者。翻转课堂的形式也使得课前学习和课堂探究成为教学的主要环节，有助于促进学生的个性化学习和深度学习，翻转课堂与传统教学的区别，如表6.2所示。

---

① 武法提，任伟祎. 基于认知负荷水平的学情分析：表征框架与实践路径 [J]. 中国电化教育，2024（7）：64-73.

② 梁若楠，唐承秀. 信息素养课程学情分析研究：以财经类高校为例 [J]. 图书情报工作，2024，68（9）：46-55.

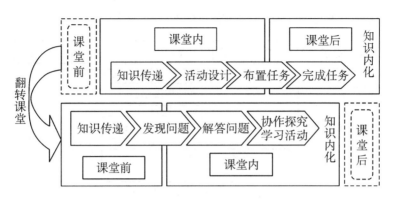

图 6.26　翻转课堂模式

　　然而，翻转课堂在实施过程中也面临一些问题，如教师是否具备相应的素质与能力、如何量化教学效果、是否解决了因材施教的问题等。因此，在实施翻转课堂时，需要充分考虑这些因素，制订针对性的教学计划和方案，确保教学的顺利进行和效果的达成。

　　翻转课堂是一种以学生为中心的、基于现代信息技术的教学模式，旨在提高教学效果和促进学生的全面发展。

　　翻转课堂教学平台有学习通、雨课堂、天天微课、学习元平台等。

表 6.2　翻转课堂与传统教学的区别

	翻转课堂	传统教学
教学流程	课上：作业答疑、小组协作探究、互动交流； 课后：知识传授、课前完成内容的学习	课上：知识传授； 课后：完成作业和练习
师生角色	师：教学活动的"导演"和学生的"教练"； 生：教学活动的参与者	师：知识的拥有者和传播者； 生：被动授受知识的地位
教学资源	短小精悍的教学视频	书本、演示文稿
教学环境	学习管理系统	传统教室
课堂内	展示交流、协作探究、科学实验、完成作业、教师巡视、一对一个性化指导	新课导入、知识讲解、布置作业
课堂外	自主学习、自定进度、整理收获、提出问题	完成作业

翻转课堂主要设计流程，如图 6.27 所示。

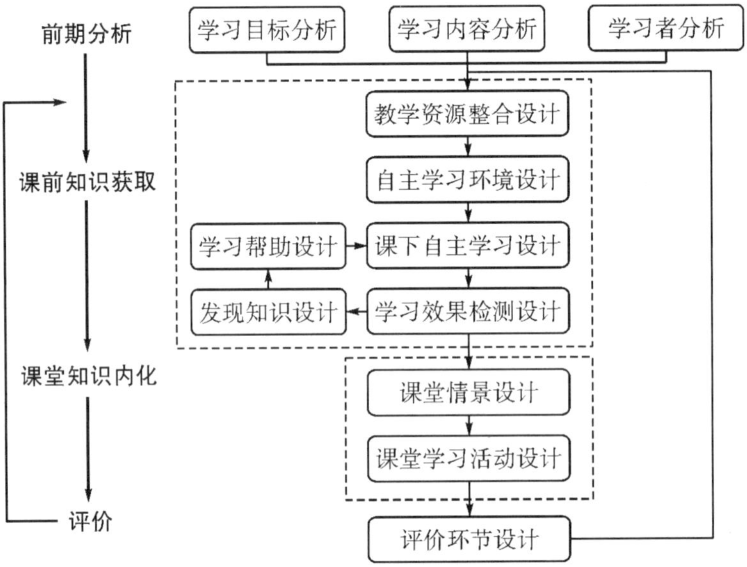

图 6.27　翻转课堂设计流程

明确目标：这是设计翻转课堂的第一步，教师需要清楚地了解课程的教学目标，以及学生应该达到的学习成果。这些目标应该既具体又明确，以便于后续的教学设计。

梳理内容：教师需要详细梳理课程的内容，确定哪些部分适合用于翻转课堂的教学模式，哪些部分需要传统的课堂讲授。翻转课堂适用于需要学生深度参与、讨论和探究的主题。

制作教学资源：教师需要根据选定的课程内容，制作相应的教学资源，如教学视频、PPT、在线测试等。这些教学资源应该既有趣又有效，能够吸引学生的注意力，并帮助他们理解和掌握课程内容。

设计教学活动：翻转课堂的教学模式强调学生的主动性和参与性，因此教师需要设计一系列的教学活动，如小组讨论、角色扮演、案例研究等。这些活动应该既能够激发学生的学习兴趣，又能够帮助他们深化对课程内容的理解。

安排课堂时间：翻转课堂将部分传统课堂的时间转移到了课外，因此教师需要合理安排课堂时间，确保学生有足够的时间进行课外学习，同时也有足够的时间进行课堂内的讨论和活动。

实施并反馈：教师需要按照设计好的翻转课堂流程进行教学，同时收集学生的反馈，以便于对翻转课堂的效果进行评估，并对后续的教学设计进行调整和改进。

翻转课堂主要做法如下。

（1）精心设计和认真制作学生课外学习的教学录像。教学录像、普通教室及微课制作室，如图6.28所示。

图6.28　教学录像、普通教室及微课制作室

（2）精心设计导学案或者学习任务单。

翻转课堂学习任务单案例，如图6.29所示。

《大学数学（1）—线性代数》
课程翻转课堂学习任务单

基本信息

教师姓名＿＿＿＿＿＿　所属部门＿＿＿＿＿＿

学年学期＿＿＿＿＿＿　时间地点＿＿＿＿＿＿

（学生填写）

学生学号＿＿＿＿＿＿　学生姓名＿＿＿＿＿＿

年级＿＿＿＿＿＿　专业＿＿＿＿＿＿

所属学院＿＿＿＿＿＿

（a）　　　　　　　　　　（b）

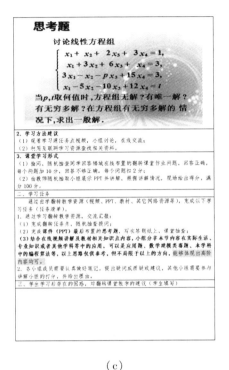

（c）

图 6.29　学习任务单案例

（3）将教学录像与本次课程相关联的导学案或者任务单同时分发给学生，并做出清晰的指导和要求。

（4）精心设计课堂学习活动和评价方案。

6.3.5　微课视频录制与剪辑

6.3.5.1　微课视频录制

（1）常见的微课录制方式。

外部拍摄：这种方式直接利用摄像机+黑板或电子白板进行录制。教师可以事先准备好板书内容，然后在黑板或电子白板上进行讲解，摄像机实时记录讲解过程。为了保证视频质量，教师后期还需要对视频进行编辑和美化。此外，智能手机+白纸也是一种简便易行的外部拍摄方式，教师可以利用彩笔和白纸讲授教学内容，配合语音讲解，使用手机将整个教学过程拍摄下来。

录屏软件录制：这种方式主要利用录屏软件+PPT进行录制。教师需要预先制作好 PPT 课件，并准备好讲解稿。然后，在电脑上打开录屏软件和 PPT 课件，教师一边演示 PPT 一边进行讲解，录屏软件将演示画面和讲解声音同步录制下来。常见的录屏软件有 Camtasia Studio、Cyber Link You Cam 等。这种方式的优点是可以清晰地记录 PPT 的演示过程和教师的讲解声音，方便学生进行自主学习。

手写板+录屏软件+PPT 录制方式：这种方式是在录屏软件+PPT 录制方式的基础上增加了手写板。手写板可以用来清晰地记录有关书写过程，使得录制过程更加生动和真实。教师在演示 PPT 时，可以使用手写板进行标注、解释或书写，同时录屏软件将演示画面、手写内容和讲解声音同步录制下来。

其他录制方式：除了以上三种常见的录制方式外，还有一些其他的录制方式，如使用万彩录屏大师等第三方软件进行录制。这些软件通常具有简单易用、录制流畅不限时长等特点，并内置了丰富的素材和后期编辑功能，方便教师进行微课的录制和编辑。

需要注意的是，无论采用哪种录制方式，都需要提前准备好微课的教学内容和讲解稿，并确保录制过程中环境安静、画面清晰、声音清楚。同时，在录制完成后还需要对视频进行必要的处理和美化，以提高视频的质量和观感。

（2）微课录制准备。

录制工具准备：划定拍摄区域。微课录制准备，如图 6.30 所示。

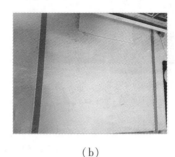

（a）　　　　　　　　　　　（b）

图 6.30　微课录制准备

微课内容准备：即明确微课录制的内容和微课录制的流程。总体来说，在录制微课之前，教师首先应针对微课主题，进行详细的教学设计，形成微课制作的脚本，再根据脚本制订录制计划，选择录制方式。录制时需要注意的事项：采用分段录制还是一次性录制的录制方式？在录制过程中需要注意或需要重点强调哪些问题？需要对哪些内容进行详细的书写、重点展示和标记？

（3）录制微课。

对于可以在计算机中进行演示和展示的微课内容，可以选择屏幕录制的方法。下面通过 Windows 10 提供的录屏软件录制屏幕视频，其具体操作如下。软件开启阶段，如图 6.31 所示；软件录制阶段，如图 6.32 所示。

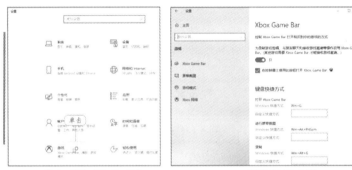

01. 单击"游戏"选项卡　　　　　02. 开启录屏功能

（a）　　　　　　　　　　（b）

图 6.31　软件开启阶段

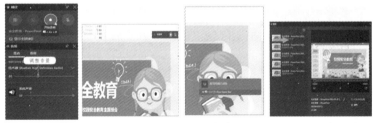

03. 调节声音　04. 显示录制状态　05. 录制完成提示 06. 查看录制的食品
并开始录制

（a）　　　　（b）　　　　（c）　　　　（d）

图 6.32　软件录制阶段

对于需要现场展示、说明的教学内容，可以通过手机进行拍摄。下面介绍通过手机拍摄"手工卡片制作"微课的方法，其具体操作如下。拍摄阶段，如图 6.33 所示；发送及保存视频，如图 6.34 所示。

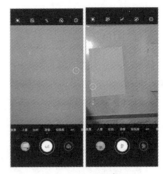

01. 进入拍摄状态

图 6.33　拍摄阶段

02. 通过QQ发送视频

（a）

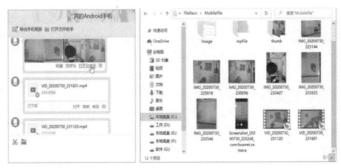

03. 查看计算机中的视频文件

（b）

图 6.34　发送及保存视频

6.3.5.2 微课视频剪辑

（1）常用的视频剪辑软件。

常用的视频剪辑软件有很多，以下是一些广泛使用的软件。

Adobe Premiere Pro：业界领先的专业视频编辑软件之一，可以提供广泛的创意工具和高级特效，适用于专业和高水平的视频编辑人员。Adobe Premiere Pro 软件界面，如图 6.35 所示。

图 6.35 Adobe Premiere Pro 软件界面

Final Cut Pro X：苹果公司开发的专业级视频编辑软件，专为 Mac 用户设计。该软件可提供直观的界面、先进的特效和强大的工具，适合专业的视频编辑需求。Final Cut Pro X 软件界面，如图 6.36 所示。

图 6.36 Final Cut Pro X 软件界面

iMovie：苹果公司推出的入门级视频编辑软件，适用于初学者和非专业用户。该软件简单易用，提供基本的剪辑、过渡和特效工具，并支持音频编辑和导出功能。iMovie 软件界面，如图 6.37 所示。

图 6.37　iMovie 软件界面

DaVinci Resolve：免费的视频编辑软件，提供许多专业级的剪辑、调色和特效工具。同时，该软件也是一个强大的调色软件，被广泛用于电影和电视制作。DaVinci Resolve 软件界面，如图 6.38 所示。

图 6.38　DaVinci Resolve 软件界面

Sony Vegas Pro：强大的视频剪辑软件，提供丰富的工具和特效，适用于专业和高水平的视频编辑人员。Sony Vegas Pro 软件界面，如图 6.39 所示。

图 6.39　Sony Vegas Pro 软件界面

爱剪辑：一款完全根据国人的使用习惯、功能需求与审美特点进行全新设计的视频剪辑软件，许多创新功能都颇具独创性。爱剪辑软件界面，如图 6.40 所示。

图 6.40　爱剪辑软件界面

快剪辑：一款功能齐全、操作简捷的视频剪辑软件，可以在线边看边剪。快剪辑软件界面，如图 6.41 所示。

图 6.41 快剪辑软件界面

会声会影：加拿大 corel 公司制作的一款功能强大的视频编辑软件，具有图像抓取和编修功能，可以抓取、转换 MV、DV、V8、TV 和实时记录抓取画面文件，并提供有超过 100 多种的编制功能与效果，可导出多种常见的视频格式。会声会影软件界面，如图 6.42 所示。

图 6.42 会声会影软件界面

此外，还有一些手机端的视频剪辑软件，如乐秀、巧影、快影、小影、剪映等，这些软件可以在手机上进行简单的视频剪辑操作，适合制作短视频或进行日常的视频处理。

（2）微课视频剪辑基本操作。

教师在剪辑微课视频时，可以选择符合自己剪辑需求的剪辑软件，将多录、错录、冗余的视频片段分割并删除，仅保留具有教学功能的视频内容，一方面保证微课视频内容的精炼，另一方面也可以有效控制微课视频的时长。下面以 Premiere Pro 2020 为例，介绍剪辑微课视频的方法，其具体操作，如图 6.43 至图 6.47 所示。

01. 新建项目

（a）

02. 设置项目名称和保存位置

（b）

图 6.43　开始阶段

03. 选择视频素材

（a）

04. 在"项目"面板
中查看素材

（b）

05. 将视频素材拖入
"时间轴"面板

（c）

图 6.44　素材选择阶段

06. 将视频素材插入时间序列　　　　07. 调整视频素材的顺序

（a）　　　　　　　　　　　　　（b）

图 6.45　素材处理阶段

08. 标记视频　　　　09. 分割视频　　　　10. 合并视频

（a）　　　　　　　（b）　　　　　　　（c）

图 6.46　视频整合阶段

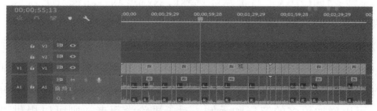

11. 分割其他视频部分

（a）

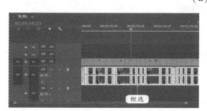 

12. 删除音频片段　　　　　　13. 保存项目文件

（b）　　　　　　　　　　（c）

图 6.47　保存阶段

6.3.5.3　AI 赋能微课视频剪辑

在数字化教育蓬勃发展的今天，微课视频作为一种高效、便捷的教学资源，正逐步成为教育改革的重要推手。然而，传统微课视频的制作过程复杂且耗时，对创作者的专业技能要求较高，这在一定程度上限制了微课视频的广泛应用和快速发展。随着人工智能（AI）技术的崛起，AI 赋能微课视频剪辑成为解决这一难题的关键，为微课视频的制作带来了前所未有的变革。

第一，AI 技术的引入极大地提升了微课视频的制作效率。传统的视频剪辑需要创作者手动筛选素材、调整画面、添加特效等，而 AI 则能够自动完成这些烦琐的任务。通过图像识别和机器学习算法，AI 可以快速分析视频内容，识别出关键帧、人物表情、动作变化等要素，并根据这些要素进行智能剪辑。这种自动化的剪辑方式不仅节省了创作者的时间和精力，还降低了制作成本，使得微课视频的制作更加高效、便捷。

第二，AI 技术为微课视频的创作带来了更多的创意空间。AI 能够学习和分析大量优秀的剪辑作品，从中提炼出各种剪辑风格和技巧，为创作者提供灵感。同时，AI 还能根据微课视频的主题、内容、受众等因素，自动生成多样化的编辑方案，帮助创作者尝试不同的叙事方式和视觉效果。这种创意的多样化不仅丰富了微课视频的表现形式，还提升了其吸引力和教学效果。

第三，AI 技术实现了个性化定制。通过深度学习和自然语言处理技术，AI 能够分析学生的学习习惯、兴趣偏好以及知识水平，从而根据每个学生的特点自动调整微课视频的内容和形式。例如，对于基础较弱的学生，AI 可以增加更多的解释和示例；对于进阶学习者，则可以提供更多的拓展知识和深度分析。这种个性化的定制服务不仅提高了学生的学习效率，还增强了微课视频的针对性和实用性。

第四，AI 技术还为教育创新提供了新的动力。AI 技术的不断进步使得微课视频的制作更加智能、高效和个性化，为教育资源的共享和优化提供了新的解决方案。同时，AI 还可以与其他新技术如虚拟现实（VR）、增强现实（AR）等结合，打造出更加沉浸式和交互式的教育体验。这种创新的教育模式不仅能够激发学生的学习兴趣和积极性，还能够培养学生的创新能力和实践能力。

第五，AI 技术对于促进教育公平也具有重要意义。通过自动化剪辑和内容生成技术，AI 可以快速制作出高质量的微课视频，并将其广泛传播到偏远地区和弱势群体中。这不仅降低了教育资源的获取门槛，还提高了教育资源的覆盖面和可及性。这种教育资源的均衡分配有助于缩小地域间的教育差异，推动教育公平的实现。

综上，AI 赋能微课视频剪辑不仅提升了视频制作的效率和质量，还为创作者带来了丰富的创意和个性化体验。同时，它还为教育创新提供了新动力，促进了教育资源的共享和优化，以及教育公平的实现。随着 AI 技术的不断进步和应用的不断拓展，我们有理由相信，未来的微课视频将变得更加智能、高效和个性化，为教育事业的发展注入新的活力和动力。以下将介绍 2 款 AI 赋能微课视频剪辑工具，分别是一帧秒创与度加创作。

（1）一帧秒创。

一帧秒创是一款基于 AIGC 技术的智能视频创作平台，它通过强大的自然语言处理和机器学习技术，为微课视频剪辑提供了高效、智能和个性化的解决方案。一帧秒创界面，如图 6.48 所示。

图 6.48　一帧秒创界面

一帧秒创是基于秒创 AIGC 引擎的智能 AI 内容创作平台，为 200 万以上的创作者提供文字续写、文字转语音、文生图、图文转视频、AI 成片、数字人播报等创作服务，产品包括秒创数字人、秒创 AI 帮写、秒创图文转视频、秒创 AI 视频、秒创 AI 语音、秒创 AI 作画等。一帧秒创数字人界面，如图 6.49 所示。

图 6.49　一帧秒创数字人界面

一帧秒创能够自动分析用户输入的文案，理解其语义和情感，从而智能匹配相应的视频素材。这一功能在微课视频剪辑中尤为重要，因为它可以帮助创作者快速找到与课程内容相关且质量高的视频素材，无须再花费大量时间进行手动搜索和筛选。同时，智能匹配还能确保视频素材与文案内容的高度一致性，提升微课视频的整体质量。一帧秒创提供了一键生成视频的功能，用户只需输入文案或上传图文链接，AI 就能自动完成视频剪辑、配音、字幕添加等后续工作。这对于微课视频创作者来说是一个巨大的福音，因为它大大简化了视频制作流程，降低了技术门槛。即使是没有专业视频制作经验的教师，也能轻松制作出高质量的微课视频。一帧秒创还提供了丰富的 AI 辅助工具，如智能剪辑、智能配音、智能字幕等。这些工具能够帮助用户进一步优化视频内容，提升观看体验。例如，智能剪辑功能可以根据视频的节奏和画面变化自动调整剪辑点，使微课视频更加流畅自然；智能配音功能则可以根据文案的情感和语调选择合适的声音和音效，增强微课视频的表现力；智能字幕功能则能自动为视频添加字幕，方便学生观看和理解。一帧秒创还提供了个性化定制服务，根据用户的需求和偏好，自动调整视频内容、风格、背景音乐等元素。在微课视频剪辑中，这一功能尤为重要，因为它可以帮助创作者制作出更符合学生口味和需求的视频内容，提高学生的学习积极性和参与度。一帧秒创功能界面，如图 6.50 所示。

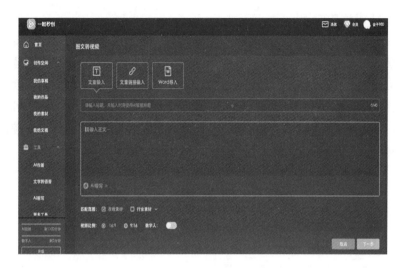

图 6.50 一帧秒创功能界面

一帧秒创通过其先进的 AI 算法和大数据分析能力，以及丰富的 AI 辅助工具和个性化定制服务，为微课视频剪辑提供了全面而高效的解决方案。它不仅能够提升微课视频的制作效率和质量，还能降低技术门槛，让更多的教师能够轻松制作出高质量的微课视频，推动教育事业的快速发展。

（2）度加创作。

度加创作工具是由百度出品的、人人可用的 AIGC 创作工具网站，致力于通过 AI 能力降低内容生产门槛，提升创作效率，一站式聚合百度 AIGC 能力，引领跨时代的内容生产方式。在微课视频剪辑方面，度加创作工具提供了多种功能，以下是如何利用度加创作工具赋能微课视频剪辑的详细介绍。度加创作工具界面，如图 6.51 所示。

图 6.51 度加创作工具界面

①AI 成片功能。

一键生成视频：用户只需输入文本内容、选择关键词或主题，度加创作工具即可自动生成相应的视频内容。这个功能特别适用于微课视频的制作，可以快速将教学要点转化为视频形式。热点追踪与文案生成：度加创作工具提供了实时热点追踪区域，汇聚了全网的最新热门话题，并可根据热点自动生成文案草稿，这有助于微课视频紧跟时事热点，提高视频的吸引力和关注度。度加创作 AI 成片功能，如图 6.52 所示。

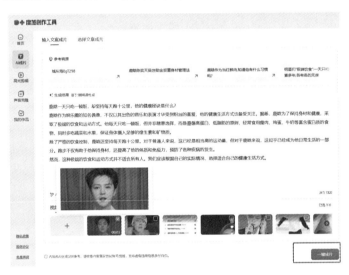

图 6.52　度加创作 AI 成片功能

②视频编辑功能。

个性化调整：在视频编辑界面，用户可以对生成的视频进行个性化调整，包括字幕编辑、素材增删、模板选择、朗读音色设定及背景音乐的搭配等。这些功能使得微课视频更加符合教学需求，提升观看体验。快速剪辑与字幕识别：度加创作工具支持快速剪辑功能，可以一键识别视频中的无声、重复或语气片段，并自动添加字幕。这大大提高了视频剪辑的效率，同时也确保了字幕的准确性。

③素材推荐与一键包装。

智能匹配素材：度加创作工具凭借其强大的智能匹配能力，为文案精准搜集并匹配适宜的视频素材。这对于微课视频剪辑来说非常有用，可以节省大量寻找素材的时间。一键包装功能：在视觉上更加统一和专业。

6.4　PPT 课件设计与制作

6.4.1　PPT 课件美学基础

艺术可以以情动人，以情感人，用形象体现本质。多媒体课件不同于一般的多媒体艺术作品，它是教育性、科学性、艺术性的完整体现。多媒体课件通过科学与艺术的结合，使教育更有成效。多媒体课件必须突出艺术效果，把美学的基本理论贯穿教学设计的全过程，达到"寓教于乐"的效果，激发学生的学习兴趣和求知欲，调动学生的学习主动性和积极性。

美学是研究人与现实审美关系的学问，是研究美、美感、美的创造及美育规律的一门科学。美学既不同于一般的艺术，也不单纯是日常的美化活动，它是人类审美实践和艺术实践发展到一定历史阶段的产物，是对人类审美实践和艺术实践的概括。美学在课件中的作用如下。

（1）物化教学情境，丰富审美感知。

教学过程中的审美活动是以学生的直接审美感知开始的，并在教学全过程中不断丰富和深化。优秀的多媒体课件画面可以有效地发挥出物化教学情景的作用，潜移默化地激发与培养学生的审美情趣与审美能力。

（2）愉悦情感，陶冶情操。

美学本身具有愉悦情感的功能，在课件画面中出现符合审美需求的画面会对学生的心理产生愉悦的情感效应，使之在视觉上、心理上得到满足，主动接受知识，在学习过程中情感得到升华，美学情感得到满足，达到陶冶情操的目的。

（3）人机交互，引人入胜。

形象逼真的计算机交互界面和友好的交互环境设计，表明美学在多媒体课件设计中，能自然引导各种交互现象，打造与学生友好合作、平等竞争的环境。以游戏教学课件为例，学生可以很轻松地在游戏环境中愉快地完成学习任务。把教学渗透进游戏，能产生一种生动与轻松的学习氛围，激发学习者兴趣，促使学习者自发、自愿地进行学习，使学生在不知不觉中进入学习状态。

6.4.2　PPT 课件内容及制作流程

（1）PPT 课件内容。

PPT 课件是一种逻辑清晰、结构分明的教学课件，可以轻松实现教学信息的高效传达，在如今教学模式逐渐向媒体化、互动化、智能化发展的趋势下，教师也应该熟练掌握 PPT 课件教学这种多媒体教学形式。总体来说，PPT 课件的内容主要由教学内容和课件效果 2 个部分组成。一般来说，一个完整的 PPT 课件主要包括课件封面、课件目录、课件内容、课件封底 4 个部分，PPT 课件结构，如图 6.53 所示。

图 6.53　PPT 课件结构

（2）PPT 课件制作流程。

Step 1：课件内容框架的搭建。

PPT 课件内容框架是课件教学内容的核心体现，因此教师在制作 PPT 课件之前，首先应该搭建 PPT 课件的内容框架，明确课件的教学内容，有针对性地设计课程内容的主次结构，完成教学内容的安排与规划。PPT 课件的内容框架，如图 6.54 所示。

图 6.54　PPT 课件的内容框架

Step 2：课件内容可视化。

课件内容可视化即将课件内容以可视化的形式进行表达，通过可视化的图片、图示、图表，再搭配具有逻辑性的关键字、词、句等，对课程内容进行简洁、精炼、美观地呈现。PPT 课件的内容可视化，如图 6.55 所示。

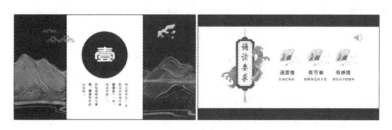

图 6.55　PPT 课件的内容可视化

Step 3：课件风格的统一。

整体风格统一，即课件中各元素整体视觉效果的统一，简单来说，就是课件中的图片、背景，字体的选择以及其他对象的视觉风格应该与课件的主题和整体风格相匹配。PPT 课件的风格统一，如图 6.56 所示。

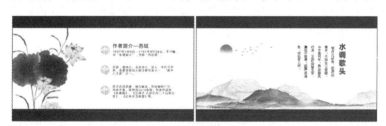

图 6.56　PPT 课件的风格统一

Step 4：课件后期制作。

完成 PPT 课件主要内容的制作后，教师还可以根据需要为 PPT 课件中的文本、图片等对象添加动画和音效，或者根据教学需要添加背景音乐、音频、视频等。

（3）常用的 PPT 课件制作工具。

PowerPoint 是美国微软公司推出的一款演示文稿制作软件，应用领域非常广，与 Word、Excel 并称为 Microsoft Office 中的 3 大常用组件。此外，PowerPoint 不仅可以把静态文件转化为生动的动态文件，还可以在投影仪、计算机上等设备上进行演示，并应用于不同的教学场景中。

WPS 演示是 WPS Office 中的组件之一，与 PowerPoint 一样，具有强大的多媒体编辑功能，全面支持 PPT 图文编辑、动画效果设计与制作、声音和视频的编辑、演示文稿放映和输出等功能。

iSlide 是一款基于 PowerPoint 开发的一键优化插件，可以解决教师制作 PPT 课件中经常遇到的缺乏素材、效率低下等问题。iSlide 提供了多种演示文稿辅助设计功能，包括字体统一、色彩统一、矩形/环形布局、批量裁剪图片等。

OneKeyTools 是一款基于 PowerPoint 和 WPS 演示的第三方平面设计辅助插件，其功能涵盖了形状、调色、三维、图片处理、音频、表格、图表等多个方面，不仅可以便于教师轻松完成复杂的 PPT 设计，还能有效提升教师制作 PPT 课件制作的速度和质量。

（4）编辑 PPT 课件中的图片。

编辑 PPT 课件中的图片时，掌握一些技巧可以使图片更加生动、专业，并与演示内容完美融合。以下是一些建议的技巧。

选择合适的图片：根据课件的主题和氛围选择图片；使用高分辨率的图片，避免模糊或像素化；尽量选择与背景色或主题色相协调的图片。

裁剪和调整大小：使用 PPT 中的裁剪工具去掉图片中不必要的部分，调整图片的大小以适应幻灯片布局。

色彩调整：调整图片的亮度、对比度和饱和度，使其看起来更加鲜艳或柔和，可以考虑将图片转换为黑白或单色，以突出某些细节或创建特定的氛围。

添加效果：应用艺术效果，如阴影、发光、倒影等，增强图片的立体感。使用 PPT 中的形状和线条工具为图片添加边框、箭头或其他标注。

图文结合：在图片上添加文本，解释或强调图片中的关键信息。使用文本框或形状工具为文本添加背景色，以提高可读性。

组合和排列：如果使用多张图片，可以考虑使用一致的排列和对齐方式。可以将多张图片组合成一个图形，以创建更复杂的视觉效果。

如果插入的图片无法满足课件设计的需要，可以对图片进行进一步的美化，例如根据需要裁剪图片、调整图片的颜色和对比度、删除图片背景、旋转图片等。PPT 课件中的图片编辑，如图 6.57 所示。

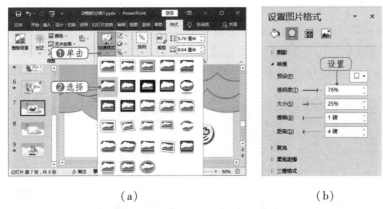

（a）　　　　　　　　　　　　　（b）

图 6.57　PPT 课件中的图片编辑

PowerPoint 中的裁剪功能十分丰富，除了自由裁剪外，还包括纵横比裁剪、裁剪为形状等功能。图 6.58 为 PPT 课件中的图片裁剪，文档"形状和"4：5"的效果。其方法为：选择需裁剪的图片，在"格式"选项卡的"大小"组中单击"裁剪"按钮下方的下拉按钮，在打开的下拉列表中选择"裁剪为形状"或"纵横比"子列表中的相应选项即可。

（a）　　　　　　　　（b）　　　　　　　　（c）

图 6.58　PPT 课件中的图片裁剪

图片效果设计主要通过"格式"选项卡的"图片样式"组中的各种功能来实现，"图片版式"主要用于图片的个性化排版。图 6.59 为图片应用功能中的图片边框、图片效果和图片版式。

（a）　　　　　　　　（b）　　　　　　　　（c）

图 6.59　PPT 课件中的图片边框、图片效果和图片版式

"设置为透明色"功能适用于背景与主体物色彩对比较明显的图片，运用该功能进行抠图时，图片边缘往往比较粗糙，此时可打开"设置图片格式"窗格，在其中选择"柔化边缘"栏，为图片设置柔化边缘效果。图6.60 为设置柔化边缘的前后效果图。

设置柔化边缘前　　　　　　　　设置柔化边缘后
（a）　　　　　　　　　　　　（b）

图 6.60　PPT 课件中的图片边缘化效果

（5）编辑 PPT 课件中的媒体对象。

PowerPoint 提供了多种类型的形状供教师选择，此外，教师也可以根据课件设计需要手动绘制形状，然后再对形状进行编辑和美化。图 6.61 为 PPT 课件中的形状类型。

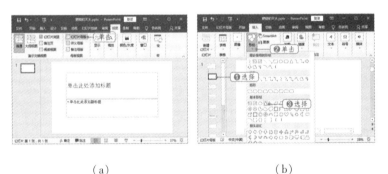

（a）　　　　　　　　　　　　（b）

图 6.61　PPT 课件中的形状类型

PowerPoint 中的 SmartArt 图形是一种操作便捷的示意图，包括列表、流程、循环、层次结构、关系、矩阵、棱锥图和图片等类型，每一种类型中都预设了多种示意图样式，适用于展示文本内容之间的关系、逻辑等，当 PPT 课件中的文本内容量较少、层次较明显时，可以使用 SmartArt 图形对文本内容进行可视化展示，帮助学生快速查看、理解和记忆课件内容。PPT 课件中的 SmartArt 图形，如图 6.62 所示。

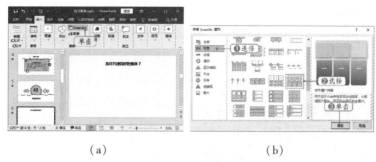

图 6.62 PPT 课件中的 SmartArt 图形

当课件内容涉及大量数据时，通过文本进行展示显然不利于学生记忆和吸收，此时就可以通过表格对数据进行说明。PPT 课件中的表格设计，如图 6.63 所示。

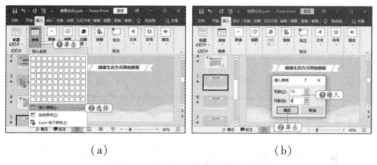

图 6.63 PPT 课件中的表格设计

与表格相比，图表在数据的展示上更加直观，不仅可以体现数据的大小、多少，还可以体现数据之间的对比、关联等。PPT 课件中的图表展示，如图 6.64 所示。

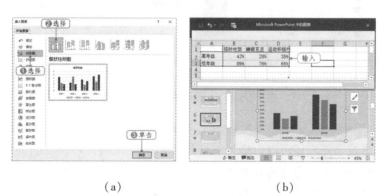

图 6.64 PPT 课件中的图表展示

在以演示为主的 PPT 课件中插入音频和视频，往往可以使课件更具有吸引力。因此在制作 PPT 课件时，教师可以根据教学内容的需要在课件中插入声音和视频，丰富课件的表现形式，使幻灯片"声情"并茂。PPT 课件中的音频与视频添加，如图 6.65 所示。

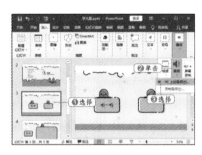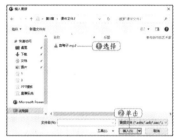

（a）　　　　　　　　　　　　　（b）

图 6.65　PPT 课件中的音频与视频添加

（6）PPT 课件中的动画应用。

PowerPoint 中提供的动画效果主要包括进入、退出、强调、动作路径等类型，其中进入动画是指幻灯片对象在幻灯片中出现时应用的动画。PPT 课件中的动画应用，如图 6.66 所示。

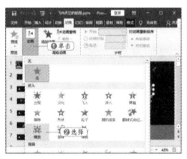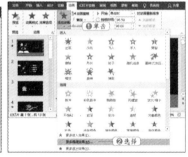

（a）　　　　　　　　　　　　　（b）

图 6.66　PPT 课件中的动画应用

在 PowerPoint 中，除了可以为文本框、图片、表格等单个幻灯片对象应用动画效果外，还可以为整张幻灯片应用切换动画，切换动画类似于视频中的转场效果，合理应用切换动画也可以有效提升幻灯片的放映效果。PPT 课件中的切换效果，如图 6.67 所示。

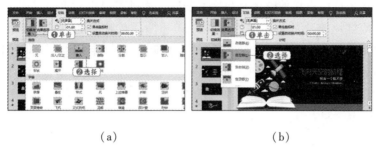

（a）   （b）

图 6.67　PPT 课件中的切换效果

制作 PPT 课件时，教师可以为幻灯片中的各个对象应用单一的动画效果，也可以通过多种动画的组合应用制作特效动画，还可以通过触发器控制动画的播放。

（7）PPT 课件放映与输出。

PowerPoin 中，直接放映主要分为两种情况，一种是从头开始依次放映每张幻灯片，另一种是从当前幻灯片的位置开始放映。选择任意一张幻灯片，在"幻灯片放映"选项卡的"开始放映幻灯片"组中单击"从头开始"按钮，可从头开始放映幻灯片。在"幻灯片"窗格中选择某张幻灯片，在状态栏中单击"幻灯片放映"按钮。

在课堂教学的过程中，如果暂时只需要放映 PPT 课件中的一部分幻灯片，可通过幻灯片的"自定义放映"放映方式来实现。放映方案创建完成后，在"幻灯片放映"选项卡的"开始放映幻灯片"组中单击"自定义幻灯片放映"按钮，在打开的下拉列表中选择创建的自定义放映方案，即可放映该方案中设置的幻灯片。PPT 课件中的自定义放映，如图 6.68 所示。

图 6.68　PPT 课件中的自定义放映

255

不管是选择直接放映还是自定义放映，教师都可以对PPT课件的放映类型、幻灯片放映数量、课件换片方式和循环放映等通过"设置放映方式"对话框进行详细设置，在"幻灯片放映"选项卡的"设置"组中单击"设置幻灯片放映"按钮，即可打开"设置放映方式"对话框。PPT课件中的放映类型选择，如图6.69所示。

图6.69　PPT课件中的放映类型选择

6.4.3　AI赋能PPT课件制作

在当今信息化、数字化的时代，教育方式与技术的融合已成为推动教育改革的重要力量。其中，PPT课件作为教学辅助工具，因其直观、便捷、高效的特点而被广泛应用。然而，传统PPT课件的制作往往耗时耗力，且难以达到个性化、智能化的教学效果。因此，AI赋能PPT课件制作显得尤为必要，其意义也深远而广泛。

第一，提高制作效率，减轻教师负担。传统PPT课件的制作需要教师花费大量时间搜集资料、设计布局、调整样式等，这一过程既烦琐又耗时。而AI赋能的PPT课件制作工具，如笔灵AI PPT等，能够通过智能算法快速生成PPT大纲、匹配模板、插入图片和图表等，极大地提高了制作效率。教师只需输入教学内容或关键词，即可获得一份结构清晰、设计美观的PPT课件。这不仅减轻了教师的工作负担，还让他们有更多时间和精力去关注教学内容的创新和教学方法的改进。

第二，实现个性化教学，满足学生需求。每个学生都是独一无二的个体，他们有着不同的学习风格、兴趣偏好和认知能力。传统的 PPT 课件往往采用"一刀切"的教学方式，难以满足不同学生的个性化需求。而 AI 技术能够根据学生的学习数据和行为习惯，智能推荐适合他们的教学内容和呈现方式。例如，对于喜欢视觉学习的学生，AI 可以生成更多图表、图片和动画；对于喜欢听觉学习的学生，AI 可以添加更多音频和解说。这种个性化的教学方式能够激发学生的学习兴趣，提高他们的学习积极性和参与度。

第三，提升教学质量，增强教学效果。AI 赋能的 PPT 课件制作不仅注重形式的美观和内容的丰富性，还更加注重教学效果的提升。通过 AI 技术，教师可以轻松实现教学内容的动态更新和实时反馈。例如，在课堂上，教师可以通过 AI 工具实时收集学生的反馈数据，如答题情况、注意力集中程度等，并根据这些数据及时调整教学内容和节奏。同时，AI 还可以根据学生的学习进度和掌握情况，智能推荐相关的学习资源和练习题，帮助学生巩固知识、提高能力。这种基于数据的教学决策能够更加精准地满足学生的学习需求，提升教学质量和效果。

第四，促进教育创新，推动教育改革。AI 技术的快速发展为教育创新提供了无限可能。在 PPT 课件制作方面，AI 不仅能够实现自动化、智能化的制作流程，还能够激发教师的创新思维和教学方法的改进。例如，教师可以通过 AI 工具创建互动式、游戏化的 PPT 课件，让学生在轻松愉快的氛围中学习知识、提升能力。这种创新的教学方式不仅能够激发学生的学习兴趣和动力，还能够培养他们的创新思维和实践能力。同时，AI 赋能的 PPT 课件制作也是教育数字化转型的重要一环，它推动了教育从传统的讲授式向以学生为中心的探究式、合作式学习转变，为教育改革的深入发展提供了有力支撑。

第五，拓展教育资源，促进教育公平。AI 赋能的 PPT 课件制作还能够拓展教育资源，促进教育公平。通过 AI 技术，教师可以轻松获取到全球范围内的优质教育资源和教学案例，并将其融入自己的课件。这不仅丰富了教学内容和形式，还让学生有机会接触到更广阔的知识领域和更先进的教学理念。同时，AI 技术还能够实现远程教育和在线学习，让偏远地区的学生也能够享受到优质的教育资源和服务。这种教育资源的拓展和共享有助于缩小教育差距，促进教育公平和社会公正。

AI 赋能 PPT 课件制作不仅提高了制作效率，减轻了教师负担，还实现了个性化教学，提升了教学质量和效果，促进了教育创新和改革，拓展了教育资源并促进了教育公平。因此，AI 赋能 PPT 课件制作是教育数字化转型的必然趋势和重要举措，它将为教育的未来发展注入新的活力和动力。以下将详细介绍笔灵 AI PPT 与 boardmix AI PPT。

（1）笔灵 AI PPT。

笔灵 AI PPT 是一款功能强大且易于使用的在线工具，专为高效制作演示文稿而生。笔灵 AI PPT 界面和笔灵 AI PPT 功能界面，如图 6.70 和图 6.71 所示。笔灵 AI PPT 的使用功能及特点，如表 6.3 所示。

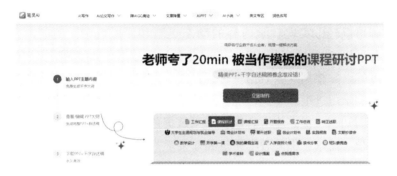

图 6.70　笔灵 AI PPT 界面

表 6.3　笔灵 AI PPT 的使用功能及特点

功能	特点
一键生成 PPT：用户只需输入 PPT 的主题或内容，笔灵 AI PPT 即可快速生成一份完整的 PPT	高效便捷：笔灵 AI PPT 通过 AI 技术简化了 PPT 的制作流程，大大提高了效率，使用户能够快速生成高质量的演示文稿
智能匹配模板：根据用户输入的内容，笔灵 AI PPT 会自动匹配最合适的 PPT 模板，确保整体风格与内容相匹配	智能定制：工具能够精准捕捉并深刻理解用户的个性化需求，根据内容特点自动推荐合适的 PPT 模板和布局
数据可视化：用户提供的数据可以被自动转换为图表形式并呈现在 PPT 中，无须手动制作或插入图表	丰富模板：拥有涵盖简约、时尚、专业等多种风格的模板库，满足不同用户的审美与实用需求

表6.3（续）

功能	特点
大纲编辑与生成：用户可以免费生成PPT大纲，并在线修改编辑，支持将内容细化至三级标题，使PPT内容结构清晰	用户友好：界面设计简洁直观，易于上手操作，即使对于PPT制作新手也能轻松掌握使用方法
自定义编辑：生成PPT后，用户可以根据需求调整模板中的内容、图片、布局等，实现个性化定制	多场景应用：支持多种应用场景的PPT制作，无论是商务汇报、教学课件还是创意展示等，都能提供满意的解决方案
附带自述稿：在生成PPT的同时，笔灵AI PPT还会为用户附带一份对应的逐字稿，助力演讲汇报更从容	实时协作：部分版本支持实时协作功能，使得团队成员可以共同编辑和修改PPT，提高工作效率
多场景支持：笔灵AI PPT支持多种应用场景，如商务汇报、教学课件、创意展示等，能够精准匹配不同需求	持续更新：笔灵AI PPT团队会不断更新和优化产品功能，以提供更加高效、便捷和智能的PPT制作体验

图6.71 笔灵 AI PPT 功能界面

（2）boardmix AI PPT。

boardmix AI PPT 是在线白板软件 boardmix 推出的智能 AI 助手，旨在通过人工智能技术帮助用户快速生成专业的 PPT 演示文稿。boardmix AI PPT 的使用功能及特点，如表6.4所示。boardmix AI PPT 功能界面，如图6.72 所示。

表 6.4 boardmix AI PPT 的使用功能及特点

功能	特点
一键生成PPT：用户只需输入PPT主题或相关描述，boardmix AI PPT 就能自动生成一套包含标题、大纲、内容和配图的完整PPT	高效便捷：通过AI技术自动生成PPT，大大提高了制作效率，节省了用户的时间和精力

表6.4(续)

功能	特点
自定义编辑和修改：用户可以对生成的PPT进行自由编辑和修改，包括调整内容、更改主题样式、裁剪或更换配图等	智能个性化：根据用户输入的PPT主题或描述，自动匹配适合的模板、背景和配色方案
丰富的模板和主题：boardmix AI PPT提供了多种风格的模板和主题，包括经典、学术、自然、工业等，用户可以根据PPT主题或使用场景选择合适的模板	
智能排版和美化：软件自动进行配色和字体排版，无须用户具备设计技能，即可轻松制作出高颜值的PPT演示文稿	易于操作：用户界面直观易用，即使是PPT制作新手也能快速上手；提供了详细的操作指引和帮助文档，方便用户快速掌握使用技巧
内置图表工具：提供了折线图、条形图等多种图表工具，帮助用户直观地呈现数据和信息	
多人在线协作：支持一键分享和多人在线协作，团队成员可以实时共同工作，提高团队效率	安全可靠：提供了数据安全与隐私保护功能，确保用户的文档、图片及其他敏感信息在使用过程中得到充分保护
多格式导出：支持将PPT导出为PNG、JPG、SVG和PDF等多种格式，方便用户在不同场合使用	

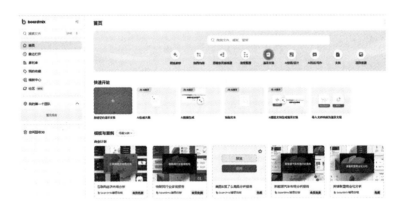

图6.72　boardmix AI PPT功能界面

6.5 信息检索与利用

6.5.1 信息检索概论

科学研究具有继承和创造两重性，科学研究的两重性要求科研人员在探求未知或从事研究工作之前，应该尽可能地占有与之相关的信息，即利用信息检索的方法，充分了解国内、国外、前人和他人对拟探索或研究的问题做过哪些工作，取得了什么成就，发展动向如何，等等。这样才能做到心中有数，防止重复研究，将有限的时间和精力用于创造性的研究中。因此，信息检索是科学研究不可缺少的前期工作。

在当代社会，人们需要终身学习，不断更新知识，才能适应社会发展的需求。美国工程教育协会曾估计，学校教育只能赋予人们所需知识的 20%～25%，而 75%～80% 的知识是走出学校后，在研究实践和生产实践中根据需要，不断学习而获得的。因此，掌握信息检索的方法与技能，是形成合理知识和更新知识的重要手段，是做到无师自通、不断进取的主要途径。

（1）信息的概念。

信息，指音讯、消息。信息是通信系统传输和处理的对象，泛指人类社会传播的一切内容。1948 年，数学家香农在题为"通讯的数学理论"的论文中指出："信息是用来消除随机不定性的东西。"[①] 美国数学家、控制论的奠基人诺伯特·维纳在他的《控制论——动物和机器中的通讯与控制问题》中认为，信息是"我们在适应外部世界，控制外部世界的过程中同外部世界交换的内容的名称"[②]。英国学者阿希贝认为，信息的本性在于事物本身具有变异度。

（2）信息的属性。

在探讨信息的有关问题时，经常会遇到一些与信息有关的概念。因此，需要对信息与这些概念之间的关系进行必要的界定。信息属性，如图 6.73 所示。

---

① 傅德荣，王忠华，蒋玲. 信息技术教育的价值取向：基于元认知的视角 [J]. 中国电化教育，2013（10）：19-23.

② 严怡民. 情报学概论 [M]. 武汉：武汉大学出版社，2000：14.

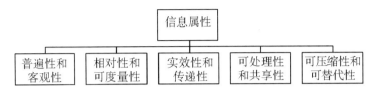

图 6.73　信息属性

（3）信息检索的概念。

"检索"一词源自英文"Retrieval"，其含义是"查找"。将大量相关信息按一定的方式和规律组织和存储起来，形成某种信息集合，并能根据用户特定需求快速高效地查找出所需信息的过程称为信息检索。

广义的信息检索包括存储过程和检索过程，即将信息按一定方式组织和存贮到数据库中，再根据用户的需求，从存放的地方找出并提取信息的过程。狭义的信息检索只包含检索过程，即按照某种方式从现有的信息集合或数据库中查找并提取信息的过程。存储过程由专业的信息处理人员完成；检索过程面向普通用户。

（4）信息资源的分类。

信息是普遍存在的，但并非所有的信息都是信息资源，只有经过人类加工后，可被利用的信息才称为信息资源。信息是组成信息资源的原料。信息资源与其他资源相比，具有可再生性和共享性的特点。可再生性是指不同于一次性消耗资源，它可以反复利用而不失去其价值，对它的开发利用愈深入，不仅不会枯竭，反而还会更加丰富和充实。可共享性是指能为全人类所分享而不失去其信息量。

信息资源的使用价值的主要要素有二：一是真实度。理论性和实证性是信息程度、科学研究的客观性和科学实验的可再现性，是信息资源真实度的体现。形象地说，信息资源的真实度如同矿产资源的品位，品位越高，其真实度就越高。二是时效性。信息资源的时效性主要体现在滞后性和超前性。由于事物皆处于运动中，作为反映事物运动状态和方式的信息也在不断变化，以信息为源头的信息资源也或多或少具有滞后性。信息的滞后性体现了认识总是落后于客观存在，如不能及时地使用最新信息，信息的价值就会随其滞后使用的时差而减值。信息的超前性体现出在把握了客观事物规律的前提下，能够对可能发生的事物进行预测。因此，对具有继承性和创造性两重性的科学研究，信息资源可以帮助研究人员在科学研究活动中选择正确的研究方向或技术路线，避免重复劳动。

零次文献信息资源。零次文献信息资源是指未以公开形式进入社会流通使用的实用记录、会议记录、内容记录、论文草稿、设计草稿等。零次文献信息资源具有信息内容新颖、不成熟、不定型的特点，因不公开交流而难以获得。

一次文献信息资源。一次文献信息资源是指以作者本人的研究工作或研制成果为依据撰写，已公开发行进入社会流通使用的专著、学术论文、专利说明书、科技报告等。

二次文献信息资源。二次文献信息资源是对一次文献信息进行整理、加工的产品，即把大量的、分散的、无序的一次文献信息资源收集起来，按照一定的方法进行整理、加工，使之系统化而形成的各种目录、索引和文摘，或各种书目型数据库。

三次文献信息资源。三次文献信息资源是根据一定的目的和需求，在大量利用一、二次文献信息资源的基础上，对有关知识信息进行综合、分析、提炼、重组而生产的再生信息资源，比如：年鉴、教科书。

高次文献信息资源。高次文献信息资源是在对大量一、二、三次文献信息资源中的知识信息进行综合、分析、提炼、重组的基础上，加入了作者本人的知识和智慧，使原有的知识信息增值、生成比原有知识品位更高的知识信息新产品，比如文献综述。

零次文献由于没有进入出版、发行和流通这些渠道，收集利用十分困难，一般不能作为我们利用的文献类型。而后三种文献是一个从分散的原始文献到系统化、密集化的过程。一般说，一次文献是基础，是检索利用的对象；二次文献是检索一次文献的工具，故又称之为检索工具；三次文献是一次文献内容的高度浓缩，也是我们利用的一种重要情报源。

置身于信息和知识经济时代，人们查找所需文献信息感到越来越困难，要想从浩如烟海的文献信息中及时、准确、全面地查找到所需的信息资源，学习和掌握信息检索的知识和方法是必要的。

6.5.2 网络资源检索

（1）计算机检索。

计算机检索的特点是检索速度快，检索范围广，更新快资源共享，检索更方便灵活，检索结果可以直接输出。

（2）百度。

百度的核心技术是超链分析技术，是新一代搜索引擎的关键技术，已为世界各大搜索引擎普遍采用。在学术界，一篇论文被引用得越多就说明其越好，学术价值就越高（影响因子）。超链分析就是通过分析链接网站的多少来评价被链接的网站质量，这保证了用户在百度搜索时，越受用户欢迎的内容排名越靠前。新闻、网页、图片、视频等搜索分类有相应的高级设置。百度搜索引擎，如图 6.74 所示。

图 6.74　百度搜索引擎

（3）搜索引擎。

搜索引擎已经成为人们最常用的互联网工具之一，它的身影无处不在，为人们提供各种便利服务。目前互联网上的搜索引擎有上千种，每一种搜索引擎的覆盖率份额不等，每一种搜索引擎都有各自的优缺点，有不同的查询语言。各种搜索引擎，如图 6.75 所示。

图 6.75　各种搜索引擎

全球每天约有近 4 亿次搜索请求，其中中国超过 5 000 万次，68.3%的网民使用搜索引擎，仅次于电子邮件，84.6%的网民是通过搜索引擎发现新的网站，41%的网民是通过搜索引擎进入在线购物平台。

（4）Google。

创始人拉里·佩奇和塞吉·布林于 1995 年相识于斯坦福大学。到 1996 年，他们已经开发了使用链接来确定各网页重要性的搜索引擎（最初名为 BackRub）。

拉里和塞吉将他们所开发的搜索引擎命名为"Google"，这个名称源于数学术语"googol"，即数字 1 后跟 100 个零。Google Inc. 创立于 1998 年，当时 Sun 的联合创始人安迪·贝托尔斯海姆为尚未成立的 Google 开出了 10 万美元的支票。

Google 支持多达 132 种语言，包括简体中文和繁体中文；Google 网站只提供搜索引擎功能，没有花里胡哨的累赘；Google 速度极快，有 8 000 多台服务器，200 多条 T3 级宽带；Google 的专利网页级别技术 PageRank 能够提供高命中率的搜索结果；Google 的搜索结果摘录查询网页的部分具体内容，而不仅仅是网站简介；Google 智能化的"手气不错"功能，提供可能最符合要求的网站；Google 的"网页快照"功能，能从 Google 服务器里直接取出缓存的网页。

6.5.3　文献管理软件使用

文献管理软件的主要功能：题录导入功能、文献管理功能、辅助写作功能。文献管理软件功能，如图 6.76 所示。

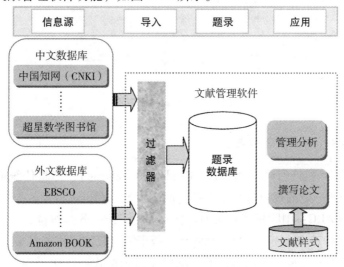

图 6.76　文献管理软件功能

　　题录采集的主要方法：手工录入、在线检索导入、批量导入、导入全文和更新题录。题录采集方法，如图 6.77 所示；文献导出方法，如图 6.78 所示。

检索（访问期刊数据库）

⬇

勾选需要的题录

⬇

下载题录

⬇

文件→导入题录（NoteExpress菜单栏）

⬇

选择合适的过滤器

⬇

导入成功

图 6.77　题录采集方法

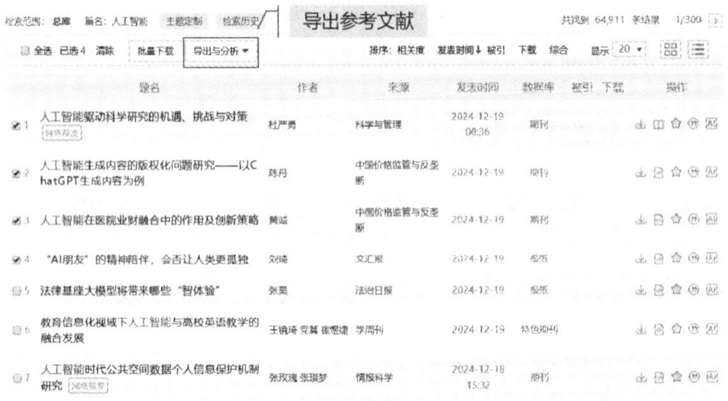

图 6.78　文献导出方法

6.5.4　图书信息检索

　　MARC：机读目录（Machine-Readable Catalogue），即将传统的信息著录格式按照一定的规范进行重新描述而产生的一套机读目录数据标准

　　UNIMARC：国际机读目录通信格式。为了统一各国机读目录格式，国际图联于 1977 年制定，并于 1994 年出版了第二版国际机读目录通信格式。它实现了不同文种、不同载体的文献机读目录格式一体化，为不同国家书目机构之间机读目录的交换创造了条件

CNMARC：中国机读目录。中国图书馆与情报部门的机读数据标准，即机读数据的国家标准图书的基础知识

ISBN 第一组：978 或 979，第二组：国家、语言或区位代码，第三组：出版社代码。第四组：书序码。第五组：校验码例：978-7-5504-6678-4。

高校图书馆也称高等院校图书馆，是指主要服务于大学和其他教学单位的学生和教师的图书馆。高校图书馆是学校的文献资料信息中心，是为教学和科学研究服务的学术性机构，这是高校图书馆的基本特征，也是高校图书馆存在的价值。高校图书馆受所属学校的性质及办学理念的影响极大。图书信息检索，如图 6.79 所示。

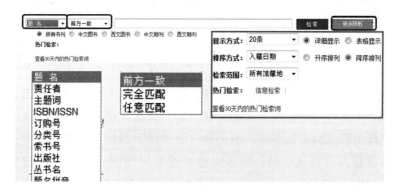

图 6.79　图书信息检索

中国国家数字图书馆是中国国家图书馆（以下简称国图）搭建的数字图书馆平台。该平台提供了国图的馆藏资源检索界面、文津检索界面等检索界面，还提供读者门户网站，读者可以免费实名注册成为网站的合法用户，免费阅览国图的部分电子资源。中国国家图书馆网站首页，如图 6.80 所示。

图 6.80　中国国家图书馆网站首页

注册中国国家数字图书馆会员时，读者必须输入包括真实姓名，身份证号码，手机号等信息后，才能注册成功。首次注册成功后，再次输入账号信息即可登录国家图书馆"我的数字图书馆"界面，读者必须牢记自己的账号信息，登录成功后，即可阅览国家数字图书馆提供的部分免费资源，包括电子图书、电子期刊、电子报纸等资源，以及国图自建的特色资源。

馆际互借（Interlibrary Loan）是基于现代化的网络服务系统和先进的服务管理理念，对于本馆没有的文献，在本馆读者需要时，根据馆际互借制度、协议、办法和收费标准，向外馆借入；反之，在外馆向本馆提出馆际互借请求时，借出本馆所拥有的文献，满足外馆的文献需求。由此来实现文献资源共享，有效弥补单个图书馆馆藏资源的不足。

电子图书（Electronic Book），又称 e-book，是指人们所阅读的数字化出版物。它利用计算机技术将一定的文字、图片、声音、影像等信息，通过数码方式记录在以光、电、磁为介质的设备中，并借助特定的设备来读取，通过互联网出版发行和传播。

电子图书的种类包括光盘电子图书，只能在计算机上单机阅读；网络电子图书，包括免费网络电子书、网络图书馆，可通过互联网访问阅读；便携式电子图书，存储了电子图书内容的电子阅读器，需要离线电子书和电子图书阅读器共同组成。与传统的图书相比，电子图书的优势是电子图书中的信息量远远超过了纸质图书；便于复制、检索、备份、统计等；阅读不受地域、时间、绝版限制；设计精美，灵活多样，有多媒体功能，图文声像并茂；所占空间小，便于携带，易于保存；降低了图书成本，价格便宜；直接面向读者，全球性同步发行，购买方便快捷；可以按需随时下载，随时随地阅读。

数字图书馆是以数字形式贮存和处理信息的图书馆，是将计算机技术、通信技术、微电子技术等合二为一的信息服务系统。它针对有价值的图像、文本、语音、影视、软件和科学数据等多媒体信息进行收集、组织和规范加工，利用现代先进的数字化技术，将图书馆馆藏文献数字化，通过互联网上网服务，供用户随时随地地查询。

国内知名的数字图书馆有超星数字图书馆、读秀数据资源、方正Apabi、书生之家、中国国家图书馆。

6.5.5　中文数据库检索

中国知网数据库（简称 CNKI）、中文科技期刊数据库（简称维普）、万方数据库（简称万方）是我国三大权威数据库。

CNKI 是中国知识基础设施工程（China National Knowledge Infrastructure）。CNKI 工程是以实现全社会知识资源传播共享与增值利用为目标的信息化建设项目，由清华大学、清华同方发起，始建于 1999 年 6 月。

CNKI 的登录方式：

外网访问（下载付费）：www. cnki. net；

校内 IP 访问（下载免费）：www. cnki. net——校外访问——中国知网（CNKI）

登录 CNKI 后，点击哲学与人文科学——外国语言文字——英语——英语教学方法，再点击英语教学方法，就会列出所有关于英语教学方法的文章。

中国知网期刊检索页面，如图 6.81 所示；中国知网分组浏览，如图6.82 所示；中国知网高级检索，如图 6.83 所示。

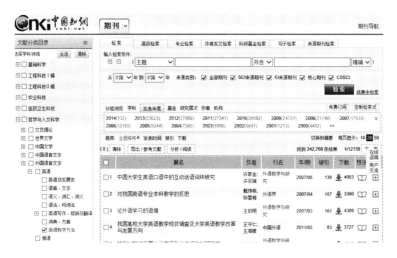

图 6.81   中国知网期刊检索页面

图 6.82   中国知网分组浏览

图 6.83　中国知网高级检索

高级检索可以在所有的字段中进行检索、构建布尔检索式，检索词之间的逻辑组配关系为不同字段之间：并且、或者、不含；同一字段中：并含、或含、不含。

可以对检索条件进行限定。词频：检索词在相应检索字段中出现的频率。匹配：检索词命中方式（精确查询、模糊查询），检索结果排序。

6.5.6　外文数据库介绍

全文数据库主要有两大类，一类是以某个大型出版社出版的期刊为主，收录情况比较稳定，除现刊外，各出版社一般都进行数据回溯工作。这类数据库包括：Elsevier、SpringerLink、JohnWiley、WorldSciNet、Blackwell、Synergy 等。另一类是由某个数据库集成服务商将众多出版社的期刊汇集、整合在一个检索平台上提供服务，包含上千种甚至几千种期刊，同时还可能收集有其他多种类型出版物，资源相当丰富。因涉及出版社向集成服务商授权的问题，这类数据库的期刊来源往往不太稳定，有些期刊可能会有 6～12 个月甚至更长时间的收录滞后问题。这类数据库包括：EBSCO 的 ASP 和 BSP 数据库，Proquest 的 ABI、ARL、Science Journal，LexisNexis Academic 等。

EBSCO 是一个具有 60 多年历史的大型文献服务专业公司，提供期刊、文献订购及出版等服务，总部在美国，19 个国家设有分部。EBSCO 开发了100 多个在线文献数据库，涉及自然科学、社会科学、人文和艺术等多种学术领域。

EBSCO 于 1994 年推出在线（Online）全文数据库——EBSCOhost，其中两个主要全文数据库为：学术期刊集成全文数据库（Academic Search Premier，ASP），收录范围涉及 50 余个学科，是全球最大的综合性学科全文数据库之一；商业资源集成全文数据库（Business Source Premier，BSP），收录的内容覆盖经济、商业等相关专业领域。EBSCO 还提供 ERIC、MEDLINE、LISTA、SIFT、Environment Complete、Professional Development Collection 等十余种数据库产品，虽然包含的学科领域各有侧重，但是具体检索方法基本相同。

EBSCOhost 是一个功能强大的数据库检索系统，通过国图可访问的免费数据资源，如图 6.84 所示。

图 6.84　EBSCOhost 数据库

ScienceDirect 是荷兰学术期刊出版商 Elsevier 推出的全文数据库。

ScienceDirect 基本检索方法分为浏览（Browse）和检索（Search）两种。进入到 ScienceDirect 主页，点击浏览（Browse）按钮，在左侧框中分别可以选择按照字母顺序浏览（Journals/Books Alphabetically）、按照学科进行浏览（Journals/Books by Subject）以及按照喜好浏览（Favorite Journals/Books）三种浏览方式，其中按照喜好浏览必须是注册后并且登录的用户才可以使用。ScienceDirect 数据库检索，如图 6.85 所示。

图 6.85　ScienceDirect **数据库检索**

6.5.7　AI 赋能信息检索

随着人工智能、机器学习、自然语言处理（NLP）等技术的快速发展，AI 在信息检索领域的应用逐渐成熟。这些技术不仅能够处理大量数据，还能通过深度学习和算法优化，实现对用户意图的精准理解，从而提高信息检索的效率和准确性。例如，NLP 技术可以帮助系统更好地理解用户查询的意图和上下文，从而提供更相关的搜索结果；机器学习技术则可以通过用户的历史行为和反馈自动学习和优化检索排序，提高个性化推荐的效果。AI 赋能信息检索通过智能化、个性化的服务，帮助用户快速找到所需信息，提高了信息获取的效率。例如，在学术论文检索中，AI 技术可以通过分析用户的查询意图和上下文，自动推荐相关文献，减少用户手动筛选的时间。在商业领域，AI 搜索引擎可以根据用户的购买历史和浏览记录，推荐用户可能感兴趣的商品，提高用户的购物体验。下面将以中国知网为例，介绍 AI 如何赋能文献检索及应用。

中国知网 AI 增强检索在覆盖传统检索服务能力的基础上，将大模型的自然语言处理和语义理解能力融合于信息检索中，支持以自然语言方式检索文献和文献原文段落，实现从传统基于关键词的检索到基于语义向量的检索范式革新，从文献检索到段落检索的检索粒度细化，从单纯式检索到智能化交互的检索体验升级，从字面检索到规范引导检索的服务品质跃升，同时提供生成引用、同主题段落原文串读等更多智慧化应用场景，极大提高文献调研质量与效率，为学术研究、学术创新、专业检索和评价增效赋能。AI 赋能知网信息检索路径，如图 6.86 所示。

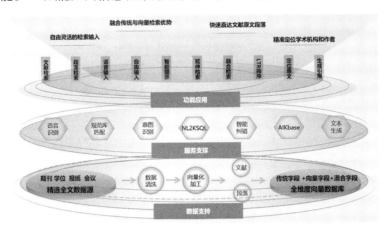

图 6.86　AI 赋能知网信息检索路径

中国知网支持自由灵活的自然语言输入和语音输入，智能识别检索意图，无须专门提炼检索关键词或编写检索表达式；大模型生成延伸检索，拓展和调整用户输入表达；根据系统规范数据，智能提示检索词，引导规范检索；保留高级检索功能，支持自主选择检索字段，开展专项或组合检索。中国知网支持关键词、关键词组合、自由文本、跨语种等多种输入方式，无须专门提炼检索关键词或编写检索表达式，降低了用户的检索门槛。中国知网兼顾标量检索的检准优势和向量检索的检全优势，实现语义和关键词检索融合，提高检索的精准度和全面性。基于文献全文版权和碎片化技术，中国知网支持直接检索原文段落，并向读者直观呈现与检索主题相关的正文内容。中国知网支持智能分析段落内容，提炼核心要义，自动生成精炼的引用语句，帮助用户快速引用他人观点。AI 赋能知网文献精准检索功能，如图 6.87 所示；知网总库 AI 增强检索特色功能，如图 6.88 所示。

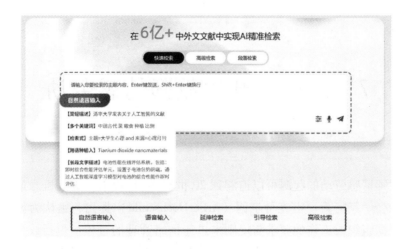

图 6.87 AI 赋能知网文献精准检索功能

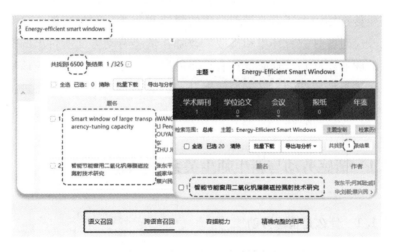

图 6.88 知网总库 AI 增强检索特色功能

知网总库 AI 增强检索在特色与优势方面均表现出色。它不仅能够提高检索效率与准确性、优化用户体验，还能支持学术研究与创新、促进知识传播与共享以及提升决策支持能力。随着 AI 技术的不断进步和应用场景的不断拓展，AI 增强检索的未来应用前景将更加广阔。

7 双向奔赴的教师情感劳动

教师情感劳动的起源可以追溯到 20 世纪 70 年代末，这一概念最早由美国社会学家阿莉·霍克希尔德（Arlie Hochschild）提出，她认为情感劳动是根据组织或工作的要求与规则来进行情绪管理的过程，包括放大、伪装或压抑情绪等。霍克希尔德强调情感劳动是工作本身的组成部分，受组织控制。在教育领域，教师职业被认为是情感劳动的典型代表之一。教师不仅需要传授知识，还需要管理学生的情绪和行为，与学生建立良好的关系，以及应对各种教育环境和挑战。教师在情感劳动方面所付出的努力对于学生的职业发展和教育质量具有重要的影响。那么高校教师应该从哪些方面入手进行情感劳动，又该如何提升自己的情感力呢？本章将进行详细的探讨。

7.1 情感劳动与新生师生关系的互动

7.1.1 什么是情感劳动

定义一：1983 年，美国社会学家霍赫希尔德（Hochschild）将情感劳动定义为"对自身情感进行管理（managed）而创造出某种公开可见的面部表情和身体动作来获取报酬，因而具有交换价值"的劳动形式，并将"情感劳动"称之为体力劳动与脑力劳动之后的"第三种劳动"。

定义二：员工为表达组织期望的情绪而需付出的努力、计划和控制。

显然，教师频繁地与学生、家长、领导、同事进行人际互动，为了达到教育目标，必须管理自身情绪以表达符合社会期望、职业规范或学校制度的情感。比起其他职业，教师需要付出大量的情感劳动，好的教育从来不是冷冰冰的，必须倾注情感，正如著名教育家陶行知老先生所说："教育是心心相印的活动，唯独从心里发出来的，才能达到心的深处。"教师的情感劳动既是唤起学生积极的、有利于学习的情感或行为的前提，也是教育走向鲜活、生动，实现教学效果最优化和学生获益最大化的基础。因此，结合教师职业的特殊性，教师情感劳动有了第三方定义。

定义三：教师对自己的情感进行必要的调节和管理，以表达出适合教育教学活动的情感的过程。

在教学工作中，教师情感应该包括六个方面：对教育教学工作的情感、对学生的情感、对所教学科的情感、对具体教学内容的情感、对教学过程和教学效果的情感、对科学研究的情感[1][2]。

7.1.2　教师情感与教学协同共存的关系

研究表明，教学是理性和感性相结合的过程。在前期，国内外学者花费了大量的精力进行教学方法和教学技能的研究，这是理性教学；现在教师的情感劳动也应当作为一种教学工具，这是教学中的感性部分，它对教学起着至关重要的作用。

学习体验设计领域的开创者尼尔斯（Nias）认为：①教学是一项高人际互动的活动，因此不可避免带有感情因素。②在整个教学流程中，需要教师花费大量的体力和精力，这使得个人边界和职业边界变得模糊，教室和学校因此成为教师实现成就和遭遇教学脆弱性的主要场所。③因为教师在教学中投入了大量个人的价值、伦理和道德标准，因此教师对教学有着深厚的感情。

美国教授哈格里夫斯认为：①教学是一种情感的实践。②教与学涉及情感理解。③教学是一种情感劳动。④教师的情感与他们的道德目的以及达到道德目的的能力是分不开的。

教师的情感状态与教师的身体健康、工作满意度、职业倦怠等有很大的关系。研究发现，教师在"享受"的情感状态下，通过情感倦怠中介，可以对教师的疾病状态起到负面作用，就是会缓解教师的疾病痛苦，而对工作满意度有正面的作用。教师在"愤怒""焦虑"状态下，疾病症状完全由情绪疲惫主导。在调研中发现，教师也确实是这样的感受，例如一位教师说，进课堂前她还在发烧，但是上课中竟然完全忘记这件事，也没有

---

[1]　卢家楣. 情感教学心理学 [M]. 上海：上海教育出版社，2000：71-732.

[2]　徐志刚. 教师情感能力的研究 [D]. 南京：南京师范大学，2007.

觉得身体不舒服，下课后才再次感知身体的酸痛，所以教师的积极情感状态确实对教师本人的身心健康有很好的正面作用。

教学中教师情感劳动的特性包括：①个体性。教学中的教师情感来自教学过程中教师个体内心的体验。②交互性。教学中情感的产生需要教师和学生两个主体产生一定的人际交互，需要面对面、声对声，或通过某种媒介进行联结，才能进一步产生作用，体验教学过程中积极或消极的情感。③可调节性。在整个教学过程中，教师的情感体验——情感表达——情感行为——情感调适——情感反馈完全可以通过教师主体的意志努力进行调节，并以适宜的方式进行呈现。④情景性。教学中的教师情感总是和一定情景相关联，随着情感的改变发生变化。情景作为情感产生、发展、变化、传递的媒介，广泛存在于教学中，不存在脱离教学情景而独立存在的"真空情感"。

7.1.3　教师情感劳动的价值

教师的情感与自身工作之间存在紧密的关系，那么教师在工作中，通过情感可以做哪些事情？教师的情感劳动有哪些具体的作用和功能？教学科研活动中，教师情感劳动主要有以下功能：

（1）利用情感进行信息传递与联结。

在心理学中，为了更容易与对方建立关系，常采用"自我暴露"的方法。教师可以通过情感信息来更好地理解课堂互动的效果，依据情感信息来判断课堂上的决策以及师生关系的建立和发展，促进教师更加顺利地实现从新手教师到专家教师的转型。

（2）为教学提供优质体验。

教师的情感可以作为教师和学生之间信息传递的媒介，它具有超越个体内部和人际关系的属性，并与社会、文化和政治因素息息相关。在课堂教学过程中，教师和学生情感的外部表现均会影响课堂情绪氛围。调研发现，爱笑的老师、活泼的老师、有激情的老师的课堂氛围更活跃、热烈；爱思考、学科探讨研究较多的课堂，课堂氛围更严肃，学生专注力更高；冰冷冷的纯讲授课堂，或者单纯的学生汇报分享课堂，玩手机的、睡觉的学生更多，学生参与度较小。因此，教师和学生在课堂上的体验与情感息息相关，这就是为什么学校提出教师情感劳动中的"深层扮演"才是优秀。

（3）教师通过正向情感、积极情感来影响教师和学生的认知过程。

一方面，心理学研究发现，消极的情感会增加工作、学习的出错率，减少工作记忆；而积极的情感则有利于思维和认知的发展。工作记忆指的是一种系统，它为言语理解、学习和推理等复杂任务提供临时的储存空间和加工时所必需的信息。根据 Baddeley 的工作记忆的认知结构模型，至少存在两种类型的工作记忆系统——词语工作记忆（verbal working memory）和空间工作记忆（spatial working memory），分别负责处理词语和空间信息，二者是双分离的。大量的实验证明：焦虑对认知的影响是工作记忆受损引起的。这一结论可以简单解释为，焦虑状态下，人过多关注自己的强制思想、担忧和负面认知等焦虑反应。与当前任务无关的反应会分散个体的注意力，从而消耗有限的工作记忆资源，导致要么降低正确率，要么增加反应时间。

另一方面，在情绪刺激下知识点的记忆会更好，强烈的情绪可以提高中心细节的记忆，所以对于重要的知识点，教师们可以采用较强烈的情绪刺激，同时储备更多愉悦情感，具有积极情感的教师有更多的课程设计思路和应对策略，具有积极情感的学生更具有攻坚的能力，更愿意进行挑战性的工作。

（4）教师情感调节。

教师对自己内外的情感调节能力肯定能提升教学效果。教师调节负面情绪不是单纯地压制情绪，而是要学会表达情绪，转换情绪，掌握情感规则，提高教学中的情感体验，从而提升教学体验的质量。调研发现，教学水平较高的教师在课堂上更能有效地使用情感调节的策略，能较快地从一种情绪转换为另外一种情绪，而且他们对工作的满意度也更高。

（5）教师情感激励。

教师可以通过情感激励自己也可以激励学生。研究表明，教师的情感体验会影响教师的内在动机、归因、效率、信念和目标。特别是消极情感，因为影响了教师进行教学的内在动机，只是把教学当成一份工作，会给教学带来或多或少的潜在风险。而如果教师也仅仅是表层扮演，伪装真实情感，那么消极的情感占比会更大，而且会因为丧失资源更加没有激励，因此教师要利用积极情感来激励自己。同等情况，学生的学习和认知过程也是受情感的影响，因此教师可以通过对学生进行情感激励，包括赞美、批评、信任等。

（6）通过情感劳动改善教学倦怠现象，激发工作热情。

教师大多数面临授课、竞赛、科研、教研等多重挑战，在工作中多数时间处于紧张状态，容易出现精疲力尽、情绪耗竭、对待工作冷漠质疑、低效能感和低成就感的现象和状态，也就是所谓的职业倦怠现象。很多教师在教学中不可避免地被动进行情感劳动，压抑自己内在的真实想法，导致自己的内在感受和外在表现不一致，例如学生上课时玩手机、聊天、睡觉时，自己非常生气，特别想管理学生，但是又不敢表露自己的生气，不敢管；又比如刚入职的教师狂热地投入到教学中，进行充分的准备，但是并没有得到学生的认可和喜爱，失落感和落差感不知如何表达，不知道该如何与学生建立情感联系等；再比如教师不知道如何协调科研与教学之间的关系，为职称晋升问题担忧过度而情绪低落、情绪耗竭，这些现象和状态不仅不能改善职业倦怠的现象，反而增加倦怠的速度和程度。教师提升自己情绪管理和调节的能力，可以在面对工作压力和负面情绪时，学会识别、控制和舒缓个人情绪，进行积极正面的自我心理暗示，忽略或减少消极情绪，冷静客观地处理工作问题，从而降低工作倦怠水平。

7.2 教师情感劳动遵循的原则和行为策略

7.2.1 教师情感劳动遵循的原则

在教育的世界里，教师与学生之间的情感交流扮演着至关重要的角色。这种交流不单是表面的感情交换，而是一个复杂的过程，涵盖了情感的体验、表达、行为、调节以及反馈等多个环节。在这个过程中，情感的体验和表达尤为关键。教师的情感体验和表达往往深植于他们的个人经验和主观意识之中，形成了独特的表达规则。这种个性化的情感表达方式，虽然丰富了教学的情感色彩，但同时也带来了一定的不确定性和风险性。因为不是所有的情感行为都是合理的，也不是所有的理论规则都适用于每一位教师。引入并遵循一套教师情感劳动的基本原则变得尤为重要。这套原则在客观上为教师在特定的教育情景中的情感体验、调控与表达设定了边界。它既赋予了教师体验和表达特定情感的权利和义务，也限制了教师情感活动的范围，确保教师的情感活动与教育目标和情景保持一致。当教师的情感超出了这个适当的范围，就可能与教育的目标和情境发生冲突。

因此，情感原则作为教育中的一个潜在规则，通过隐性和非正式的方式发挥着约束作用。它禁止教师随意和自由地表达情感，尤其是那些可能对学校组织和学生产生负面影响的情感及其后续行为。如果教师的情感体验和表达违背了这些原则，他们可能会面临文化上的排斥、专业上的轻视，甚至是师德师风方面的质疑①。因此，了解和遵循这些情感原则，对于建立一个健康和谐的教育环境至关重要。

教师情感劳动的原则可以分为两大类：外显型原则和内隐型原则，如图7.1所示。这两类原则共同构成了教师情感劳动的理论框架，指导教师如何更有效地在教学中运用情感，以促进学生的全面发展。

（1）内隐型原则。

内隐型原则关注的是教师内部情感的管理和调节，它包括三个方面：情感体验原则、情感认知原则和情感调节原则。

①情感体验原则。情感体验原则强调教师应当真诚地体验教学过程中的情感，这种真实的情感体验是与学生建立深厚情感联系的基础。真诚的情感体验能够促进教师与学生之间的信任和理解，从而为有效的教学和学习创造条件。当教师能够展现出真实的情感，学生更容易感受到教师的关心和支持，这种情感上的交流对学生的情感发展和学业成就都有着积极的影响。

②情感认知原则。情感认知原则要求教师理解和认识到自己的情感状态，以及这些情感对教学活动的影响。通过深入的情感自我反思，教师可以更好地管理自己的情感，避免负面情感对教学和学生产生的不利影响。此外，情感认知还能帮助教师理解学生的情感需求，通过调整教学策略和交流方式，满足学生的情感和学习需求。

③情感调节原则。情感调节原则指导教师调节自己的情感，以保持教学活动中的情感平衡。情感调节不仅涉及如何处理负面情感，也包括如何增强和维持积极情感。通过有效的情感调节，教师可以创造出一个积极、支持性的教学环境，这对于激发学生的学习兴趣和促进学生全面发展至关重要。

---

① 张珊. 教学中的教师情感研究［D］. 上海：华东师范大学，2022.

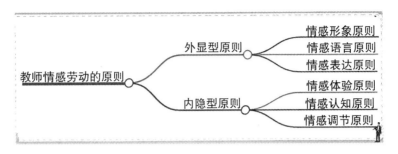

图 7.1   教师情感劳动遵循的原则

（2）外显型原则。

外显型原则则更多关注教师情感的外在表达和传递，它包括情感形象原则、情感语言原则和情感表达原则。

①情感形象原则。情感形象原则强调教师应通过自身的形象和行为来展现其情感态度，这不仅关乎教师的着装、仪表，更关乎其在课堂上的行为举止，这些外在的表现形式能够直接影响学生的情感和态度。一个充满活力、态度积极的教师，通过其正面的形象和行为，能够激发学生的学习热情，进而影响其学习效果。例如，教师在课堂上的积极态度、鼓励的眼神和微笑都能有效地传递积极的情感，从而激发学生的学习兴趣和积极情感。

②情感语言原则。情感语言原则强调教师应通过语言表达自己的情感，这不仅包括口头语言，也包括书面语言和非言语的交流方式。例如，在口头语言方面，教师应避免使用负面言语，而是使用鼓励和肯定的语言，以建立积极的师生关系。在书面语言方面，教师的评语和反馈应注重激励和指导，避免给学生带来消极情感。非言语交流，如肢体语言和面部表情，也是情感传递的重要途径，教师应意识到自己的非言语行为对学生情感的影响。

③情感表达原则。情感表达原则强调教师应在适当的时机以适当的方式表达情感，以促进教学目标的实现。这要求教师具备高度的情感智慧，能够准确地识别和理解自己的情感状态，同时也能够敏感地捕捉到学生的情感需求。在此基础上，教师能够选择最合适的方式和时机表达自己的情感，以增强教学互动，促进学生的全面发展。例如，通过分享个人经历、展示对学科的热爱和激情，教师可以增强与学生的情感连接，激发学生对学习内容的兴趣和热情。同时，教师应鼓励学生表达自己的情感和看法，

建立一个开放、包容的学习环境。

　　教师情感劳动的这些原则不是孤立存在的，它们相互影响，共同作用于教学过程中。通过深入理解和妥善运用这些原则，教师可以更有效地进行情感劳动，从而提高教学效果，促进学生的全面发展，同时也为构建和谐的师生关系奠定坚实的基础。

7.2.2　教师情感劳动的行为策略

　　教师在教学过程中面临多样化的环境和学生需求，因此，采取适当的情感劳动策略显得尤为重要。根据研究，教师的情感劳动主要可以分为三种策略：表层情感行为、深层情感行为和自发情感行为。以下将对这三种策略的优势及其适用场景进行深入分析。

7.2.2.1　表层情感行为

（1）定义。

　　表层情感行为是指教师在外部展示出积极情感，例如微笑、使用积极语言等，尽管其内心的情感状态可能相反。

（2）应用场景。

　　在教学过程中，教师会遇到多种突发情景，例如学生的反抗、课堂氛围的消沉等。在这些情况下，教师可以通过表层情感行为来迅速应对挑战。例如，当课堂气氛低迷时，教师可以通过微笑或积极的语言来激励学生，进而提升课堂的活跃度和学习动力。

（3）潜在影响与挑战。

　　尽管表层情感行为在短期内能够改善课堂氛围，但长期使用可能导致情感疲惫和职业倦怠。教师在不断抑制自身真实情感的过程中，可能会感到心理上的负担。因此，教师在使用表层情感行为时应保持适度，避免情感的过度消耗。

7.2.2.2　深层情感行为

（1）定义。

　　深层情感行为是教师在教学过程中所采取的一种重要策略，旨在通过内心的情感调整，以真实感受所需的情感状态。深层情感行为要求教师在面对学生时，能够从内心深处理解并体验学生的情感。这种情感的内化使教师能够在互动中展现出更真诚的态度。例如，当学生面临学习困难时，教师通过同理心理解学生的感受，能够给予他们真正的支持和鼓励。这种真实的情感表达不仅能够增强师生之间的信任感，还能激发学生的学习热情。

（2）应用场景。

在具体的教学场景中，深层情感行为的应用可以体现在多个方面。首先，在课堂讨论中，教师可以通过积极倾听和关注学生的情感表达，帮助他们更好地参与到学习中。其次，在学生遇到挫折时，教师的同理心和支持能够有效缓解学生的焦虑情绪，促进其心理健康。最后，在课外活动中，教师通过建立情感联系，能够增强学生的归属感和集体意识。

（3）挑战。

研究表明，当教师能够真实地表达情感时，学生的学习动机会显著提升，学习效果也随之增强。同时，教师自身在这一过程中也能获得情感上的满足感，增强职业认同感和成就感。尽管深层情感行为带来了诸多积极影响，但在实际应用中也面临一些挑战。教师可能会遭遇情感疲惫，难以持续保持高水平的情感投入。因此，教师需要学习有效的情感管理技巧，以便在保持真实情感表达的同时，避免情感耗竭，提升自己的情感力。此外，学校应提供支持性环境，鼓励教师之间的情感交流与合作，共同应对教学中的情感挑战。

7.2.2.3　自发情感行为

（1）定义。

自发情感行为指的是教师在教学过程中不加掩饰地表达真实情感，而不是刻意调整或控制自己的情感反应。

（2）应用场景。

研究表明，当教师在课堂上自发地展现热情和兴趣时，往往能够有效激发学生的参与感。例如，当教师对某个话题表现出强烈的情感时，学生通常会受到感染，积极参与到讨论中。这种情感的传递不仅提升了学生的学习动机，还促进了课堂的互动性和活跃度。自发情感行为还能够促进师生之间的信任关系。教师的真实情感使得学生感受到被重视和理解，从而愿意表达自己的观点和情感。这种开放和包容的学习环境有助于学生的全面发展，提升他们的自信心和表达能力。

自发情感行为可以在多种教学场景中得到应用，例如课堂讨论、项目展示和课外活动等。在这些场合，教师的情感表达能够有效地调动学生的积极性，增强学习的趣味性。然而，教师在表现情感时也需注意情感的适度与恰当，以免造成过度情绪化或失控的局面。

（3）挑战。

尽管自发情感行为具有诸多优势，但在实际教学中，教师可能面临一些挑战。例如，教师可能因为职业压力或个人情绪而难以保持积极的情感表达。此外，不同学生对情感的反应也可能存在差异，教师需灵活应对，以确保每位学生都能在情感的交流中受益。

为了克服这些挑战，教师可以通过自我反思和情感管理技巧来提高自发情感行为的有效性。例如，教师可以定期进行情感调节训练，学习如何在压力下保持积极情绪，从而更好地影响学生。

7.3　教师情感力提升路径

情感力是一种综合性的心理素质，涵盖个体在情感领域的认知、表达、调节、管理及反馈等多方面能力。具备情感力的个体能够准确识别、理解和评估自身及他人的情感状态，采用适当方式表达情感，并有效调节和管理自己的情感反应。

情感力的提升不仅有助于个体更好地应对情感劳动中的挑战，还能有效解决前述行为策略中的情感问题。高情感力的劳动者能够更精准地理解他人的情感需求，从而提供更为有效的情感服务，在工作中取得显著成效。情感劳动的实践也能反过来促进情感力的提高，通过参与情感劳动，个体能够不断锻炼其情感认知、表达与调节能力，进一步增强情感能力。

对于教师而言，培养和提升情感力显得尤为重要。教师不仅需要在课堂上有效传授知识，更要关注学生的情感需求，营造积极的学习环境。通过增强情感力，教师能够更好地理解和回应学生的情感，促进学生的全面发展。因此，提升教师的情感力不仅有助于教师自身的职业发展，也对学生的学习效果和心理健康具有深远影响。

7.3.1　情感生产机制及原理

情感的形成是一个复杂的过程，受到大脑机制、心理反应和社会文化因素的共同影响。简而言之，情感首先在大脑中产生，通过感官信息区的处理和情感加工区的活动，如杏仁核负责基本情感反应，扣带回负责将情感与记忆和理性结合。心理层面，情感涉及对各种刺激的内在和外在反应，以及个人的认知、经验和期望的作用。文化和社会环境进一步塑造了人们对情感的理解和表达，而人际互动则是情感发展的重要部分。情感的调节和管理帮助人们适应环境，保持情感平衡。

在教学环境中，教师的情感可以看作是一种资源和礼物。它们在教学过程中发挥着重要作用，既促进学生的学习也增强教学互动。接下来，本章将具体分析情感产生的原理。

（1）作为资源的情感：教学中教师情感的"保存"和"平衡"。

在教学过程中，教师的情感如何形成和调整？这背后的成长、成熟和变化是如何发生的？情感是如何构建的，它隐藏了什么样的内在逻辑？我们可以通过 1989 年霍布福尔提出的资源保存理论来解释这一过程。

资源保存理论指出，如果一个人拥有一定的社会地位和人际网络，能够利用这些资源来保持自己的社会特征，比如特定的技能或能力，那么他就能获得更高的收入，并减少收入损失的风险。这样，成功的可能性就会增加。该理论认为，人们会采取各种措施来保护他们认为最宝贵的资源，并尽量避免损失。因为资源的丧失会让人感到不安全和受到威胁。资源保存理论的核心观点是，个体拥有的资源越多，就越能够防范资源流失的风险，并有更大的机会获得更多资源。相反，如果个体拥有的资源少，缺乏外部支持，就会面临资源枯竭的风险。

资源保存理论进一步提出了两种效应——丧失螺旋和增值螺旋，这在理论层面很好地解释了教师在教学过程中情感资源的流失和补充。增值螺旋意味着，当个体拥有充足的资源时，这些资源会带来更多的补充，使个体更能够获得资源，减少资源流失的可能。而丧失螺旋则意味着，在资源不足时，个体更容易感受到压力，资源损耗难以弥补，导致个体更加保守，减少对资源的投入，形成恶性循环，加速资源损耗。

在教学活动中，教师的情感投入、感受构建和调整过程与资源保存理论中的丧失螺旋和增值螺旋机制相似。一方面，教师能够感受到教学中潜藏的情感资源，这种情感力量的补给，带来情感的唤醒和教学中积极、愉悦的体验。另一方面，由于教师的工作涉及频繁的人际互动，需要与学生、家长、同事、管理者和社会人士建立联系，在这一过程中，教师逐渐消耗自己的情感资源。如果没有得到适当的激励，教师就会感到失落，进而导致心理问题，加速情感疲劳的过程。这正如一些教师在采访中所说：

"需要做的事情太多，我真的很累。"

针对量化研究的深入分析发现，当教师在教学中仅仅是表面上的适应，而不是真心实意地参与时，这种"表层扮演"往往会对他们的真实感受造成伤害。这包括两方面：一是为了产生积极的教学效果而进行的"行为伪装"，二是为了适应学校的组织秩序而压抑自己真实感受的"自我表演"。这两种行为都会消耗教师宝贵的情感资源，从而更容易引发教学压力和心理疲劳。这是因为，从根本上讲，这样做是一种消耗资源的行为。相反，"自发行为"和"深层扮演"则更多地鼓励教师调整自己的内心感受，使之与学校的要求相一致。这样做不仅有助于教师获得情感上的回报，而且实际上是一种获取资源的过程。基于资源保存理论的情感劳动作用机制，如图 7.2 所示。

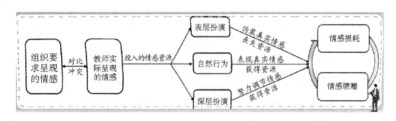

图 7.2　基于资源保存理论的情感劳动作用机制

为了有效地保护和管理自己的情感资源，许多教师采取了两种主要策略：分离个人情感与职业情感，以及与学生保持适当的心理距离。

首先，区分个人与职业情感意味着教师在工作中尽量不将个人情绪带入教学过程，从而避免潜在的负面影响。这种做法帮助教师维持专业形象，并保护自己不受不必要的情感伤害。例如，一些教师会刻意避免在课堂上展示个人情绪，以防学生或家长的反应对他们产生负面影响。这种情感的自我保护策略，虽然可能与个人的教育理念相矛盾，但它帮助教师保持对工作的热情和精力。

其次，与学生保持适当的心理距离是指教师应当在亲密和权威之间找到平衡，既能获得学生的尊重和爱戴，又能保持教师的威严和神秘感。这种平衡对于建立健康的师生关系至关重要。经验丰富的教师通常能更好地掌握这种平衡，而年轻教师则可能需要时间来学习如何在亲近和保持距离之间找到合适的界限。一个典型的例子是，一位因过于友好而失去学生尊重的英语老师最终选择离职，这说明了保持适当距离的重要性。

总之，通过分离个人与职业情感，以及与学生保持适当的心理距离，教师可以更好地管理自己的情感资源，既保护了自身不受伤害，又能维护课堂秩序，促进健康的师生关系。这些策略不仅有助于教师的个人成长，也为学生创造了一个更加积极和支持性的学习环境。

当教师投入情感和努力，资源的流失似乎是必然的。然而，教师的情感资源并未因此枯竭。这是因为，当教师付出后，他们会收获相应的回报，这种回报补充了他们的情感资源。这个过程与霍赫希尔德提出的"礼物交换"原则相呼应，即付出与回报的循环，保证了教师情感的可持续性。

（2）作为礼物的情感：教学中教师情感的"赠予"和"反馈"。

在教学的过程中，除了有作为资源的情感，我们也有作为"礼物"的情感，作为礼物的情感，是一种无价且深沉的馈赠，它超越了物质的界限，直抵人心，带来深深的满足与喜悦。

①赠予情感，表现真实的自己。

教师之所以在教学中会生发情感，不断地去建构和调适情感，是因为这一过程涉及情感的给予和获得，是一种礼物馈赠。也就是说，教师在教学中"给予"情感并不只是为了获得物质上的回报，而是通过"给予"这一过程获取有关教师职业的特殊意义，有关个人价值的充分彰显，即一些老师所说的"给学生上课的过程，也是我自己学习和成长的过程，是给自己增加经验。"

那么，教师可以"赠予"哪些东西给学生呢？通常来说，我们的教育事业不需要教师给予学生太珍贵的东西，但需要教师在职责范围内尽可能多地给予学生快乐、愉悦、知识、幽默、支持、鼓励、尊重等积极情感体验，把自己人生里鲜活的生命体验，以礼物的方式赠予学生。通过这种礼物的馈赠，学生得以感受到教育的饱满，体验到知识中蕴含的智慧，提升了自己的成长体验。

需要特别注意的是，教师在教学中所进行的情感方面的"赠予"，最终目的或是赠予的初衷并非获取物质层面利益，而是情感自然祖露，真心自然显现的结果。但真实情况是，通过这个"赠予"的过程，教师确实获得了相应的奖励，他们毫无意识地从学生身上获得了他本身并没有的，充满了情感力量和情感支持的回报，即精神层面的礼物，这种奖励会激励教师在今后的工作中更加努力。"学生很喜欢我，我就是很快乐呀，觉得很有成就感，很满足，同样的。我很高兴的话，学生也会觉得很快乐，这都是相互的。"也就是说，教师的"赠予"，必然会接收到一定的"回馈"，在这种"互为反馈，双向馈赠"中，双方都感受到了情感交换的愉悦和欣喜，这种积极的正面情感赋予双方安全感和心理满足，也正是因为如此，师生双方都在"给予—反馈—给予"的良性循环中孕育孵化了新的双向奔赴的情感力量。

②反馈情感，获取精神的激励。

社会交换理论认为，个体行为受到能够带来奖励和报酬的交换活动的支配，因此所有活动都可以归结为一种交换。可以说，报酬在交换活动中具有举足轻重的地位，可以将"报酬"解读为一种"刺激所具有的能满足有机体需求的能力"，交换的报酬不仅仅是金钱，还有赞同、尊重、依从、爱、情感以及其他紧缺的物品。除此之外，布劳将社会交换中的报酬分为内在报酬（情感回报）、外在报酬（经济激励）和混合型报酬。一些心理学研究的成果已经表明，教师是一个极易受到情感牵制的职业，对教师来说，"精神层面的激励比单纯地给予物质奖励更容易让教师拥有成就感"。学生表达的感激之情，同事和上级的支持，都会让教师卸下一身疲惫，激发起十足的干劲，迸发出工作的热情，这种"精神馈赠"是一个礼物交换的过程。

教师需要得到来自学生的直接馈赠，例如，在上课时学生能真诚地展现自我，例如：点头、凝视、积极参与、适当的身体接触等都是一种礼物馈赠。教师通常认为自己理应得到真实的反馈，而非虚情假意。"我希望学生真实一点，不要不懂装懂。我就希望他们都能够展示真实状态，因为本来就是不懂才要学啊"。当给予者和接受者之间预期相同，意愿一致时，双方都会自愿给予精神层面的支持，呈现出更多的愉悦行为，一些原本不对等的交换也会被淡化。

还有一种情况是，教师的"赠予"与得到"回馈"在一定层面不对等，出现了失衡，这会损害教师在教学中的情感。但是，这种短暂而瞬时的失衡并不会立即在当下表现出来，而是被教师禁锢在个人心理空间内，直到这种不对等的交换累积到一定程度，开始孕育"不适当的情感"苗头时，教师才会产生负面评价。正如霍赫希尔德在书中描述的那样：我们会不断地记录一笔心理账，记下"拖欠"和"收到"的感激、喜爱、愤怒、愧疚以及其他感情。通常情况下我们不会意识到这一点，然而，当我们产生"不适当的情感"瞬间，可能常常能够追溯到此前感觉什么被亏欠过或仍然存在亏欠的潜在想法。

教师们进入教育领域，往往怀揣着与学生建立平等、互补的情感交流的理想。然而，现实情况往往不尽如人意，他们频繁面临着与学生、家长甚至同事间不平等的交流和缺乏尊重的挑战。这种差距迫使教师将自己的负面情绪私藏，仅在个人空间内部处理和消化。有趣的是，这种精神上的消耗有时候会通过工资得到某种程度的补偿，暗示着情感上的损失需要物质上的回馈才能得到平衡。这一现象为我们如何建设和维护一个健康的教师队伍提供了重要的思考角度。

7.3.2　教师情感力训练方法

前面我已经提到情感素养与情感劳动的关系，也提到教师情感力的提升是情感劳动的有效保证，因此教师们有必要进行适当的情感训练。情感训练是一种提升个体情感认知、表达和调节能力的活动。它旨在帮助个体更好地理解自己的情感，以及有效地与他人进行情感交流。结合教师的情感劳动特殊属性，这里的情感训练主要包括：自我情感认知、情感表达技巧、情感调节策略、情感理解（倾听与共情）、情感冲突处理五个方面。

7.3.2.1　自我情感认知

自我情感认知是指个体对自己情感的深入了解和认识。它涉及对自己的情绪状态、情感触发点以及情感反应模式的认知和理解。通过自我情感认知，我们可以识别出不同的情感状态，如愤怒、悲伤、喜悦等；同时，我们也能意识到情感触发点，即那些容易引发我们特定情绪的事件或情景，这种认知有助于我们预测和应对可能出现的情绪反应，避免被情绪所主导。通过自我情感认知训练，我们可以更好地管理自己的情绪，提升情感表达和调节能力，从而建立更健康、和谐的人际关系。

（1）什么是情绪。

究竟什么是情绪呢？简单来说，情绪就是你身体内部感受的信号器。什么是信号的感受器呢？打个比方就是，当有好事发生在你身上时，你的心里就会感觉开心，你的情绪就会乐观、高昂。当不幸发生在你身上时，你的心里就会感到糟糕，你的情绪就会变得悲观和失落。情绪的定义很简单，但真正读懂情绪不简单。情绪非常复杂多变，就像天空中的云，有时白云悠悠，晴空万里，有时突然就乌云密布，电闪雷鸣。情绪随着人感受的变化而变化，很多时候都让人拿捏不准，捉摸不透。

心理学家经过多年对情绪的仔细研究，从情绪产生的方式，将情绪分为了两大类：一类是原生情绪，一类是衍生情绪。所谓原生情绪，就是人对触发事件的第一反应，是身体最直接的心理感受。比如，人突然听到一声巨响，被吓了一跳，产生的恐惧情绪就是原生情绪，它是一种不需要思考，就能自然而然产生的心理反应。又比如，你突然看到喜欢的人出现在你眼前，你会产生高兴的情绪等，但是当你失恋时，你又会有失落和伤感的情绪，等等，这些都是原生情绪。原生情绪是人类最基本的情绪反应，与生俱来，接近本能，几乎所有人都能感知到原生情绪。那么，衍生情绪又是什么呢？衍生情绪是指由原生情绪衍生而来，是对原生情绪的情绪化反应，是情绪的情绪。比如，被别人羞辱后产生的愤怒，受到委屈后产生的伤心，为自己的冲动而感到苦恼等，这些都是由原生情绪所衍生的新情绪。

让我们通过一个简明的例子深入探讨一下人类情绪的奥秘，尤其是原生情绪向衍生情绪的转变过程。

想象一下小陈，他正开车享受着愉悦的时光，突然，一辆车悄无声息地从后方冒出，横切到他的前方。这个突如其来的动作让他感到了追尾的威胁，心情瞬间紧绷，恐惧感迅速涌上心头。尽管他迅速做出了避险动作，心里仍旧难以平静。

几秒钟后，小陈开始反思，他确信刚才那个驾驶者的行为是蓄意为之。这时，他的恐惧感转化为了愤怒。他踩下油门，决心追上前车，并在心中暗下决心：一定要找到那个令人讨厌的人，好好地理论一番，否则心中的怒火难以平息。

这个故事展示了小陈从恐惧到愤怒的情绪转变。最初的恐惧是一种原生情绪，而随后的愤怒则是一种衍生情绪。与原生情绪直接且简单不同，衍生情绪更为复杂，通常是多种情绪的结合。例如，在小陈认为被前车司机故意挑衅时，他感到了被侮辱，这种被侮辱感迅速转化为愤怒，从而推动他采取行动。

这一过程揭示了原生情绪的直观本能反应与衍生情绪的复杂性之间的区别。原生情绪和衍生情绪，作为人类情感反应的两个层面，都有其独特的价值和作用。那么，这些情绪反应在我们的生活中究竟扮演了哪些角色呢？这是一个值得我们深入探讨的问题。经过心理学家们的调查研究后发现，情绪主要有以下四种作用。

第一种作用：情绪能激发你的行为。

当某种特定情绪被激发后，人的身体会变得十分灵敏，充满警觉性。比如，当你特别害怕时，你的腿会不由自主地发抖；当你非常伤心时，你会自然而然地掉眼泪等，这些都是人的情绪被激发后，所产生的情绪行为，它们都有一个共同的特征，那就是先于人的思考，由情绪直接激发而产生。

第二种作用：情绪能为你提供重要信息。

怎么理解呢？简单来说，就是情绪可以告诉你目前最真实的事态状况。比如，如果你情不自禁地感到害怕，那么证明你正处于一种危险境地，如果失去了某样东西，让你感到很悲伤难过，则说明这样东西对你很重要。这些就是情绪给你提供的重要的信息。

第三种作用：情绪能激励人心。

中国有句古话，叫作"知耻而后勇"，意思是说当一个人发现自己不如别人时，就会产生一种羞耻感，而这种羞耻感又会激发他内心的拼搏决心，让他变得英勇无畏起来。这就是情绪的激励作用，这种激励作用会间接地督促我们克服困难，达成自己的目标。

第四种作用：情绪能帮我们更好地沟通。

情绪是一种自己的主观感受，通常情况下，你的情绪只有你自己知道。但很多时候，为了更好地沟通，我们希望他人能够感受得到我们的情绪，读懂我们的内心，从而做到理解和尊重我们。

比如，当对方不顾及我们的感受，对我们品头论足，甚至还会加上一些难听或不雅的比喻的时候，你会产生怎样的情绪呢？没错，你一定会感到愤怒，甚至生气到恶语相对或者直接摔盘子。可是，作为另一方，他们会如何看待我们的愤怒呢？他们一定会觉得我们脾气很差，攻击性也很强。

这是为什么呢？为什么他们无法理解我们这种愤怒呢？这主要是因为我们的情绪出现了跳读和漏读，什么是跳读和漏读呢？就是我们没有把该表达的情绪充分表达出来，直接跳过去或者漏掉了。

当对方对你品头论足时，你首先感到的其实应该是伤心，因为自己被自己心中这么重要的人否定，实在让人很悲伤和失落。可是，在这种情况下，因为你的伤心情绪持续的时间很短，在你还没有意识到要将它充分表达出来的时候，它就跳过去，转化成为愤怒了。

所以，如果你要进行情感劳动，你应该要如何表现自己的情绪呢？首先，你应该把伤心情绪充分表达出来，让他意识到是他的言论伤害了你，你才如此生气的。只有当他意识到是自己的言论先伤害了你，他才能理解你的愤怒从何而来。

学会把控情绪，表达情绪对于人与人之间的沟通是有着很重要的作用。我们只有先读懂了自己的情绪，并准确地表达出来，传达给对方，我们才能让对方更明白、理解和体谅自己，人与人之间的沟通才会更和谐，更顺畅。

（2）情绪、想法和行为之间的作用关系。

在我们的实际生活中，很多人都特别容易把情绪、想法和行为三者混为一谈，这实际上是非常错误的，甚至还会引发严重的后果。虽然这三者联系紧密，但又各有区别，如果你把想法、情绪和行为三者混在一起，就相当于火遇到了油，又遇到了风，结局将不堪设想。

研究表明，情绪、想法和行为三者之间是一个彼此互相作用的关系，行为可以影响情绪和想法，想法也可以改变情绪和行为，而情绪同样可以左右行为和想法。下面我们分别举三个例子，来看看它们之间的关系。

我们先来看看第一个例子，小丽在开车去上班的路上，一不留神走错了车道，被交警罚款扣分，她感到特别郁闷，同时也陷入深深的自责：自己怎么这么蠢，犯这么低级的错误。在这个例子中，小丽不小心违反交规的行为，引发了她郁闷的情绪，随后这种情绪又触发了她认为自己蠢的想法。这就是行为影响了情绪，情绪又触发了想法的典型例子。

好，我们再看第二个例子，小王一直觉得自己的上司在工作中为难自己，这让她感到很压抑，同时也很愤慨，有一天在和上司的争吵中，小王突然爆发了，把文件狠狠地摔在上司的桌子上并提出了辞职。在这个例子中，小王觉得上司为难自己的想法，引发了她压抑和愤怒的情绪，接着她的愤怒触发了她摔文件和辞职的行为。从这个例子中，我们可以很好地看出，想法会影响情绪，情绪又会激发行为。

那情绪又是如何作用想法的呢？我们再来看看第三个例子。张明，他在最近的一次数学考试中成绩不理想。这个结果让他感到非常沮丧，甚至开始怀疑自己的能力。然而，这种情绪并没有使他沉溺于失败之中，反而激发了他改变现状的决心。张明开始认真分析自己的学习方法，发现了自己在数学学习上的不足之处。于是，他制订了一个详细的学习计划，包括每天额外花费一小时来复习数学知识点和解决练习题。几个月后，他的努力得到了回报，不仅数学成绩大幅提高，而且在学习上的自信心也得到了增强。

通过以上三个事例，相信大家对想法、情绪和行为三者之间的区别和相互作用关系有了一个深入了解，理解这三者的关系，能帮助我们更好了解情绪，从而做好情绪调解和管理。

（3）如何读懂情绪——跳出自己，学会自我关注。

在现代社会中，许多人对自己的情绪缺乏深刻的理解和认知，这不仅阻碍了他们准确识别自身的情绪状态，也使得他们难以正确地理解和接纳他人的情绪。这种情感上的盲点，往往导致人与人之间的误解和隔阂。

为了更客观地认识和管理自己的情绪，一个有效的方法是尝试将自己从情绪中抽离，采取一种旁观者的视角来观察和分析自己的情绪反应。这种方法要求我们从情绪的纠缠中跳脱出来，以一个更为冷静和客观的态度审视自己的情绪状态。

那么，如何实践成为自己情绪的旁观者呢？一个简单而有效的策略是培养自我关注的习惯。通过自我关注，我们能够更加敏锐地察觉到自身情绪的微妙变化，从而在情绪波动之初就采取措施，避免被情绪所淹没。这种自我观察和反思的过程，不仅有助于我们更好地管理自己的情绪，也为理解他人的情绪提供了一个更为坚实的基础。

所谓自我关注，就是指你在不加评判或者对任何东西都不加批评的前提下，对你当前的想法、情绪、身体感觉和行为的一种认知。说白了就是假装这些事情都不是发生在你身上，跟你没有任何情感和利益牵扯，你就是一个旁观者，一个看戏的，你不会去烦恼，也不会去愤怒，只是知道发生了这么一件事。可以说，自我关注是让我们最大程度地保持客观和清醒，不被自己情绪所左右的方法，它可以使我们看问题的角度和态度更中立，更接近真实。

自我关注不是一件容易的事，虽然说起来似乎只要置身事外，保持清醒，不要感情用事即可，但其实，如果不经过专业训练，一般人是很难做到这一点的。因为，大部分时候，我们对于自身情绪都是处于一种无意识的状态。你不会在情绪来临时，让自己保持客观，维持清醒，而往往是被情绪牵着鼻子走，或者直接陷进自己的情绪里，任由它横冲直撞，直到因情绪而引发过激行为，才幡然醒悟。

在教学环境中，让我们以一种案例为基础来探讨自我关注的重要性。假设在一个繁忙的早晨，一位老师正匆匆赶往学校。突然，一个匆忙的人不小心撞到了老师，导致老师的手臂剧痛，手中的教案几乎落地。撞老师的人却没有停下来道歉，而是继续匆匆向前走。这种情况下，老师可能会立刻感到愤怒，甚至想要追上去让其道歉，然后影响上课的心情。

然而，如果在这种情况下老师能够实践自我关注的原则，那么整个情境的感受可能会完全不同。想象一下，如果老师能够从冲动的情绪中抽离，以一个更加客观的视角来看待这个事件：一个人赶时间而不慎撞到了他人，这本身是一个无心之举。这个人未能道歉，这或许反映了他的个人素质问题，但老师无须因此而大动干戈，以免事态进一步恶化。

通过这样的思考，老师能够保持冷静，不让一时的情绪影响自己的判断。这种自我关注的实践不仅帮助老师及时地识别和调整自己的情绪，还能够帮助他从一个更广阔的视角来理解和处理问题。这种从高处俯瞰的感觉，使得每一个问题都变得更加清晰，从而带来乐观和积极的心态。这个案例不仅是对自我关注能力的一次实践，也是一个向学生展示如何在日常生活中应用情绪管理技巧的绝佳机会。

既然自我关注，对我们的情绪认知如此重要，那么，具体来说，自我关注对我们的情绪管控和调节到底有哪些积极的作用呢？

第一大作用是避免当局者迷，及时觉察自己的情绪冲动。当你进行自我关注，把自己当成一个旁观者后，你就不再是一个参与者，而是像猎人蹲守猎物一样，时刻观察着自己的情绪走向，只要一有风吹草动，你就会立马警觉。当你及时觉察到自己的情绪冲动后，你就会提醒自己保持清醒，并及时调节自己情绪，从而不会被坏情绪继续驾驭，导致最后的行为失控。

第二大作用是可以让你专注于眼前的事情，避免思绪飘飞，分心走神。因为，自我关注的核心要求就是让我们不做评判，客观看待。如果我们花很多时间去评判已经发生的错误，或者将来可能发生的事情的时候，就证明我们的注意力已经不在眼前，而是停留在过去和将来，如果我们继续任由思绪飘飞，天马行空，势必影响到自己目前在做的工作。自我关注的本质就是让我们专注于自己当下正在做的事情，把注意力重新拉回正在做的事情上。

第三大作用是可以纠正自己的偏见，更开放地看待问题。我们往往很容易被固有的一些观念和想法禁锢，而自我关注就可以让我们以一个旁观者的角度，进行自我反思，让我们对目前的行为、想法和观念发出反问，自己是不是过于狭隘，或者对某人某事是否带有偏见。如果有，那就及时纠正过来，更包容更开放地去看待问题。

第四大作用是让你以旁观者的角度更全面地看待问题。我们常说，不识庐山真面目，只缘身在此山中。说的也正是这个道理，庐山到底是岭还是峰，一定要与庐山保持一定的距离，把庐山看全了之后，才能得出结论，而这个结论才是客观真实的结论。自我关注同样也是如此，只有当我们和自己的情绪保持了一定的距离，才能把自身的问题看得更加全面。

那么如何做到自我关注呢？主要的技能包括："是什么"和"怎么做"。

我们先来看看第一部分是"是什么"技能。它是指客观、冷静、全面地了解你究竟是个什么样子，处于什么样的状态，哪些是实实在在发生的事实状况，哪些是你脑子里冒出来的主观想法和判断。简单来说，就是先认清自己。具体的方法有三点：观察事实、描述想法和参与经历。

所谓观察事实就是你留意自己的处境、想法、感受和情绪，不对它做任何评判和反应。比如，你刚刚被领导批评了一顿，你感觉有些难受，这个时候，你只要客观地接纳这么一种情绪，告诉自己，"嗯，我是有些难受。"就可以了，不用继续去联想和纠结，为什么他就喜欢批评我，又不全是我的错，他是不是故意针对我、为难我，等等，不要去做任何回应。

所谓描述想法，就是在内心里客观地描述你正经历的感受或想法，比如"我好像有点想去喝酒了，又好想出去走走散散心，感觉自己瞬间没什么精神了等"，保持一种客观的描述状态，正视它，并让自己不陷进去。你就会发现，自己慢慢有一种置身事外的感觉，仿佛正在经历的这件事是发生在另外一个自己身上。

所谓参与经历，就是完全沉浸在自己的生活经历中，不带任何感情色彩，仿佛自己就是一位观众，在看自己用生活经历编排的电影。没有爱，没有恨，没有任何感情色彩，就是在看一个平静的故事。通过这些方法，你能够非常客观地，以旁观者的姿态，认识一个真实的自己。

我们紧接着来看看第二部分"怎么做"技能，它指的是当你通过观察、描述和参与，看清真实的自己后，你将如何对待自己。具体方法包括以下两种。

第一种：不作评判。

所谓不作评判，就是不作回应，接受它，让它客观存在着。比如你生气了，不要去想你为什么要生气，对方为什么要惹你生气，它怎么能那样做等，而是只要告诉自己这件事让我生气了，便就此打住，不要再去联想和评判任何东西。就好像别人告诉你一件你漠不关心的事，你只简单回答一句"哦，我知道了"一样。

第二种：心无旁骛。

所谓心无旁骛，就是一次只做一件事情，你在吃饭的时候，就专心吃饭，你在开车的时候，就专心开车，如果你在担心某件事，你就尽情地去担心，总之不能一心二用，否则就很容易让有利的情况变得不利，让不利的情况变得更糟。比如，你准备去上班，却突然发现找不到钥匙了，这时，如果你一边焦急慌乱地找钥匙，一边担心着如果迟到了怎么办，一心二用你就会大大降低找钥匙的效率，找得越慢，你的心就会越急，心越急就会越烦。此时正确的做法应该是，不要去想任何与找钥匙无关的事，而是集中精力，专心地去想最后一次用钥匙是在什么时候，大概会放在哪里，全神贯注，努力回忆，直到想起来为止。

7.3.2.2 情感表达技巧

情感表达是指人们通过言语、行为、面部表情、姿态等多种方式，将内心的情感、情绪、体验等传达给他人的过程。有效的情感表达有助于建立深厚的人际关系，增进彼此的理解和信任，同时也能够帮助个体更好地处理自己的情绪，提升自我认知。情感表达的方式多种多样，每个人在表达情感时都可能有所不同。有些人可能更倾向于通过言语来直接表达他们的感受，而有些人则可能更喜欢通过行为或姿态来间接地传达情感。不论采用何种方式，关键在于表达要真实、坦诚，避免过度压抑或伪装自己的情感。教师在教学过程中主要的情感表达是为了更好处理与学生、同事、领导、家长以及家人的关系。在我们的日常生活中，高情商体现在与他人的人际交往中。本书介绍了一些维持并改善人际关系的技能。

（1）人际沟通的基本模式。

要掌握情感表达、沟通技能，你必须先对自己目前的沟通模式做一个基本了解。人际沟通的模式分为以下四种类型。

第一种类型：消极被动型，又叫唯唯诺诺型。

这种类型的人，往往会压抑自己的情绪，不进行表达，因为他们害怕自己的情绪会伤害他人，害怕对方一气之下和自己断绝往来等。因为害怕矛盾，所以他们总是被动沟通，而被动沟通是一种效率很低的沟通模式，就像挤牙膏，挤一点出来一点，非常被动。

第二种类型：攻击型，又叫咄咄逼人型。

这种类型的人在表达自我的时候，往往盛气凌人，摆出一种想要操控一切的架势，让人望而生畏。他们说话时喜欢大喊大叫，甚至骂人扔东西。这类人只关心怎样才能达到目的，丝毫不在意对他人的感受。

第三种类型：被动攻击型。

这种类型的人通常也不会直接表达自己的看法，但是他们会用比较隐秘的方式表达情绪，比如冷嘲热讽、不吭声、摔门、重拿重放等。这类人一般不用语言直接表达情绪，而是拐弯抹角地表达自己的情绪。

第四种类型：自主型。

自主型人际沟通是最健康、最高效的沟通模式。他们会用一种清晰、诚恳而且相对恰当的方式表达自己的想法、感受和意见。

如果你想要改变自己目前的沟通状况，就必须先弄清楚自己属于哪种类型的沟通模式。那么，如何确定自己的沟通模式呢？你可以根据自己过往的行为表现，进行对照判定。

比如，你总是不爱表达自己的感受，总说"我不在意"或"我没关系"，而实际上你很在意，很往心里去，只是你担心对方可能会因此而讨厌你。这些表现说明你是一个消极被动型人际沟通模式的人。

相反，如果你与人沟通时总是显得很嚣张，大喊大叫，粗声粗气，甚至开口骂人，朋友们都很害怕你，常常只考虑自己的需求，不关心他人的感受，那就说明你是一个攻击型人际沟通模式的人。

如果你在跟别人谈话时总是冷嘲热讽，生气，常常不理人，嘴上说一套，心里想着另外一套，不愿意用语言表达情绪，而是用一些咄咄逼人的行为，比如摔门摔东西之类的行为表达情绪，就说明你是一个被动攻击型人际沟通模式的人。如果你与别人沟通时，懂得用尊重的态度对待对方，与别人产生分歧时，懂得用诚恳的态度表达自己的意见和情绪，当与别人有着不同目标，会尽量进行协商，而不是仅仅关注自己的需求是否得到满足，那么，这些表现说明你是一个自主型人际沟通模式的人。当你通过这些对照，对自己的沟通模式进行正确判定后，你就会对自己的性格特点有一个正确的认识，会懂得运用相关的沟通技巧，使自己努力朝自主型人际沟通模式的方向前进。

（2）好好说话。

与人交流沟通，我们最常用的方式，就是语言，因此，懂得如何好好说话，是建立良好人际关系的基础。

那么，究竟如何才能做到好好说话呢？

第一步就是，先明确自己想要什么，想表达什么样的诉求，这是愉快沟通的关键。比如，假如你因为丈夫总是在卧室里抽烟而感到很反感，那么，你就要想清楚，你接下来是要表达"不让他在卧室里抽烟"还是"完全不让他抽烟"。如果你要表达的只是让他不要在卧室里抽烟，那么，接下来的沟通肯定会比较顺畅一些；如果你要表达的是完全不让他抽烟，那么，接下来你们很可能会大吵一架。

所以，由此可见，弄清楚自己所要表达的诉求是多么重要！你只有真正弄清楚自己内心所需，你在语言表达时，才会更有主题，才更能让对方清楚你的意图，沟通才会更有效，人际关系才会更融洽，更和谐。

当你彻底弄清楚了自己的真实需求后，第二步就是懂得如何清晰自信地陈述你的想法和要求，让对方最容易接受。这个陈述又包括四个部分——"我认为""我感觉""我想""自我解决"。

第一部分"我认为"。这一部分主要是对事实的一个陈述，主要用来说明客观情况，用词直截了当，不带任何感情色彩，不评论，不猜测，不攻击。比如，伴侣常常很晚才回家，这让你担心，同时很不开心。如果你一开口就说："你现在心里是不是没有这个家了？"很可能问题还没解决，就引发出一场争吵。但如果你只是陈述自己想法和要求，你可能会这么说："你经常很晚回家，这让我很担心你，同时也让我感觉很孤独。"你看，同样的意思，如果能用具体的现象来代替主观的定论，用自己真实的感受代替指责他人的话语，话就会变得好听多了，对方也不会那么抗拒。

第二部分"我感觉"。这一部分主要简单描述由事实引发的情绪，把自己的感受如实表达出来。而且在表达感受的时候，一定要注意多用"我，少用你开头。比如，"你让我很生气，我简直不想理你了。"这句话，如果换成"我感到很生气，也很无助，我想安静地待一会儿。"给人的感觉就会大不一样，虽然表达的情绪相同，但后一句听起来不会让对方感到自己受到了责备，因而对方会更愿意倾听你接下来说的话，从而获得对方的共情和理解。

第三部分"我想"。这一部分尤为重要，主要是清楚地表达自己的诉求，让对方明白你想怎样，你需要什么，你跟其沟通的主要目的是什么，意思尽量表达得清楚明白，没有歧义。比如刚才提到的，你不希望丈夫在卧室里抽烟，你可以这样表达："我想如果你不在卧室里抽烟的话，我会有一个更健康的睡眠质量，你知道的，我其实一点也不反感你抽烟，只是希望你不要在卧室里抽就好了，可以吗？"这样的表述往往让人难以拒绝。

第四部分"自主解决"。当你的诉求得不到满足的时候，你会怎么做，这一部分很有必要，它可以起到催化剂的作用，促使对方尽快满足你的要求。比如，"你不干家务，我就只能请个保姆。""你不做饭，我就只能叫外卖了。"这并不是威胁，而只是向对方传递一种信息：我不是孤立无援，非你不可，我会自己想办法解决问题。

（3）重要的事情说"3"点。

①什么要用"3"的法则进行谈话？

想象一下我们在日常生活中与朋友交流时，是否碰到过以下场景："小丽，我上午说的那个事，你办好了吗？""啊？你说的什么事啊？"

"哎呀，就是我上午碰到你时，跟你说的那个事，就是那个……""哦哦，我想起来了，你说的是车票报销的事是吧，单子我都填好了，就等领导签字呢。"我们在生活中，常常会采取这种语焉不详，无法准确传递意思的交流方式，朋友之间这样说话，倒也没什么，但如果在正式场合也这样说话，那可是绝对不行的。

比如你在某个公司工作，你遇到了一点小问题，想要和领导汇报，但是你不知道该怎么准确表达这件事情，于是你犹豫着，走进了领导办公室，对话开始了。"领导，请问你有时间吗？""怎么了？""我想说一下上次那个会议。""会议？会议怎么了？""哦，不是会议，是会议上提出的销售目标。""销售目标？怎么了，完成有困难？""是的，我们的人手不太够，而且，宣传活动也没有准备好。""怎么又扯到宣传活动了？宣传活动有什么问题？""是这样的，活动现场已经定下来了，但宣传活动还没开始，因为赞助商还没沟通好。说起来，我们什么时候和赞助商沟通一下呢？"这样一番对话下来，脾气暴躁一点的上司估计当场就要发飙了。脾气好一点的上司，虽然听了不会发狂，但听到下属说了这么久，也没表达清楚自己到底想要反映什么问题，心中估计也会对这位下属的表达能力感到失望吧。

而如果我们利用"3"的法则，理出头绪，分清主次，再次开展上述对话，那势必会是另一番场景。你自信满满地走进办公室："领导，请问你有时间吗？""怎么了？""我想和您说个事，关于调整一下，上周一会议上提出的销售目标的事。""怎么了？销售目标不是已经定下来了吗，为什么要调整？""是这样的，我们目前遇到了一些状况：一，我们的人手不太够；二，宣传活动期间的机制还没设计好；三，我们还没和赞助商进行沟通。以上这些问题如果不解决，销售目标很可能会受到影响，以致无法完成，不过现在还有改动的余地。所以我想和您商量一下，看是不是调整一下之前定下来的销售目标。"

这样一段简明扼要的汇报，有理有据，条理清晰，不但节省了双方的时间，使上司能迅速理会你的意图，同时还会让上司觉得你这位下属真是逻辑清晰、做事干练。

除了上下级之间，在同事之间、老师与学生之间，都有可能出现因为表达能力低下，而造成沟通不畅的问题。那我们该怎么办呢？其实答案很简单，只要用魔法数字"3"为轴心来构建对话就好了。

②如何以"3"为中心构建对话？

第一，情感的步骤。当我们对话的对象处于消极态度时，我们说再多的话，他们也只会当作耳旁风，置之不理。因此，我们首先要做的就是不要让对方反感，至少要让对方对我们保持中立状态。

当学生情绪低落，不愿学习时，我们可以先跟他们进行情感上的沟通，了解他们为什么会情绪低落，是不是在生活中遭遇了什么挫折？了解了学生为什么会情绪低落，不愿学习后，我们可以对学生说一些安慰的话，然后开始第二个步骤。

第二，逻辑的步骤。经过简短沟通后，对方对我们持有中立的态度，愿意听我们说话了，这时我们需要好好整理自己的思路，使对方能理解我们在说什么。否则就会像我们之前举例的那个下属一样，逻辑不清晰，哪怕说得再多，对方也抓不住重点，无法理解我们的要求。我们可以这样告诉学生："马上就要期中考试了，前三章的作业要记得在 25 号之前给我，第四章的预习作业要在 27 号前给我，平时的一课一文也要继续写下去，别耽误了。"

这样的对话，可以使学生迅速明白自己要做什么。但是他即使明白了，也可能因为自己心情不好，而不愿意去做，这时我们就要用到下一个步骤了。

第三，利益的步骤。学生理解了我们的意思，也认可我们的话语，但是因为自己心情不好，更因为觉得学习成绩好不好不重要，只要及格就行"，而不愿意采取行动。因此，我们必须让学生看到明确的利益，将利益与学生的行动挂钩，使他看到行动后的好处。

我们可以这样说，"期中考试马上就要来了，我希望你能克服眼前的困难，好好努力工作，期中考试的平时成绩我给你加分，等学完了这个阶段，再请你喝杯奶茶，开心一下！"学生听到这些话，想到自己能获得的利益，就会有动力开始行动了。

③如何使用"3"的原则让对方愿意听。

我们每个人都有着不同的个性，跟别人说话时也有不同的方式，有的喋喋不休，有的吞吞吐吐。很多新人教师，在给学生上课时，往往会因为紧张，导致语速过快，使得学生无法听清他在说什么；而一些职场老教师，虽然已经工作多年，面对上级领导时不至于紧张，但也难免会发生在汇报过程中因为不小心而出错的情况，这时他们就会十分焦躁，额头冒汗，语无伦次，语速也越来越快，无法进行正常交流。

这时我们一定要冷静，要有意识地，使自己的语速慢下来，我们可以从声音的语速、音调、音量这3个方面入手，吸引对方的注意力挽回这场谈话。

我们最好是先深呼吸一下，使自己冷静下来，然后，选择合适的语速、音调，以及音量。语速的快慢会给人不同的印象，语速较快，可以使人情绪高涨，但缺点是很难传递信息，而语速较慢，能使人放松，但也可能会让人精神涣散。说完了语速，我们来说说音调，较高的音调会使人兴奋，但也可能让人觉得刺耳，较低的音调能使气氛变得庄严，但可能会让人发困。音量较大时，会使人觉得对方在说的事情比较重要，但可能会惹人烦，音量较小时，能唤起他人的注意，但也可能会被他人忽略。

掌握了声音的规律后，我们就可以利用这些规律，在不同的场合，采用不同的声音来进行对话。比如在会议中，我们可以降慢语速、降低音调，营造一种严肃的气氛；在向急性子的上司汇报工作时，可以加快语速、提高音调，表达自己对领导的重视。

除了利用好声音的3个属性外，我们还可以利用眼神，在交流时传达心意。俗话说得好："眼睛是心灵的窗户。"眼神交流在交流的整体中占了很大的比重。比如当你与学生进行眼神交流时，只是瞟了一眼学生，就将目光转向了别处，这就会让学生觉得你很没礼貌，轻视他们。但是如果你看一个学生的时间太长，一直盯着一个学生的脸，看了好几十秒，同样会让学生觉得很不舒服，压力很大。

那我们应该怎么做呢？很简单，只要运用"3"的法则就行，与人进行眼神交流，最好控制在 3 秒，1~2 秒只是一瞥，会让人觉得被轻视，或是被忽视。看人的时间太长，超过 3 秒，也是不合适的，会让人觉得"不被信任"，或是"被质疑"。因此，我们在与人进行眼神交流时，要把握好 3 秒原则，来传达我们的善意。

除了声音和眼神之外，我们还可以利用自己的肢体语言，来加深对方的印象。肢体语言的应用非常广泛，但大致可以分为三种。

第一种，用肢体语言表达明确信息。比如用握拳表示决心，竖起大拇指表示点赞，张开双手表示欢迎。

第二种，用肢体语言表示数量、大小。我们可以用手从左下画一条线到右上，表示数值急剧增加，也可以竖起 3 根手指，表示接下来我要说 3 点，需要注意的是，我们应该先竖起 3 根手指，再说"我要讲 3 点"，否则对方就会觉得很怪异。

第三种，无意识的肢体语言。虽然肢体语言在交流中能起到很好的效果，但有些肢体语言是不能使用的，这种肢体语言指的是无意识中做出的不体面的动作，比如紧张时的挠头，出现问题时搓手，莫名其妙地抖腿，以及在会议上不断按压圆珠笔末端等，这些行为会严重影响别人对我们的印象，必须尽快改正。

④如何使用"3"的原则让对方听得懂。

很多时候，我们想让别人能听懂我们的想法，了解我们的观点，但是当我们好不容易组织好自己的语言，一开口，又将内容变成了流水账，导致对方抓不住重点。这时我们可以采取"事实""意见""情感"或者使用"结论——理由——结论"这 3 个步骤来展开对话。

方法一："事实""意见""情感"。

说一件事，我们可以在脑中构建 3 个箱子，分别贴上"事实""意见""情感"这 3 个标签。"事实"指的是我们所能得到的客观事实；"意见"指的是我们对这些事实的思考；"情感"指的则是我们的真情实意，而不是冷冰冰的陈述。例如一些院校，特别是成都锦城学院教学规定，每门课程要给学生布置"一课一论文的大作业，我们可以这样说。

第一，事实部分。"同学们，在我们的学习过程中，撰写论文是一项至关重要的学术活动。它不仅是对你们所学知识的一次全面回顾与整合，也是培养你们研究能力、批判性思维和表达能力的重要途径。根据课程大纲的要求，每位同学都需要完成一篇与本课程紧密相关的论文，这是课程考核的重要组成部分，占总评的 XX%。通过这项作业，你们将有机会深入探索某个具体话题，将课堂上学到的理论知识应用于实际问题分析中。"

第二，意见部分。"我坚信，通过撰写这篇论文，你们不仅能够加深对课程内容的理解，还能在资料搜集、文献综述、论点构建及论证过程中，发现自己的兴趣所在，提升解决问题的能力。论文写作是一个既具挑战性又极具成就感的过程，它要求你们独立思考，勇于创新，同时学会如何在浩瀚的知识海洋中筛选出有价值的信息，并以逻辑清晰、论据充分的方式呈现出来。这将为你们未来的学术研究和职业生涯奠定坚实的基础。"

第三，情感部分。"我知道，面对这样一项大作业，你们可能会感到有些压力和挑战，但请相信，这正是成长的必经之路。我鼓励大家将这份作业视为一次自我挑战和超越的机会，用热情和耐心去对待每一个细节。当你们最终完成论文，看到自己的努力转化为一篇篇充满智慧与洞见的作品时，那份成就感将是无法言喻的。我期待着与你们一起分享这份喜悦，见证你们在学习道路上的每一步成长和进步。"

方法二："结论——理由——结论"。

如果我们在交流中，也采取"结论——理由——结论"这种固定的方式，就会显得我们的发言很有逻辑，别人也能轻而易举地听懂我们在说什么。那我们具体该怎么操作呢？

一般而言，结论先行的话 我们可以从固定用语开始进行介绍，我们可以这样说，"同学们，我有个作业要布置"，或者是"同学们！有件事我想和你们商量一下"，又或者是"同学们，我有一个请求"，这些都是比较合适的开头话术。如果我们觉得我们接下来要说的话，同学们听了可能不太乐意，特别是测试啊、布置作业的时候，我们在说话时就要注意一些，先想好解决对策。不过第一个结论只是开始，我们接着来聊聊该怎么说理由，理由才是正文。讲理由时要注意，千万别说太多，否则会显得不真实，使对方产生怀疑，一般来说，理由说三个就够了，方便记忆，效果也好。最后我们来说说总结，我们同样可以从三个方向入手，进行总结。比如我们要聊一个关于未来规划的话题，当我们说完结论、理由后，我们可以从"短期——中期——长期"这三个方面进行总结，总之，当我们在传递信息时，无论开始，还是结束，都应该采用"3"的法则，以3为中心，这样就能使对方轻松理解，并记住我们所说的内容。

⑤如何使用"3"的原则让对方有行动。

在教学过程中，你有没有发现这样一个问题，我们已经说服了学生，学生也觉得我们讲得很有道理，但是就是不行动。事实上我们沟通交流的目的就是让学生有行动，知行合一，让他们愿意学习、乐于学习。那么我们应该如何做，才能让学生有行动呢？那就是让对方感受到切切实实存在的利益，这里的利益主要是指的三个方面：物质上的利益、心理上的利益和情绪上的利益。

第一种是物质上的利益，就是金钱或者用金钱进行交换能得到的东西。

第二种是心理上的利益，包括我们在工作、生活、学习中感受到的意义。比如我们努力工作，完成了一件重大任务，就能获得成就感；再比如我们努力学习，获得知识，了解了自己以前不了解的事情，也能获得心理上的满足感。

第三种是情绪上的利益，就是指我们的开心、快乐、满足等情绪。

7.3.2.3 情感调节策略

情感调节策略对于维护教学秩序、提高教学质量以及促进师生关系具有重要意义。在教育工作中，老师不仅需要传授知识，还要面对各种情感挑战。因此，掌握一定的情感调节策略，有助于老师更好地应对教育过程中的种种困境。那么我们有哪些调节的方法或者策略呢？本书主要采用积极心理学进行情感调节。

积极的心态是情感调节的基础。面对工作中的压力和挑战，老师应学会调整心态，把问题当作成长的机会。当遇到困难时，可以尝试从不同的角度去看待问题，寻找解决问题的方法，善于发现身边的美好，学会感恩，以积极的心态影响学生，营造良好的教育氛围。

具体的操作方法如下：

第一步，升级认知。很多教师并没有很好的自我认识，从而自我厌弃，不接纳自己，于是就改变不了想法和认知，自然就无法建立良好的师生感情，处理工作和财富的关系。

拿一张纸看看自己有没有自我厌弃，这里我们分享七对自我厌弃的表现，如表 7.1 所示，你认为自己具备时，就在纸上做个小记号，并标注你产生这些行为的频率是经常、偶尔，还是从来不。

表 7.1　七对自我厌弃的表现

序号	自我厌弃模式	具体表现
1	毫无章法和信守教条	毫无章法的人做事不讲计划和规则，常常效率低下，丢三落四；相反，信守教条的人则会严格遵守计划或规则，因此，他们的生活在外人看来，往往是单调、乏味的。与此同时，这也会让他们很容易陷入自我厌弃情绪。比如有些家长对孩子的要求过高，认为必须门门课达到90分以上才算优秀，孩子偶尔发挥失常，考到90分以下，自己就会感到焦虑，同时他们也将这种焦虑传递给孩子，表达出对孩子失望的情绪。其实，这就是自我厌弃的一种表现
2	轻言放弃和过于执着	轻言放弃的人往往会对自己缺乏信心，原本可以做到的事情也不敢去尝试。遇到问题时，他们会缺乏信心，给自己贴上笨蛋、失败者的标签。随着失败体验的增加，他们的消极情绪也会越来越多，进而陷入了恶性循环。同时，我们也看到，如果母亲是轻言放弃的人，在无形中也会给孩子树立不好的榜样，让孩子变得不自信。而过于执着的人则正好相反。他们常常把坚持当成一种优秀的品质，但是过度的坚持往往就会变成一种偏执，比如固守自己的想法，死不肯改，坚守一段错误的感情，迟迟无法从伤害中走出等。这种做不仅会浪费很多的时间、精力以及金钱。同时，他们还很容易将自己这种坚持强加给周围的人，给身边的人带来巨大的压力
3	盲目乐观和一味悲观	我们经常说乐观是一种很好的品质，它能让我们对未来充满希望。但盲目乐观就没有那么好了，它有时候甚至会给我们带来伤害。因为盲目乐观的人会缺乏自我保护意识，失去对生活的警觉。同时由于他们太容易相信别人，所以常常会上当受骗。比如，在情感上容易受到他人的欺骗。与盲目乐观相比，一味悲观的人则会陷入另一个极端，他们凡事都容易往坏处想，因此对于未来总是悲观，甚至会认为自己无论怎么努力，都无法改变未来，进而陷入到消极和厌世

序号	自我厌弃模式	具体表现
4	冲动莽撞和过于多虑	冲动莽撞的人做事情往往没有条理性，做决定又很容易冲动，所以会很容易忽略掉一些事情的细节，事后又会对自己的决定感到后悔。而过于多虑的人则正好相反，他要做出一个决定非常难，因为要考虑的因素太多了。所以在做决定时，这类人常常犹豫不决，消耗很多的时间和精力，即使做了决定，之后又会怀疑自己，进而产生很大的压力
5	过于关注当下的欲望和过度推迟满足	过于关注当下欲望的人信奉"今朝有酒今朝醉"。从积极的方面来讲，他们是活在当下，懂得享受人生。可是从消极的方面来讲，这类人常常不知道自己真正需要的是什么。他们不擅长制订长期目标和计划，只着眼于当前。所以，相比做出长期计划的人，他们的收获往往会少一些。而过度推迟满足的人则喜欢延期消费。他们经常聚焦在过于长远的打算上，以至于忽略了当前的需要。比如，他们会为了买房子而拼命节衣缩食，让自己长期居住在很差的生活环境中，进而丧失了很多本该有的快乐
6	过度推卸责任和过度包揽责任	过度推卸责任的人，遇到事情就会把过失怪罪给别人。不论是在工作中还是家庭中，周围的人都很讨厌这种人。所以他们的人际关系会非常糟糕。而过于包揽责任的人则相反，他们常常会把责任往自己身上揽，或是因为责任感而不懂拒绝他人，这样不仅导致自己身心疲惫，同时也很容易成为"老好人"，被身边的人利用
7	理想太冒进和目标太保守	理想太冒进的人，往往他的目标会非常宏大，容易陷入成功的无限遐想。比如还没学会走路，就想奔跑，今年赚到 10 万元，明年就希望能赚到 100 万元，这会导致什么后果呢？就是想法很多，但却不脚踏实地，同时由于目标过于宏大，很难获得身边人的支持和认同。相比冒进的人，目标过于保守的人又会怎么样呢？他们往往过于谨慎和保守，怕失败，怕冒险，因此，容易错失机会。另外，保守的人在工作上总是亲力亲为，忙于眼前的一些小事，久而久之，就容易让自己的能力和格局局限在当下水平，看不到更高的发展

　　了解了七对常见的自我厌弃模式后，相信你已经对自己是否拥有厌弃行为有了基本的判断。这时你可能会感到好奇，既然我们能识别这些厌弃的行为，那为什么我们还总是陷入自我厌弃的怪圈里呢？下来，我们就从四个方面入手，剖析它背后的心理学原理。

第一个原因：没有找到问题的真正动因。有这样一个案例，小张有一个典型的自我厌弃行为，就是无法把一件事情完整做完，总是把一件事情做了一半，就换另一件事情。以前呢，小张会认为是自己做事情缺乏毅力，从而陷入自我批评的恶性循环。后来她逐渐摸索出了规律，发现这些行为背后的真正原因，是她没有得到充分的休息。也就是说，每当她感觉疲惫或者是注意力不集中的时候，她就会出现这种情况。当小张找到了真正的动因后，解决的方法就容易多了。她把"无法把一件事情做完"这个行为当成需要休息的信号。一旦出现任务切换，她就提醒自己去休息。当她休息好了再继续投入工作，工作效率也会提高很多。于是慢慢地，她改掉了频繁切换任务这个行为，也不再抱怨自己缺乏毅力了。

第二个原因：不具备问题取向，换句话说就是不知道如何解决问题。一般我们在思考问题时会遵循这样一种思维模式：认识到问题找到备选解决方案，从中选择一种方案，然后开始执行方案。而不具备问题取向的人则缺乏这种思维模式，他们遇到问题往往会非常焦虑。就像热锅上的蚂蚁，但是却找不到出路，不知道解决的方法是什么，就好比他面前有一团麻，但是他不知道线头在哪里，也不知道从哪里入手。

第三个原因：行为具有部分强化效应。什么意思呢？就是只要这个行为可以产生一点好处，你就会继续强化这个行为。最典型的例子就是抱怨，抱怨很容易产生部分强化效应。比如经常抱怨伴侣的人，希望对方照着他的意思去做，有时候伴侣可能真的听他的。尝到这样的甜头之后，下一次出现问题时，他就会不断地抱怨伴侣，直到对方听她的话为止。

第四个原因：原地踏步要比改变现状更加舒服。我们每个人人身边都有这样的人，整天抱怨工作不好，吐槽老板太苛刻，同事太难相处或者工作太累、薪水太低。可是当你问他既然工作这么糟糕，为什么不跳槽呢？他又会一口回绝你的建议，还安慰自己说："哎呀，要是跳槽了，下一个工作说不定还不如这个呢。我还是将就一下吧。"其实这都是因为保持现状要比改变现状更加舒服。相比换工作带来的不确定性，现在的工作对于他来说更加熟悉，这也是为什么很多人宁可陷入自责、焦虑的恶性循环，却不愿意走出来的原因。

第二步，接纳自我。这里给大家分享四种方法来调节情绪。

第一种方法是列出那些对你来说有点奢侈，但其实花费并不多甚至是免费的事情。比如对于工作繁忙的人来说，晚饭后散步或者舒服泡一个澡是一件有点奢侈的事情，但其实这些事情并不需要花费太多时间和金钱，偶尔让自己偷个懒，放松一下，也许就能让你紧绷的神经得到很好的舒缓。

第二种方法是把烦人的杂事当作轻松的消遣。如果你有类似的事情，不妨换个角度看待它，把它当作一种消遣，试着用享受的方式去做它，也许你的心情就会好一点。

第三种方法是当你感到焦虑时，可以给自己一些小奖励，无论是物质上还是精神上的奖励都可以。比如，当你完成了当天的健身运动，可以奖励自己喝一杯咖啡。你这个月业绩达标了，可以奖励自己一次短途旅行。适当的奖励就像是生活中的小小仪式感，不仅可以帮我们缓解压力，同时也可以不断激励我们继续前行。

第四种方法是尝试去做一些你性格中相反的事情。你可以试着去挖掘性格中的另一面，找到一些令自己快乐的小确幸。

第三步，改变想法。我们很多时候情绪不稳定的深层原因是自我否定的消极思维，那我们如何改变一些想法，走出这样的误区呢？

第一种方法是不要忽略细微的决定。生活中一些看似无关紧要的小事情，有时候可以反映出你内心深处存在的思维误区。比如，你总是习惯性地拖延，以此来逃避自己不想做的事情，又或者你明知道伴侣对某个话题很反感，但是你却故意挑起这个话题来制造冲突。以上这些行为是不是看起来都很不起眼呢，但其实，它对你的生活质量却产生了很大的影响。因为这些细微的选择决定了你后续的行为。你也可以看看有没有这些类似的行为。比如不管多晚，每天睡前都要刷一下手机才会上床睡觉。那么你就应该养成每次出门前多预留 15 分钟的习惯。另外，坚持不把手机带进卧室，可以避免睡前刷手机，导致睡眠状况不好的情况发生。针对以上这些措施，你可以请朋友或伴侣来监督你，慢慢地你就能够克服这个不好的习惯了。

第二种方法是接纳自己的不完美，不要过于完美。完美主义的人很难发现自己身上的美，而是总会把自己的关注聚焦在自己的缺点和不足上。另一方面，完美主义者的责任感往往过于强烈，对自己总是设定过高的要求。"应该、必须、总是、永不"是他们经常用的词汇。比如他们会要求自己一定要比团队的其他人员都更加努力工作，或者他们要求自己不能犯任何错误，在任何情况下都要兑现自己的承诺。无形中，他们会给学生或者同事很大的压力，那么我们可以怎么做呢？把"应该""必须""总是""永不"换成"可以"。

第三种方法是清楚影响决策的三个误区，分别是实证性偏差、分享消极信息和自以为是的理性。实证性偏差是指我们很容易对人或事产生偏见，从而产生错误的认识，做出错误的决策。分享消极信息是我们人类从原始社会遗留下来的本能，学会有意识地寻找积极信息，会更加有助于你的决策选择。自以为是的理性是指我们总是误以为自己比其他人更为理性。如果能跳出这些误区，我们会更容易做出适合自己的选择从而避免因决策失误产生自我厌弃，从而更好地接纳自己，

第四步，打造沉浸式的体验。除了做积极的自我，找到并发挥性格优势，提高自我效能外，还有一种方法能让我们感到幸福，提升情感调节的能力，就是进入一种沉浸的体验状态。

什么意思呢？大家想必也有这种类似的体验，在打游戏的时候、旅行的时候、看电影的时候，我们都会感到很开心，时间过得好快。这种体验，在心理学中叫作沉浸。就像把自己完全泡在浴缸里那种感觉。为什么沉浸会让我们感到快乐和幸福呢？首先，我们能够在这个过程中，忘记其他事物和烦恼；其次，我们能在其中获得激励、完成挑战，实现自己心中的愿望，比如女生喜欢玩连连看，当我们能打通一关又一关时，我们会发自内心地感到自豪和满足。除了打游戏，在运动、学习、工作、爱情等各个方面，我们都可以体会到这种沉浸式的幸福。当然，这里需要说明的是，达到沉浸式幸福有三个必要条件：第一，这件事必须是发自我们内心的，自己想去做的事，喜欢做的事，而不是别人强迫我们去做的事。第二，这件事对我们来说，得有一定的挑战，因为挑战的难度太容易，就会感到没啥意思；但也不能太高，否则我们迟迟搞不定，就会失去信心，甚至感到焦虑，幸福感就会消失。比如，我们想要了解心理学，但一开始就直接阅读大部头心理学著作，难度会非常大，在这个枯燥的过程中，我们会逐渐丧失兴趣。第三，这个事本身就是目的。这话怎么讲？举个例子，练习瑜伽的时候，如果我们的目的是去考瑜伽专业资格证书，那么这个过程中我们可能会感到焦虑、紧张与不安。但是，如果我们的目标就是锻炼身体，舒展身心，那么在练习的过程中，我们就会更专注地去体验一些东西。这两种感觉带来的幸福感是不一样的。

7.3.2.4　情感理解（倾听与共情）

情感理解主要是指倾听与共情。倾听是指全神贯注地聆听学生的想法

和感受，尊重他们的表达，不打断、不评判，给予足够的空间让学生敞开心扉。共情则是在倾听的基础上，设身处地理解学生的情感和需求，感同身受地体会他们的喜怒哀乐。

在这里我们要提出一个概念就是"情商"。什么情商？情商是一种理解、管理自己和他人情绪与情感的能力。一方面，我们要能理解、管理自己的情绪与情感；另一方面，我们要能理解、管理他人的情绪与情感。真正的高情商，不是去伪装自己，而是心里装着别人，能时刻去尊重对方，去设法帮助对方，去维护对方的利益；不是八面玲珑的圆滑，而是虚心包容、不卑不亢。提高情商最好的方法就是倾听和共情，情感劳动就是一种高情商的表现。

（1）如何做到有效地倾听？

第一，专注聆听。在与他人交流时，全神贯注地聆听对方的言语和情感，避免中断或提前下结论，专注于对方所描述的事实和情绪变化。

第二，积极回应。通过身体语言、面部表情、肢体动作和言语等方式回应对方，表明你在认真聆听，例如，点头、插话、发表感受等。

第三，有效提问。提出关键问题，让对方感受到你在认真听他们讲话，这会促使他们分享更多信息。

第四，移情倾听与客观倾听。移情倾听是站在对方的立场上听他说，而客观倾听则是站在客观的立场上去看待对方的表述。

第五，减少自我中心。不要以自我为中心，而是全身心地投入到对方的经历中。

第六，营造避免偏见。保持心胸开阔，不带偏见地倾听对方的观点。

同时我们还可以通过身体语言提高倾听效果。

第一，保持开放的姿态。在倾听时，保持开放的姿势非常重要。这意味着要直视对方，微微倾斜身体，以表明你正在全神贯注地倾听。这种姿态不仅传达出你的专注，还能让对方感到被重视和理解。

第二，眼神交流。眼神接触是积极倾听的重要组成部分，它展示了你对对方的注意力和重视。眼神交流时，要避免下垂的眼睛或缺乏眼神交流，因为这可能表明不信任或不重视对方。

第三，使用手势。适当的手势可以帮助你更好地表达自己的意思，并增强对话效果。然而，要注意手势的使用要自然，不要过度。

第四，面部表情。有意识地使用面部表情来反映你对对方所说内容的理解和兴趣，这不仅能帮助对方感受到你的共情，还能促进更深层次的沟通。

第五，身体前倾。微微前倾身体可以表明你在倾听时的专注和兴趣，这种姿势不仅传达出你的参与感，还能鼓励对方继续分享。

第六，营造放松的气氛。营造一个放松的沟通氛围有助于提高倾听效果，这意味着要避免紧张或防御性的姿态，保持自然和舒适。

第七，区分倾听类型。要区分"鹦鹉式"的倾听和"主动"的倾听，前者是重复对方的话，而后者是积极地吸收对方的观点和情感。主动倾听意味着通过眼神、身体等方式表达自己的兴趣，并给予适当的反馈。

（2）如何提高共情的能力呢？

共情（Empathy）是指能够意识到他人的情感状态，并且能够体验到和理解他们所感受到的情绪的能力。共情的核心包括理解和反应两个方面，即先设身处地理解他人的感受，然后再作出相应的反应。这种能力不仅能帮助我们更好地与他人建立联系，还能在人际交往中产生共鸣和感同身受的效果。在共情中，情绪确认和理解有着至关重要的作用。情绪确认和理解在共情中的作用主要体现在以下三个方面：①提高共情准确性。研究表明，这种情绪调节策略可以提高对他人的共情准确性，并降低负性情绪，增强积极情绪。这意味着通过有效的情绪调节，人们可以更准确地理解和体验他人的情绪，从而提升共情的效果。②建立情感联系。这种情绪调节策略通过理解和体验他人的情绪，帮助人们在人际互动中建立起情感联系，这种联系有助于人们更好地理解情绪与认知的关系，以及意识的发展。③避免即时产生的负性情绪的影响。这种情绪调节策略能够有效避免即时产生的负性情绪的影响，从而帮助我们保持冷静和客观，更好地进行共情。

共情的具体操作步骤可以借鉴以下逻辑程序。

第一，设身处地感受。在共情的过程中，人们需要暂时放下自己的理性与思考，充分调动自身的五感，进入服务对象的参考系，倾听服务对象的表达，从语言、情绪、行为三个维度理解服务对象。

第二，换位思考。换位思考即以他人的视角来看待世界，承认他人的感受是真实的。这要求我们在交流中尽量避免主观判断和评价，而是尝试站在对方的角度去理解和感受他们的经历和情绪。

第三，不下定论。不下定论即不轻易评价和判断对方的情绪和行为，这有助于我们保持开放的心态，避免因先入为主的观念而影响对他人情绪的理解。

第四，尝试体验和理解他人的情绪。通过观察或想象他人的情感状态，我们可以更好地理解和体验他们的情绪，这需要我们在交流中保持敏感和细腻，捕捉对方的细微情绪变化。

第五，表达理解。我们需要向对方表达我们的理解和共情，让对方感受到被理解和看见。这可以通过言语或非言语的方式进行，如点头、眼神交流等，以增强共情的效果。

在工作中，我们可以通过以下方法如何提升共情能力。

第一，有目的性地倾听。用心倾听他人的想法，尝试从他人的角度看问题，这样可以帮助你与他人建立更紧密的联系，更深刻地理解对方的想法。在日常生活中，与朋友、亲戚、家人等一起练习对对方谈话内容的反应。试着把他们所说过的话的意思讲明白，检查一下你是否理解了其中的含义。

第二，多听少说。听得越多，说得越少，越有可能共情。多用开放式问题来引导对话，而不是急于表达自己的观点。你可以找一个小本子，时刻观察和记录对方的行为，日常生活中也可以观察和记录身边熟悉的人，如爱人、父母、朋友等的行为和情绪变化。这有助于你更好地理解他们的感受和需求。

第三，情绪确认和理解。良好的共情是有模式的：情绪的确认+理解+不足之处+建议+询问（尊重）。这里要注意，询问的时候用开放式问题，有利于对方表达出更多的内心想法，促使对方更深入地分享自己的感受和经历。

第四，关注他人。关注他人的经历和感受，避免瞬间决定。这有助于更好地理解他人的需求和情绪。关注他人可以从两个方面入手：①尝试从他人的角度看问题，并设身处地体验他们的情感和需求，这种角度转换可以帮助你更好地理解和感受他人的处境。②进行适当的角色扮演。

第五，刻意练习。通过刻意练习提升你的共情能力，例如在日常生活中多关注他人的情绪和需求。

第六，建立良好的沟通环境。沟通是促进共情能力发展的基石，建立一个开放、支持的沟通环境，有助于提升共情能力。有些老师会采用定期沟通的方法，有些老师会采用不同的沟通渠道，例如小信箱，QQ，微信，信件等等方法。

7.3.2.5　情感冲突处理

在高等教育中，情感冲突通常被定义为师生之间由于情感、价值观、社会地位等方面的差异而产生的矛盾和对立。这种冲突可能源于教师和学生在课堂管理、教学方法、个人情感需求等方面的不一致。例如，教师可能因为权威管理方式忽略了学生的情感需求，导致学生感到被忽视或不被尊重。

在处理情感冲突问题时，我们首先要弄清楚是什么原因导致了情感冲突，底层的本质是什么？情感冲突的主要成因有以下几个：情感疲劳、情感智能不足、缺失有效沟通的技巧、大学生环境适应问题、学业和就业压力、教育模式和管理理念差异等。我们在遇到冲突的时候，需要先分析冲突产生的主要原因，例如大一学生上课发生冲突，可能是因为他还没有适应大学生活，上课的教学模式和高中的模式不一样，那么这个时候我们解决冲突的问题就不是说教育他要好好上课，而是帮他去适应大学学习，找到适合他的学习方法。

除了以上原因，在教学中，不当的教学方法也容易导致师生情感冲突，以下具体的教学方法最容易导致师生情感冲突。

第一，单一、呆板的教学方法。这种方法忽略了学生的个性，容易造成学生厌学和逆反心理。

第二，不灵活的教学方法。带有惩罚性的教学方式会直接或间接地引发学生的心理问题。

第三，缺乏互动的课堂。教师与学生之间缺乏互动，没有进行有效沟通，导致学生难以理解老师的良苦用心，甚至产生误会，久而久之会影响师生感情的发展。

第四，不当的批评和惩罚。如果批评和惩罚的方式、方法不当，不但不能帮助学生改正错误，还会导致学生产生心理问题。这些方法不仅影响学生的学习积极性，还可能导致师生之间的矛盾和冲突。

那么如何避免发生情感冲突，或者当发生情感冲突后，如何解决师生之间的情感冲突呢？我们可能需要采取多种策略，以下是一些常见的策略方法。

第一，非暴力沟通。非暴力沟通是一种有效的沟通方式，通过区分观察和评论、体会感受和表达感受、明确提出需求和请求帮助，可以化解师生之间的冲突,建立和谐的师生关系。

第二,换位思考和理解。教师应学会从学生的角度思考问题,理解他们的感受和需求,这不仅有助于化解冲突,还能增进师生的感情。

第三,平等对话和尊重,积极倾听和反馈。教师应淡化社会角色,以平等对话关系与学生交流,关注课堂生活,重塑教学价值观,尊重学生个性发展。教师应积极倾听学生的意见和感受,并给予适当的反馈,这有助于减少误解和冲突。教师也可以通过幽默和委婉的方式表达自己的观点,避免直接冲突。

第四,情感智能的发展。通过教育培训发展教师的情感智能,预防冲突。

第五,情感疲劳的预防。关注教师的情感疲劳状况,采取综合方法预防情感职业倦怠,平衡生活和工作。

通过情感力的训练,我们自然也就能够很好地处理和化解情感冲突的问题,并且能够正面看待情感冲突问题,从而有更多的情感力开展情感劳动。

参考文献

[1] 赵文杰. 大力弘扬教育家精神办好人民满意的教育 [J]. 人大建设, 2024 (11): 58-59.

[2] 乔媛. 对雅斯贝尔斯大学教育自由理念的解读 [J]. 科教文汇 (下旬刊), 2017 (3): 133-134.

[3] 谭枫. 习近平师德师风重要论述对中学教师队伍建设的指导作用研究 [D] 长沙: 湖南师范大学, 2019.

[4] 戚如强. 习近平师德观述论 [J]. 社会主义研究, 2018 (3): 27-33.

[5] 刘建军. 论师德师风建设的"四个统一" [J]. 中国高校社会科学, 2017 (2): 11-19, 156.

[6] 李正亭. 加强师德师风建设要坚持"四个统一" [J]. 社会主义论坛, 2017 (3): 15, 17.

[7] 余小茅. 试论多维视野中的本真教育: 基于雅斯贝尔斯教育思想的视角 [J]. 北京社会科学, 2015 (2): 105-111.

[8] 朱洪波, 曾维华. 新时代党的教育方针的历史演进与价值意蕴 [J]. 马克思主义哲学, 2023 (2): 66-75.

[9] 顾明远. 马克思主义教育思想在中国: 纪念马克思诞生 200 周年 [J]. 北京师范大学学报 (社会科学版), 2018 (3): 5-8.

[10] 杨文杰, 张珏. 以教育现代化支撑与驱动国家现代化: 兼论我国教育现代化的发展愿景 [J]. 教育发展研究, 2021, 41 (3): 1-11.

[11] 顾海良. 高校思想政治理论课"要坚持在改进中加强" [J]. 思想理论教育导刊, 2017 (1): 4-8.

[12] 韩晓飞, 侯怀银. "教育理论"解析 [J]. 教育理论与实践, 2018, 38 (1): 14-18.

[13] 马跃如, 王文胜. 孟子教育思想及其内在逻辑 [J]. 现代大学教

育，2010（1）：81-86，113.

［14］汪雁.略论朱熹教育思想及其意义［J］.长春工业大学学报（高教研究版），2004（2）：29-31.

［15］冯建民，陈会玲.蔡元培高等教育思想的内涵解读及当代价值［J］.山东高等教育，2020，8（2）：65-70.

［16］牟芝仙.魏书生语文教育思想的当代价值及教学启示［D］.杭州：浙江海洋大学，2022.

［17］张斌贤.西方教育思想史研究的视角与视野［J］.北京大学教育评论，2015，13（4）：2-16，184.

［18］张法琨.柏拉图《理想国》中的教育理论［J］.教育评论，1995（5）：45-47.

［19］朱庆环，祝惠，何娟.卢梭自然教育思想的现代意义：读《爱弥尔》有感［J］.高等函授学报（哲学社会科学版），2007（6）：31-32，37.

［20］陈丹琴.教材逻辑和教学逻辑的冲突及消解［J］.中学政治教学参考，2021（38）：4-7.

［21］王玲.公费师范生入学动机对学习状态的影响：学习兴趣的中介效应［J］.当代教师教育，2022，15（2）：55-61.

［22］赵梦雷.经验改造何以可能：杜威经验教育的形成特性及价值［J］.高教探索，2020（7）：92-98.

［23］屈宏，韩畅.弘扬雷锋精神塑造人类文明新形态［J］.辽宁省社会主义学院学报，2023（3）：77-84.

［24］胡德海.人生与教师修养［M］.上海：上海教育出版社，1996.

［25］肖凤翔，张明雪.教育情怀：现代教师的核心素养［J］.河北师范大学学报：教育科学版，2018，20（5）：97-102.

［26］裘指挥，杨丽媛.教师自我关怀：概念诠释、价值意蕴与内容框架［J］.教师教育研究，2024，36（3）：20-25.

［27］李桂英.教师的教育知识增长方式研究［D］.武汉：华中师范大学，2022.

［28］袁宝菊.教师专业发展的知识基础研究［J］.平原大学学报，2005（1）：92-94.

［29］张民选，夏惠贤，孔令帅.让教师成为教育知识的发现者和建构

者：来自上海的经验 [J]. 全球教育展望，2015（7）：77-88.

[30] 杜威. 民主主义与教育 [M]. 王承绪，译. 北京：人民教育出版社，2001.

[31] 吕康清，龙宝新. 论教育生态学视域下的教师成长力 [J]. 教育理论与实践，2013（4）：33-35.

[32] 胡明珍. 教师成长力源于研究态势 [J]. 教书育人，2009（10）：27.

[33] 叶澜. 教师角色与教师专业发展新探 [M]. 北京：教育科学出版社，2001.

[34] 龙宝新. 论教师专业成长力 [J]. 教育发展研究，2011（8）：39-46.

[35] 刘玉瑛. 思想政治工作语言艺术 [M]. 北京：中央文献出版社，2000.

[36] 郑金洲，刘家访. 互动教学 [M]. 福州：福建教育出版社，2005.

[37] 张亚娟. 建构主义教学理论综述 [J]. 教育现代化，2018（12）：171-172.

[38] 华中师范学院教育科学研究所. 陶行知全集 [M]. 长沙：湖南教育出版社，1985.

[39] 傅道春. 教师技术行为 [M]. 哈尔滨：黑龙江教育出版社，1993.

[40] 李广平. 新时代创新型教师：内涵、特征与培养 [J]. 东北师大学报（哲学社会科学版），2022（2）：135-140.

[41] 王国平. 不同变式的头脑风暴法对大学生创造性思维结果影响的实验研究 [D]. 苏州：苏州大学，2006.

[42] 赵斌. "以学生学习为中心"视域下高校教师教学能力提升路径研究 [J]. 武汉职业技术学院学报，2021，20（4）：74-79.

[43] 梁秋英，孙刚成. 孔子因材施教的理论基础及启示 [J]. 教育研究，2009（11）：87-91.

[44] 祝智庭，彭红超. 深度学习：智慧教育的核心支柱 [J]. 中国教育学刊，2017（5）：36-45.

[45] 邓淼磊，高振东，李磊，等. 基于深度学习的人体行为识别综述

［J］. 计算机工程与应用，2022，58（13）：14-26.

［46］孙晶，毛伟伟，李冲. 工程科技人才核心能力的解构与培育：基于布鲁姆教育目标分类视角［J］. 高等工程教育研究，2019（5）：97-102，114.

［47］王春华. 巴班斯基教学过程最优化理论评析［J］. 山东社会科学，2012（10）：188-192.

［48］赵丽红，左敏，黄先开. 人工智能时代高等教育教学的变革指向：培养高阶思维［J］. 北京师范大学学报（社会科学版），2023（4）：40-48.

［49］戴细梅. 数字化的教学项目管理系统应用［J］. 集成电路应用，2024，41（6）：413-415.

［50］梁庆婷，管智超. 数字技术赋能高校思政课教学的逻辑理路与实践进路［J］. 高教学刊，2024，10（33）：13-16.

［51］李蕾，王圣童. 交互艺术教学中视觉语言的构建与审美情感表达［J］. 教育理论与实践，2022，42（18）：56-59.

［52］季瑜，杨雅，詹泽慧. 人机共创的教学特征：认知发展与角色交互研究［J］. 开放教育研究，2024，30（6）：88-101.

［53］朱俊杰，薛永飞，周国雄，等. AI 赋能"自动化系统综合课程设计"探索［J］. 实验室研究与探索，2024，43（10）：142-146.

［54］欧志刚，刘玉屏，覃可，等. 人工智能多模态教学资源的生成与评价：基于 AIGC 在国际中文教育的应用［J］. 现代教育技术，2024，34（9）：37-47.

［55］胡钦太，伍文燕，冯广，等. 人工智能时代高等教育教学评价的关键技术与实践［J］. 开放教育研究，2021，27（5）：15-23.

［56］吴立宝，曹雅楠，曹一鸣. 人工智能赋能课堂教学评价改革与技术实现的框架构建［J］. 中国电化教育，2021（5）：94-101.

［57］董艳，陈辉. 生成式人工智能赋能跨学科创新思维培养：内在机理与模式构建［J］. 现代教育技术，2024，34（4）：5-15.

［58］袁毅，季泽豪. 人工智能跨学科特性研究：文献计量分析的视角［J］. 图书馆杂志，2022，41（6）：46-52.

［59］翟乐，杜茹. 高校思政教育网络课程开发创新研究［J］. 中国高等教育，2023（6）：27-30.

［60］谷志群，纪越峰，顾仁涛.“人工智能+X”教学模式下智能信息网络课程建设［J］. 高等工程教育研究，2021（4）：93-97.

［61］董桂伟，赵国群，郑超，等. 基于雨课堂的虚拟仿真实验教学模式设计与实践［J］. 实验室研究与探索，2021，40（10）：215-218.

［62］武法提，任伟祎. 基于认知负荷水平的学情分析：表征框架与实践路径［J］. 中国电化教育，2024（7）：64-73.

［63］梁若楠，唐承秀. 信息素养课程学情分析研究：以财经类高校为例［J］. 图书情报工作，2024，68（9）：46-55.

［64］卢家楣. 情感教学心理学［M］. 上海：上海教育出版社，2000.

［65］徐志刚. 教师情感能力的研究［D］. 南京：南京师范大学，2007.

［66］张珊. 教学中的教师情感研究［D］. 上海：华东师范大学，2022.

后　记

　　《新时代高校教师职业素养与教学技能》的成书之路，是理想与现实的交织，更是集体智慧与时代使命的共鸣。本书聚焦高校教师发展这一核心命题，以"教育强国"战略为指引，探索新时代育人能力提升的实践路径。书稿历经三年反复推敲、数易其稿，终在2024年岁末定稿。回望这段历程，既有跋涉之艰，亦感收获之丰。

　　"教育者，非为已往，非为现在，而专为将来"。本书的完成，是集体智慧的结晶。感谢成都锦城学院教师发展中心的统筹推进，汇聚教学名师、青年教师、管理骨干组成跨领域编写团队，在书中总结了宝贵的校本实践智慧；感谢参与案例征集的一线教师，你们在课堂中凝练的育人经验，为理论框架注入了真实的温度；亦要致敬协助资料整理的青年学子，你们的视角让本书更贴近教育现场的需求。特别感谢西南财经大学出版社编辑团队的专业支持，从框架优化到文字雕琢，为书稿质量提供了坚实保障。

　　本书的完成得益于成都锦城学院创校校长邹广严教授的前瞻引领。邹校长提出的"锦城教育学"理论框架，特别是"教师发展生态论"与"课堂革命方法论"两大分支，为本书奠定了核心逻辑主线。书中对"数字素养提升""教学范式转型"等议题的探讨，既是对"锦城教育学"中"技术赋能教育"分支的实践延伸，亦是对中国高校教师角色转型的学理性回应。特别感谢高等教育研究专家杜学元教授对书稿的学术指导，其关于"师生关系重构"的研究成果为本书提供了重要理论支撑。

　　作为成都锦城学院二十年教师发展实践的阶段性成果，本书虽力图融合"理论-实践-反思"的闭环创新，但仍存诸多未尽之处。我们深知，教育变革的复杂性与动态性远超文本所能穷尽，而教师专业成长更是一场永无止境的修行。未来，我们将继续深化"锦城教育学"理论体系，以"问题导向、循证创新"为原则，深化"教师发展生态体系"研究，推动教师发展从"经验驱动"迈向"循证创新",助力更多教育工作者在课堂中践行使命、在变革中坚守初心。

教育是关乎国运的千秋大业,教师是托举希望的核心力量。愿此书能成为一粒种子,在高校教师心中孕育出革新教学的勇气与智慧,共同书写中国教育的奋进篇章。

《新时代高校教师职业素养与教学技能》编委会

2025 年 3 月于成都锦城学院